Anne Bentfeld · Walter Delabar (Hrsg.)

Perspektiven der Germanistik

Anne Bentfeld · Walter Delabar (Hrsg.)

Perspektiven der Germanistik

Neueste Ansichten zu einem alten Problem

Westdeutscher Verlag

Alle Rechte vorbehalten
© 1997 Westdeutscher Verlag GmbH, Opladen

Der Westdeutsche Verlag ist ein Unternehmen der Bertelsmann Fachinformation.

Das Werk einschließlich aller seiner Teile ist urheberrechtlich geschützt. Jede Verwertung außerhalb der engen Grenzen des Urheberrechtsgesetzes ist ohne Zustimmung des Verlags unzulässig und strafbar. Das gilt insbesondere für Vervielfältigungen, Übersetzungen, Mikroverfilmungen und die Einspeicherung und Verarbeitung in elektronischen Systemen.

Umschlaggestaltung: Horst Dieter Bürkle, Darmstadt
Druck und buchbinderische Verarbeitung: Lengericher Handelsdruckerei, Lengerich
Gedruckt auf säurefreiem Papier
Printed in Germany

ISBN 3-531-12990-2

Inhalt

Anne Bentfeld und Walter Delabar
Perspektiven der Germanistik.
Neueste Ansichten zu einem alten Problem – Zur Einleitung   7

Jürgen Mittelstraß
Geisteswissenschaftliche Qualifikationen   13

Hartmut Böhme
Die Literaturwissenschaft.
zwischen Editionsphilologie und Kulturwissenschaft   32

Friedrich Kittler
Verbeamtung der Germanisten – heute zu Ende   47

Bernd Witte
Literaturwissenschaft heute.
"Oralität" und "Literalität" als Kategorien eines Paradigmenwechsels   59

Hans-Gert Roloff
'Kenntnis' und 'Kreativität'.
Zu den Forderungen an die zweite Germanistik-Reform   75

Norbert Oellers
Germanistik als politische Wissenschaft   92

Jost Hermand
Literaturwissenschaft und ökologisches Bewußtsein.
Eine mühsame Verflechtung   106

Bernd Balzer
ZIELSTUDIUM Magister.
Möglichkeiten eines effektiveren Studiums
der Neueren deutschen Literaturwissenschaft   126

Jürgen Link
Von der Nicht-Spezialität der Literatur
und ihren Folgen für die Literaturwissenschaft   145

Achim Barsch
Literaturwissenschaft als Literatur(system)wissenschaft 157

Niels Werber
Es gibt keine Literatur – ohne Literaturwissenschaft 176

*Michael Ansel, Petra Boden, Dorothea Böck, Holger Dainat,
Rembert Hüser, Rainer Kolk, Gerhard Lauer, Ursula Menzel,
Christian Moser, Wolfgang Rohe, Michael Schlott,
Richard Stratenschulte, Kerstin Stüssel*
Hilfreich und gut.
7 Thesen zur wissenschaftlichen Qualifikation 195

Georg Jäger und Jörg Schönert
Perspektiven zur Selbstreform der Universitäten.
Am Beispiel der Germanistik 208

Anne Bentfeld
Die Wirklichkeit.
Das germanistische Grundstudium
an den bundesdeutschen Hochschulen 225

Autoren 237

Perspektiven der Germanistik

Neueste Ansichten zu einem alten Problem – Zur Einleitung

Anne Bentfeld und Walter Delabar

Die Zeiten könnten für eine Debatte über Zukunftsperspektiven nicht schlechter sein. Die neuesten Rekorde bei den Arbeitslosenzahlen sind eben gemeldet, die Sparbeschlüsse der Regierungskoalition in Bonn lassen einschneidende Kürzungen im Bildungs- und Kultursektor erwarten, die Berliner Verhältnisse insbesondere, von denen zu sprechen uns erlaubt sei, sind noch schlechter als die anderer Bundesländer. Die Krise ist allgemein und hat sich von der Germanistik nicht ferngehalten. Ganz im Gegenteil. Das "Luxusfach" Germanistik, das sich mit nicht weniger als mit dem Kern der deutschen Kultur, der Literatur, beschäftigt und das zu mehr nicht nutze ist als zu ihrer Kommentierung, steht vor seinem Bankrott: Institutionell wie inhaltlich. Eine überalterte Professorenschaft sieht sich nach beinahe drei Jahrzehnten Ausdifferenzierung und Professionalisierung vor das Problem gestellt, ein Fach auf wenige, rasch studierbare Inhalte zu reduzieren. Nicht allein, weil die Verweildauer der Studierenden an den Universitäten neuerdings untolerierbar geworden sein soll. Was zwei Jahrzehnte niemanden störte und vielen, vor allem dem Arbeitsmarkt, nutzte, ist heute für die sinkende internationale Konkurrenzfähigkeit deutscher Hochschulabsolventen verantwortlich.

    Darüber hinaus ist das Fach in seinem Selbstverständnis und seiner Selbstgewißheit gestört, weil es im ausgehenden 20. Jahrhundert und im Verlauf der Medienrevolution aus dem Zentrum der Kultur vertrieben wird. Nicht mehr die Schrift und hier vor allem die literarische Schrift ist jetzt der Königsweg der abendländischen Kultur zu sich selbst, sondern das Bild. Nicht mehr das sequentielle Reflexionsmedium Literatur, sondern die assoziativen Bild-, Speicher- und Kommunikationsmedien stellen die Leitparadigmen dieser neuen abendländischen Kultur. In dieser Situation ist das Fach, das sich lange Jahre seiner selbst gewiß sein konnte, in helle Aufregung und Auflösung geraten und scheint aus diesen Zuständen nicht mehr herausfinden zu können. Die Vorschläge, was denn nun zu tun sei, sind beinahe so zahlreich wie die Diskutanten. Und sie widersprechen sich im ganzen wie im Detail derart eklatant, daß kaum abzusehen ist, ob das Fach Germanistik sich in absehbarer Zeit selbst darüber verständigen kann, wie und was es denn fürderhin lehren und darstellen soll.

Der Aufforderung, in der Krise kreativ zu sein, ist das Fach gern und ausgiebig nachgekommen, aber aufgrund seiner (neuen) Randständigkeit befindet es sich in einem kaum auflösbaren Dilemma. Der Notwendigkeit, sich, wie auch immer, auf die sich rasant ändernden Bedingungen einzustellen, stehen drastisch schwindende Finanzmittel gegenüber. Die Modernisierung ist aber ohne Geld nicht zu machen: Es fehlt an Stellen, in denen der wissenschaftliche Nachwuchs ohne prinzipielle Existenzunsicherheit in die Hochschule integriert werden kann. Es fehlt an Logistik für einen effektiven Universitätsbetrieb. Es fehlt an Ausstattung, gerade was die neuen Kommunikationsmittel angeht. War in den achtziger Jahren die Universität noch ein bedeutender Standortfaktor, ist sie in den neunziger Jahren anscheinend nur noch ein Sparobjekt, und ganz besonders ein Fach wie die Germanistik.

Dennoch verändern sich die Hochschulen rapide, und mit ihnen auch die Germanistik. In diesem Kontext steht der vorliegende Band über die "Perspektiven der Germanistik". Wir haben versucht, hier neueste Ansichten zu einem alten Problem zusammenzustellen. Denn daß es eine Diskussion um die Germanistik erst seit neuestem gibt, wird niemand behaupten wollen. Seit dreißig Jahren reißt diese Diskussion nicht ab, befindet sich das Fach in einer permanenten Selbstreflexion. Deren Charakter und Inhalt haben sich aber radikal verändert. War es in den sechziger Jahren die Frage der Vergangenheitsbewältigung, die drängte und der sich auch das Fach Germanistik stellen mußte, war es in den siebziger Jahren die Forderung an die Germanistik, in die gesellschaftlichen Auseinandersetzungen aktiv einzugreifen und Stellung zu beziehen, begann man in den achtziger Jahren, die rasch schwindende Bedeutung des Fachs in der Mediengesellschaft wahrzunehmen, so prägt die neunziger Jahre ein ausgewachsenes Krisenbewußtsein und eine massive Untergangsgewißheit. Das Fach schrumpft dabei rasch, vor allem, was sein Personal und sein Renommee angeht. Mit welchem Effekt das geschieht, bleibt jedoch noch offen. Denn noch ist nicht klar, wie die Germanistik in den kommenden Jahren aussehen wird. Anlaß für Befürchtungen, es in Zukunft mit einem restriktiv organisierten, wenig auf die Selbstbestimmung und -reflexion der Studierenden setzenden Studienfach zu tun zu haben, gibt es jedenfalls genug. Es scheint gelegentlich sogar – wenn wir überspitzen dürfen –, als ob die Generation, die in den späten sechziger und frühen siebziger Jahren in die Hochschulen gekommen ist, ihre dreißigjährigen Experimente mit der Rückkehr zu dem status quo abschließen wollte, bei dem sie selbst begonnen hat.

Natürlich sind Reform- und Modernisierungsdiskussionen auch in Berlin an der Freien Universität geführt worden. Allerdings war der Spardruck am Ort aufgrund der desolaten Finanzsituation der Stadt bereits früher und dann stärker als in anderen Städten bemerkbar. Das hat sachliche Diskussionen und besonnene Reformen faktisch verhindert. Der Fachbereich Germanistik der FU Berlin ist deshalb seit 1990 zwar kleiner geworden, aber die Wirkung, die sich mancher davon erhofft haben mag: daß nämlich die Verhältnisse übersichtlicher, die Kontakte intensiver und die Studien- wie Lehrbedingungen besser würden, hat sich nicht eingestellt. Die Schrumpfung ist allein Sparzwängen gefolgt, basiert auf keiner darüber hinaus gehenden sachlichen Grundlage und folgt keinem Plan. Vor allem im Mittelbau sind Stellen radikal gestrichen worden, nicht nach fachlicher Notwendigkeit, sondern danach, ob und welche Stellen frei wurden. Die Zahl der Studierenden ist mit verschiedenen Mitteln um etwa zweitausend gesenkt worden. Aber weder an den realen Problemen, die das Studium am Fachbereich und in Berlin bereitet, noch an den miserablen beruflichen Perspektiven von Germanisten, noch am fachlichen Profil des Fachbereichs oder gar an der Überalterung der Professorenschaft hat das irgendetwas geändert. Die Probleme haben sich dagegen verschärft.

Nicht verschwiegen sei, daß wir in den Berliner Diskussionen Partei waren und sind.[1] Gerade deshalb haben wir jedoch unser vorrangiges Ziel darin gesehen, in die Berliner Diskussionen Vorschläge einzubringen, die anderenorts zum selben Problem formuliert worden waren, ohne daß wir sie selbst notwendig teilen. Außerdem wollten wir die Diskussion offen und öffentlich führen. Dem diente eine Vortragsreihe, die wir im Wintersemester 1994/95 und Sommersemester 1995 realisieren konnten und die Grundlage des nun vorliegenden Bandes ist.

Erster Anstoß für die Reformdiskussionen war das Strukturmodell für den Fachbereich Germanistik, das im Jahr 1993 vorgelegt wurde und das Planungssicherheit für die kommenden Jahre gewähren sollte. Das Strukturmodell ist heute, im Jahr 1997, schon lange vom Tisch, und man geht mittlerweile von Zahlen aus, die weit unter denen liegen, die nach dem alten Modell erst im Jahre 2003 erreicht werden sollten. Hinzu kam das Vorhaben eines "ZIELSTUDIUMS Magister", das von drei Professoren des Fachbereichs durchgeführt werden sollte. Das ZIELSTUDIUM scheiterte zwar in beiden Anläufen am Desinteresse der Studierenden und ist damit ebenfalls vom Tisch, aber es war und ist typisch für die überhasteten Reaktionen auf

---

[1] Die Grundlagen unserer Position haben wir publiziert unter dem Titel: Für eine freie Universität. Einige Bemerkungen zur aktuellen Diskussion um die Reform der Germanistik. In: Jahrbuch für Internationale Germanistik 26 (1994) H. 1, S. 57-65.

den Reformdruck von seiten der Bildungspolitik. Die Germanistik ist zum hilflosen Spielball der Sparpolitik geworden. Die Ausstattung der Universitäten gilt nicht mehr als Bildungs- und Zukunftsinvestition. Die Konsequenzen sind bekannt. Senkung der Studierendenzahlen und der Durchschnittsstudiendauer, Steigerung der Leistungen in Forschung und Lehre, gemessen an der Publikationsfrequenz und der Verbesserung der Abschlußquoten, sind jedoch, aus den fachlichen und gesellschaftlichen Zusammenhängen gerissen, keine sinnvollen Ziele. Ohne Berücksichtigung der konkreten Bedingungen, unter denen ein Studium überhaupt und das Studium in Berlin und an der FU stattfindet, ohne Berücksichtigung auch der beruflichen Möglichkeiten der Hochschulabsolventen bleiben alle Bemühungen Stückwerk und fruchtlos. Mehr noch und in bezug auf die Quoten selbst: Weder ein rascher Studienabschluß noch ein Langzeitstudium ist ein eindeutiger Indikator dafür, ob ein Studium erfolgreich absolviert worden ist oder nicht. Das eine (Studiendauer) läßt keine Schlüsse auf das andere (Ausbildungsqualität) zu, weder in die eine noch in die andere Richtung.

Ähnliches gilt auch für die Forschungsleistungen der Lehrenden: Eine intensivere Publikationsfrequenz ist in Zeiten, in denen der gesamte universitäre Apparat zusammenzubrechen scheint, allein noch als individuelle Leistung möglich. Allerdings steht dem entgegen, daß seit einigen Jahren die Fachmedien in eine Existenzkrise geraten sind. Starke Umsatzeinbußen und hoher Kostendruck führen dazu, daß die Verlage Kosten und Arbeiten vorverlagern. Von der Textaufnahme über die Erstellung der Druckvorlage bis hin zur Übernahme oder Einwerbung von Druckkostenzuschüssen müssen vom Wissenschaftsbetrieb Arbeiten und Kosten übernommen werden, die der eigentlichen Forschungsaufgabe fernliegen und die einen funktionierenden Apparat und ein effektives Subventionssystem voraussetzen. Davon kann aber keine Rede sein.

Die Vortragsreihe, die im Januar 1995 begann und im Juli desselben Jahres endete und zehn Vorträge umfaßte, sollte, ausgehend von der Berliner Situation, die wichtigsten, pointiertesten und provokantesten Positionen der letzten Jahre präsentieren. Die Beantwortung der Frage, ob diese freilich dem Fach in jedem Fall dienlich sein könnten, wollten wir jedoch der Diskussion überlassen. Deshalb gaben wir der Vortragsreihe den vielleicht etwas saloppen Titel "Böcke & Gärtner", konnten und wollten wir doch nicht vorhersehen, welcher Referent sich als Gärtner in den germanistischen Beeten und welcher sich als tobsüchtiger Bock entpuppen würde. Auch was den Band betrifft, bleibt eine solche Einschätzung den Lesern überlassen. Bis auf eine Ausnahme, die wir sehr bedauern, deren Gründe wir jedoch akzeptieren, ha-

Einleitung 11

ben alle Referenten, Böcke wie Gärtner, eingewilligt, ihre Thesen und Vorschläge im vorliegenden Band drucken zu lassen. Daß es sich, neben dem spezifisch Berliner ZIELSTUDIUM, um exponierte Positionen handelt, die die bundesdeutsche Diskussion bestimmen, läßt sich rasch an den Referenten und ihren Themen erkennen. Allerdings ist zugleich das Spektrum der Vorträge weit gespannt. Auch wenn alle drei Autoren den Medienwandel als Ausgangspunkt ihrer Überlegungen nehmen: Bernd Wittes These von der "radikalen Philologie" steht im offensichtlichen Widerspruch zu Friedrich Kittlers Vorschlägen zur Medialisierung der Germanistik oder zu Hartmut Böhmes Vorschlag, die Germanistik in Richtung Kulturwissenschaft auszubauen. Selbst zwischen den Positionen einer politischen Germanistik, wie sie Norbert Oellers oder Jost Hermand formuliert haben, sind große Differenzen erkennbar. Wir haben Wert darauf gelegt, fachlich, methodisch und auch ideologisch divergente Positionen vorzustellen. Und genau das unterscheidet diesen Band von den bisher erschienenen.

Für den Druck haben wir weitere Beiträger geworben. Zum einen haben wir eine Antwort von Georg Jäger und Jörg Schönert auf das grundsätzliche Referat der Arbeitsgruppe um Holger Dainat in den Band genommen, nicht zuletzt deshalb, weil wir der Meinung sind, daß das Problem der Hochschule als Arbeitsplatz für deren Zukunft von zentraler Bedeutung ist. Zum anderen bringen wir drei neuere Ansätze der fachlichen Reform der Germanistik, die das Bild der germanistischen Forschung (und Lehre, soweit das noch möglich sein wird) in den nächsten Jahren mitbestimmen werden: einen diskursanalytischen Ansatz, vorgestellt von Jürgen Link, einen systemtheoretischen Ansatz, den Niels Werber beschreibt, und einen aus dem Kontext der empirischen Literaturwissenschaft, präsentiert von Achim Barsch. Den Abschluß bildet ein Beitrag über die germanistischen Studiengänge in der Bundesrepublik. Was auf den ersten Blick als bunte Vielfalt der germanistischen Flora erscheinen mag, zeigt seine Schattenseiten bei näherem Hinschaun: Denn das Fach Germanistik scheint alles möglich zu sein. Was davon noch oder schon Germanistik ist und wie man das am besten studiert, bleibt allerdings offen. Zu leiden haben darunter weniger die Lehrenden als die Studierenden. Und das sollte zu denken geben.

Für den Druck haben wir schweren Herzens auf den liebgewonnenen Titel der Vortragsreihe verzichtet. Uns schien aber die Erkennbarkeit des Themas dieses Bandes wichtiger zu sein, als ein tönender, aber erklärungsbedürftiger Titel. Für das Zustandekommen der Vortragsreihe haben wir dem Fachbereich Germanistik zu danken, der uns ermöglicht hat, die Referenten nach Berlin einzuladen, dem Verlag natürlich, daß er den Band in sein Programm aufgenommen hat, der Arbeitsstelle Lexikon *Die Deutsche Literatur*, ohne die weder die Durchführung der Vortragsreihe noch der Band möglich gewesen wäre, und natürlich vor allem den Referenten und Beiträgern, die weder Mühen noch den Weg nach Berlin gescheut haben.

Berlin, im Februar 1997

Geisteswissenschaftliche Qualifikationen

Jürgen Mittelstraß

Vorbemerkung

Es ist lange her, daß ich neben vielem anderen Germanistik studiert habe. Meine Kompetenzen, mich in das Gespräch um die Germanistik, ihren Status und ihre Rolle unter den Wissenschaften einzuschalten, sind daher gering. Schon gar nicht reicht es zu auch nur einigermaßen begründeten 'Ansichten einer künftigen Germanistik'. Die werden Sie bzw. diejenigen, die wohl um meine Kompetenzen und Nicht-Kompetenzen wußten, als sie mich einluden, zu der Reihe "Böcke und Gärtner" beizutragen, daher auch gar nicht erwarten. Womit ich allerdings gleich zum Bock gestempelt wäre.

Was ich anbieten kann, sind einige Ansichten über die Geisteswissenschaften (meist nicht mehr ganz taufrische) und über das Universitätsstudium, mit dem es in Deutschland derzeit nicht zum besten steht. Auf diese Ansichten will ich mich auch beschränken und nur gelegentlich versuchen, das über Geisteswissenschaften und Universität Gesagte mit einigen unmaßgeblichen Bemerkungen über geisteswissenschaftliche Studiengänge zu verbinden.

Auch mit dem mir gestellten Titel meines kleinen Beitrags habe ich Schwierigkeiten. Qualifikation, das ist nach einschlägiger lexikalischer Auskunft "die nach Maßstäben bestimmter Leistungsanforderungen definierte Gesamtheit des Wissens und der Kenntnisse sowie der theoretischen und praktischen Fertigkeiten und Fähigkeiten eines Menschen oder einer Gesamtheit von Personen"[1]. Sie ist im Falle der Rede von geisteswissenschaftlichen Qualifikationen auch die 'nach Maßstäben bestimmter Leistungsanforderungen' definierte Befindlichkeit der Geisteswissenschaften, wobei der Plural Qualifikationen in diesem Falle das Glück in der wundersamen Vermehrung von Fertigkeiten und Fähigkeiten zu suchen scheint. Doch lassen wir es bei dem gewählten Titel. Ich wäre nicht der erste, bei dem sich die Einlösung seiner thematischen Aufgaben am Ende als Glückssache herausstellt.

Über konzeptionelle oder thematische Schwächen helfen manchmal pointierte Formulierungen hinweg. Ich folge dieser Klugheitsregel, indem ich

---

[1] Meyers Enzyklopädisches Lexikon XIX. Mannheim, Wien, Zürich 1977, S. 450.

meine Überlegungen zu den Stichworten Geisteswissenschaften und Universität in sechs Thesen und dem Versuch ihrer Erläuterung fasse.

1.

An der Wiege der Geisteswissenschaften standen in Deutschland die idealistische Philosophie und die von ihr inspirierten Dichter. Der einen, der idealistischen Philosophie, verdanken die Geisteswissenschaften ihre theoretische Überforderung, den anderen, den Dichtern, ihre Provinzialität.

Ich beginne die Erläuterung mit einer gelehrten geisteswissenschaftlichen Anmerkung: Der Ausdruck 'Geisteswissenschaften' tritt in einem wissenschaftssystematischen Zusammenhang zuerst im Rahmen der Schellingschen Schule auf.[2] 'Naturphilosophie' soll um eine 'Geistesphilosophie', auch als 'Wissenschaft des Geistes' und als 'Geisteswissenschaft' bezeichnet, ergänzt werden. Deren Theorie wiederum schreibt Hegel, lange bevor ein 'Übersetzungsfehler' aus den moral sciences, den die 'praktischen' Handlungswissenschaften wie Politik und Ökonomie einschließenden 'moralischen' Wissenschaften, die Geisteswissenschaften macht.

Nach Hegels 'Geistesphilosophie' sind die Geisteswissenschaften Instanzen des *objektiven* und des *absoluten* Geistes. Des objektiven, insofern Recht, Staat und Sittlichkeit, ihrer Form und ihrem Inhalte nach, das *Dasein des Geistes* sind, auf das sich die Geisteswissenschaften richten, des absoluten, insofern Kunst, in der sich der absolute Geist 'anschaut', Religion, in der er sich 'vorstellt', und Wissenschaft bzw. Philosophie, in der er sich 'begreift', zu diesem Dasein hinzutreten. In der späteren Identifikation des objektiven mit dem absoluten Geist (bei Simmel und Freyer) wird der objektive Geist zum kulturellen Geist. Vor der Idee einer bildenden Kultur sind demnach alle Wissenschaften gleich, gibt es auch keine Bildungswissenschaften im engeren Sinne, als welche die Geisteswissenschaften später, im Gegensatz zu den Naturwissenschaften, mißverstanden werden. Bildung ist nach Hegel Konkretion der Sittlichkeit in einer rationalen Kultur. Nur insofern es dabei der "höchste Punkt der Bildung eines Volkes" ist, "den Gedanken seines Lebens und Zustandes, die Wissenschaft seiner Gesetze, seines Rechts und

---

2 Vgl. L. Geldsetzer: Die Geisteswissenschaften – Begriff und Entwicklung. In: Wissenschaftstheorie I (Probleme und Positionen der Wissenschaftstheorie). Hrsg. von H. Rombach. Freiburg, Basel, Wien 1974, S. 141f.

Sittlichkeit zu fassen"[3], fällt hier den Geisteswissenschaften eine besondere Rolle zu. Sie sollen 'begreifen', was auch in Form der Naturwissenschaften das 'Dasein des Geistes' ist. Dabei erfaßt nach Hegel die Entwicklung des Geistes vom subjektiven über den objektiven zum absoluten Geist[4] auch die Natur, insofern diese selbst als 'Entwicklung zum Geist' angesehen wird. Natur erscheint als 'entäußerter Geist'[5], gegen den Anspruch der Naturwissenschaften, die ganze 'empirische Philosophie'[6] der Natur zu sein, und gegen die sich bereits für Hegel abzeichnenden Tendenzen einer technischen 'Aneignung' der Natur wird die (mystische) Einheit von Natur und Geist beschworen.[7] Vergeblich, wie die weitere Entwicklung deutlich macht. Diese Einheit, die einmal die Einheit wissenschaftlicher Rationalitäten, auch der naturwissenschaftlichen, in einem System der Wissenschaft war, zeigt sich in den Gegenständen, hier Natur und Geist, nicht mehr.

Das ist nicht der einzige problematische Aspekt dieser 'Wissenschaft des Geistes'; auch eine Bemerkung wie die, daß "das Geistige allein [...] das Wirkliche" sei[8], gehört dazu. Unter Bestimmungen wie diesen tun sich – nicht weiter überraschend, nachdem der Atem Hegels über den wissenschaftlichen Gefilden schwächer wurde – die Geisteswissenschaften schwer, ihre Arbeit als Teil einer mit allen anderen Wissenschaften gemeinsamen Rationalität deutlich zu machen, und tun sich die Naturwissenschaften schwer, ihre Arbeit als Ausdruck einer universalen 'Wissenschaft des Geistes' zu begreifen. Der Mythos von den zwei Kulturen, von dem gleich noch die Rede sein wird, gewinnt früh an Boden. Da kann man den Geisteswissenschaften wohl auch den *Historismus*, die Flucht unter historische und philologische Methodenideale, nicht verübeln. Ihre Akademisierung im 19. Jahrhundert in Form der historischen und philologischen Wissenschaften bedeutet den Sieg dieses sich sowohl ideologisch als auch methodologisch auslegenden Historismus über eine 'Wissenschaft des Geistes'. Zugleich ist dieser Historismus der

---

3 G.W.F. Hegel: Vorlesungen über die Philosophie der Geschichte. Werke in zwanzig Bänden Hrsg. von E. Moldenhauer und K. M. Michel. Frankfurt 1969-1979 (im folgenden zitiert als Werke), XII, S. 101.
4 Vgl. G.W.F. Hegel: Enzyklopädie der philosophischen Wissenschaften im Grundrisse [1830] III (Die Philosophie des Geistes), § 385, Werke X, S. 32, ferner § 444 (Zusatz), Werke X, S. 240.
5 G.W.F. Hegel: Phänomenologie des Geistes, Werke III, S. 590.
6 Vgl. I. Kant: Kritik der reinen Vernunft B 868.
7 Vgl. Enzyklopädie der philosophischen Wissenschaften im Grundrisse [1830] II (Die Naturphilosophie), § 247 (Zusatz), Werke IX, S. 25.
8 Phänomenologie des Geistes, Werke III, S. 28.

Preis, den die Geisteswissenschaften zahlen, um nun auf ihre, d.h. nach-idealistische Weise zur Wissenschaft zu werden. Das bedeutet nicht die Zurücknahme ihres hohen *theoretischen* Selbstbewußtseins, das schnurstracks auch noch heute in eine Überforderung führt, ungeachtet des Umstandes, daß die Geisteswissenschaften durch den Historismus gegangen sind und daß unsere Probleme weit von Hegels Visionen entfernt sind. Es ist nicht nur die Terminologie, die hier nachwirkt ('Wissenschaft des Geistes', 'Geisteswissenschaft'); es ist auch die Vorstellung, daß Kultur ein Produkt des Geistes ist und daß die Geisteswissenschaften selbst Teil dieser Kultur sind, die sie erforschen, die ihre idealistische Herkunft wirklich bleiben läßt. Insofern liegt auch heute noch der Schatten oder – je nach philosophischer Neigung – das Licht der idealistischen Philosophie über den Geisteswissenschaften.

Ins Halbdunkel oder Zwielicht führen, wiederum über Schelling, die Dichter: "Schellingianer waren alle Romantiker, von Görres und Arnim bis Brentano und Eichendorff und zu den Brüdern Grimm, weil sie beseelt waren von der Idee des absoluten Wissens."[9] Und nicht nur hier, auch für Heine ist die Romantik ein Abkömmling des Schellingschen Idealismus. Was aber wichtiger ist: "In der Wendung dieser Dichter und Gelehrten zum Entwicklungsgedanken, zur Geschichte, deren Spuren auch in Mythos, Sage und Legende noch erkennbar schienen, zu jener Kontinuität, die bis zu Vico und Montesquieu, in Deutschland bis zu Winckelmann, Möser und Herder zurückzuverfolgen ist, liegt der Ursprung der im engeren Sinne als 'Geisteswissenschaften' zu bezeichnenden Fächer. Sie fügten durch die Entdeckung von Geschichte, Brauchtum, Volksüberlieferung und Sprachentstehung dem alten Fächerkanon ein neues und bald schon mit dem Anspruch der Ausschließlichkeit auftretendes Fächerspektrum hinzu."[10] Zugleich konvergiert das 'Qualifikationsprofil' der Philologie, vor allem der deutschen, mit der staatlichen Vorstellung 'innovationsfähiger Beamter' und ihrer 'Bildung'.[11] Der Weg von der philosophischen Überforderung in die Provinzialisierung ist geschafft.

---

9 W. Frühwald: Das Modell der "Philologien". Zur Entstehung der Geisteswissenschaften aus dem Denken des Historismus in Deutschland. In: Geschichte und Gegenwart 13 (1994), S. 194.
10 Ebd.
11 Vgl. W. Frühwald (wie Anm. 9), S. 194f.

2.

Die derzeitige Krise der Geisteswissenschaften ist eine von den Geisteswissenschaften weitgehend selbst erzeugte Krise. Im Anschluß an die Zwei-Kulturen-These (C. P. Snow), die hinsichtlich der auseinanderlaufenden Rationalitäten der Natur- und Geisteswissenschaften eine richtige Situationsbeschreibung darstellt, aber in ihrer verdeckt normativen Tendenz eine falsche Wissenschaftssystematik suggeriert, haben sich die Geisteswissenschaften selbst in die unglückliche Alternative, Kompensationswissenschaften oder Orientierungswissenschaften zu sein, hineinmanövriert.

Nach Snows wohlvertrauter These bewegen sich die Naturwissenschaften und die Geisteswissenschaften, durch wechselseitige Ignoranz und Verarmung charakterisierbar, auseinander; die einen sind science, d.h. Messen und Wiegen, die anderen 'Literatur', d.h. Bildung und Erinnerung. Der naturwissenschaftliche Verstand blickt nach vorne, der geisteswissenschaftliche Verstand blickt zurück. So einfach stellen sich die wissenschaftlichen Dinge dar, wenn man sie mit dem dualistischen Hammer oder dem Wunsch, nur bis zwei zu zählen, bearbeitet.

Sie stellen sich wohl zu einfach dar. Weder sind die einen, die Natur- und Ingenieurwissenschaften, nur erfolgreiches und nützliches Wiegen und Messen, noch sind die anderen, die Geistes- und Sozialwissenschaften, nur Bildung und Erinnerung. Wer so redet, kennt die Wissenschaften nicht. Und doch hat Snow nicht einfach vergröbernd danebengegriffen, die Welt der Wissenschaft gegen deren Willen geteilt. Viele Geisteswissenschaften herkömmlicher Art verhalten sich tatsächlich in ihren Denkgewohnheiten, "als wäre die überlieferte Kultur die ganze 'Kultur', als gäbe es das Reich der Natur gar nicht"[12]. Snows provozierende Beispiele sind bekannt: Shakespeare gelesen zu haben, ist Kultur, den zweiten Hauptsatz der Thermodynamik zu kennen, offenbar nicht.[13]

Beispiele, gerade wenn sie gut gewählt sind, sind oft auch irreführend. So in diesem Fall. Die Verhältnisse sind in der Tat nicht symmetrisch. Der zweite Hauptsatz der Thermodynamik läßt sich nicht mit *Hamlet* vergleichen, und das Periodensystem der chemischen Elemente nicht mit Rilkes Vermessung der Seele. Nicht weil wir es hier mit zwei Welten zu tun haben, die sich

---

12 Ch. P. Snow: The Two Cultures and a Second Look. An Expanded Version of the Two Cultures and the Scientific Revolution. Cambridge ²1964, S. 14, deutsche Ausgabe: Die zwei Kulturen. Literarische und naturwissenschaftliche Intelligenz. Stuttgart 1967, S. 20f..
13 Snow: Two Cultures (wie Anm. 12), S. 15 (dt. S. 21).

nie zu begegnen scheinen, sondern weil sich im Falle Hamlets und Rilkes die *kulturelle Vernunft* nicht als objektives Wissen, als Tatsache zur Geltung bringt. Ihr Medium ist der Diskurs, nicht das Lehrbuch und das Labor. Andererseits wird in Snows Beispiel deutlich, daß in der modernen Welt die Rationalitäten, hier die naturwissenschaftlichen und die geisteswissenschaftlichen Rationalitäten, auseinandertreten. Die moderne Welt ist, mit dem wissenschaftssystematischen wie mit dem kulturellen Auge gesehen, eine geteilte, partikularisierte Welt. Grenzen der Professionen, der Theorien, der Erfahrungen, der Wahrnehmungen werden zu Grenzen verschiedener Welten. Wissen, Meisterschaft auf einem Felde wird durch Unwissen, durch Ignoranz auf anderen Feldern erkauft. Wir wissen immer mehr von immer weniger und immer weniger von immer mehr, und mit unseren Erfahrungen und Wahrnehmungen ist es ebenso. Mit dem Wissen wächst auch die Unwissenheit; die Zäune zwischen dem, was man weiß, und dem, was die anderen wissen, werden immer höher. Außerdem hat Snow auch mit der folgenden Feststellung recht: "Unsere Gesellschaft [...] gibt nicht einmal mehr vor, eine gemeinsame Kultur zu besitzen."[14]

Die Folge ist eine *halbierte Kultur*. Ihre Teile bilden eigene Welten, die objektive Welt des Naturwissenschaftlers und die 'literarische' Welt des Geisteswissenschaftlers. Zugleich drückt sich in ihr die Unfähigkeit des modernen Menschen aus, in *einer* Welt, nämlich einer gemeinsamen Welt, zu leben. Der Wissenschaftler, der mit seiner Arbeit die moderne Welt schafft, wird auch in diesem Sinne zum Symbol der modernen Welt. Damit ist aber die Rede von den zwei Kulturen nicht nur Ausdruck der Tatsache, daß sich die moderne Welt in zwei Teile, zwei Unterwelten, auseinanderentwickelt hat, sondern auch ein *Mythos*, der sich um die wissenschaftlichen und die nicht-wissenschaftlichen Verhältnisse legt, zugleich ein Mythos, den sich das wissenschaftliche Bewußtsein geschaffen hat, um seine eigene Unfähigkeit, in Formen ungeteilter Rationalität zu denken, besser zu verbergen. Und in diesem Punkte stehen die Unfähigkeiten der einen Seite denen der anderen Seite nicht nach. Nicht nur die Geisteswissenschaftler tun sich schwer, die Naturwissenschaften als Ausdruck einer gemeinsamen Kultur zu begreifen, auch die Naturwissenschaftler irren sich, wenn sie die Kultur der Geisteswissenschaften lediglich als gebildete und forschende Erinnerung an vergangene Kulturen darzustellen suchen. Nur was Köpfe nicht mehr zusammenhalten können, wird zur eigenen Welt, um die sich dann – wahrhaft paradox in wissenschaftlichen Verhältnissen – ein Meer von Unwissenheit legt. Der

---

14 Snow: Two Cultures (wie Anm. 12), S. 60 (dt. S. 63).

wissenschaftsideologische Fluch, der seit Snows melancholischer Unterscheidung über den Geisteswissenschaften liegt, macht auch vor den Naturwissenschaften nicht halt.

Das wird heute allerdings anders gesehen. Was bei Snow als Ausdruck der Besorgnis, daß sich unsere Welt tatsächlich in Form einer halbierten Kultur auseinanderentwickeln könnte, verstanden werden muß, droht zur eitlen Selbstreflexion der Wissenschaft zu werden. Getreu dem Hegelschen Motto, daß das, was ist, auch vernünftig ist, beginnen, abgesehen von einigen Sonntagsreden und gelegentlichen Hoheliedern der Interdisziplinarität, beide Wissenschaftsseiten, ihren Frieden mit einer derart halbierten Kultur zu schließen. Die einen, die Naturwissenschaftler, weil sie ohnehin die Gewinner zu sein scheinen, die anderen, die Geisteswissenschaftler, weil sie ohnehin, wie schon in ihren Arbeitsgewohnheiten zum Ausdruck kommt, insulare Verhältnisse 'in Einsamkeit und Freiheit' (Wilhelm v. Humboldt) lieben.

Ausdruck dieser geisteswissenschaftlichen Genügsamkeit, die es der anderen Seite einfach macht, so zu bleiben, wie sie ist, ist das sogenannte *Kompensationsmodell* der Geisteswissenschaften, das in den letzten Jahren viel geisteswissenschaftlichen Staub aufgewirbelt hat, um ihn längst wieder auf die geisteswissenschaftlichen Verhältnisse niedersinken zu lassen. Nach diesem Modell kompensieren die Geisteswissenschaften Modernisierungsschäden, die durch den Fortschritt und das Tempo naturwissenschaftlicher und technischer Innovationen entstehen. Die These Marquards "je moderner die moderne Welt wird, desto unvermeidlicher werden die Geisteswissenschaften"[15], beruhigt nicht nur die durch die Zwei-Kulturen-These aufgescheuchten Geisteswissenschaftler, sie verschafft ihnen auch ein neues Selbstbewußtsein. Es ist gerade die *halbierte* Kultur, die ihnen die Existenzberechtigung und eine Aufgabe sichert, die niemand, jedenfalls nicht auf der anderen Wissenschaftsseite, abnehmen kann. Daher aber auch der Konservativismus, der aus dem Kompensationsmodell spricht: Da innovativ nur die naturwissenschaftlich-technische Welt ist, nicht die kulturelle, gemeint ist die geisteswissenschaftliche Welt, 'kompensiert' die geisteswissenschaftliche Welt die naturwissenschaftliche Welt, indem sie selbst "auf die Erzeugung von Innovationsdruck verzichtet und konservativ wird"[16]. Die Geisteswissenschaften gehören zur 'Modernität' der modernen Welt, aber sie bewegen sie nicht.

---

15 O. Marquard: Über die Unvermeidlichkeit der Geisteswissenschaften. In: Ders.: Apologie des Zufälligen. Philosophische Studien. Stuttgart 1968, S. 101.
16 H. Schnädelbach: Kritik der Kompensation. In: Kursbuch (März 1988) Nr. 91, S. 40.

Dies, die Welt zu bewegen, wird ihnen wiederum unter dem Titel *Orientierungswissenschaften* angedient. Angesichts der Orientierungsschwächen der modernen Welt erinnert sich vor allem der politische Verstand der sonst als Diskussionswissenschaften gescholtenen Geisteswissenschaften und verlangt nach Orientierung. Doch die vermögen auch die Geisteswissenschaften nicht zu liefern, jedenfalls nicht in jenem instrumentellen Sinne, in dem die Naturwissenschaften unser Verfügungswissen vermehren. Hier führt der Weg nur aus einer Unterforderung, die das Kompensationsmodell darstellt, in eine Überforderung. Damit sind aber die Geisteswissenschaften weder das eine, noch das andere. Kompensationswissenschaften nicht, weil hier nur der Mythos von den zwei Kulturen seine affirmative Bestätigung fände; Orientierungswissenschaften nicht, weil es derartige Wissenschaften gar nicht gibt, weil Orientierung eine allgemeine Aufgabe ist. Zur Lösung dieser Aufgabe, d.h. zur Lösung von Orientierungsproblemen der modernen Welt bzw. moderner Gesellschaften, sollten auch die Wissenschaften beitragen, aber sie sollten (und können) dies nicht arbeitsteilig, hier unter Rückgriff auf ein 'orientierendes Wesen' der Geisteswissenschaften. Das schließt nicht aus, daß sich die Geisteswissenschaften nicht in besonderem Maße mit Orientierungsproblemen beschäftigen könnten und wohl auch sollten. Das gleiche gilt für die Philosophie, die auf dem Hintergrund der Geschichte der europäischen Rationalität und selbst noch im Rahmen der idealistischen bzw. nachidealistischen Systematik der Geisteswissenschaften selbst keine Geisteswissenschaft ist.

3.

Die wissenschaftliche Forschung und mit ihr die Wissenschaften bewegen sich aus der Disziplinarität in die Transdisziplinarität. Die Geisteswissenschaften könnten ein Motor dieser Entwicklung sein. Statt dessen sind sie selbst hinter ihre Disziplinaritäten zurückgefallen und suchen in übermäßiger Spezialisierung ihr Heil in der Flucht in die Anwendung.

Viele Probleme, deren Lösung auch der Wissenschaft, d.h. wissenschaftlicher Forschung und Ausbildung, bedarf, tun uns schon lange nicht mehr den Gefallen, sich selbst fachlich oder disziplinär zu definieren. Beispiele sind Gesundheit, Umwelt, Energie. Zur Lösung derartiger Probleme bedarf es des Zusammenwirkens vieler (wissenschaftlicher) Kompetenzen, damit aber auch einer entsprechenden Organisation der Wissenschaft, die dieses Zusammenwirken erleichtert, ja dazu zwingt. Das Gegenteil ist heute in unseren Universitäten der Fall. Institutionelle Partikularisierung bzw. Atomisierung der Disziplinen und Fächer greift um sich; die Fähigkeit, noch in Disziplinaritäten oder gar darüber hinaus in universellen Kategorien des Wissens zu denken, nimmt erschreckend ab.

Ein Beispiel dafür ist die fast beliebige Zusammenstellung von Fächern zu Fachbereichen oder Fakultäten in der neueren deutschen Universitätsgeschichte. Hier scheint, wie etwa die unterschiedlichen Zuordnungen von Pädagogik, Psychologie und Philosophie verdeutlichen, wissenschaftssystematisch alles möglich zu sein. Die universitäre Ordnung ist ins Stottern geraten, z.B. bei der einfallslosen Bildung der PPP-Fakultäten oder PPP-Fachbereiche (Philosophie, Psychologie, Pädagogik). Noch auffälliger ist die Auflösung alter großer Fakultäten bis hin zu Ein-Fach-Fakultäten, die McDonalds der neuen Universitätsstruktur. Die deutsche Universität – und das gilt im großen und ganzen auch im Blick auf die internationale Universitätsentwicklung – scheint von allen guten disziplinären Geistern verlassen zu sein.

Kein Wunder, daß allerorten der Ruf nach *Interdisziplinarität* ertönt. Wer allein auf einer fachlichen oder disziplinären Insel sitzt, den ergreift die Sehnsucht nach seinem insularen Nachbarn, wobei es in der Regel wieder gleich ist, wer der fachliche oder disziplinäre Nachbar ist. Grenzen der Fächer und Grenzen der Disziplinen, wenn man sie so überhaupt noch wahrnimmt, drohen nicht nur zu institutionellen Grenzen, sondern auch zu *Erkenntnisgrenzen* zu werden. Die Wissenschaftlerwelt wird zur Kleinstaaterei, ein wissenschaftlicher Fortschritt, der sich auch disziplinär ausweisen kann, fast schon zu einem Zufall, der ungewöhnliche Wissenschaftlerprofile verlangt. Entsprechend verbindet sich mit dem Begriff der Interdisziplinarität eine Reparaturvorstellung, die auf Umwegen, und sei es auch nur auf Zeit, zu einer neuen wissenschaftlichen Ordnung – und vielleicht sogar wieder zu so etwas wie Bildung in Ausbildungszusammenhängen – führen soll.

Dabei empfiehlt es sich allerdings, jederzeit sehr sorgsam zwischen notwendiger und modischer Interdisziplinarität zu unterscheiden. Häufig bedeutet Interdisziplinarität nichts anderes als Wiederherstellung der alten Disziplinarität – etwa wenn Philologen und Linguisten innerhalb der Sprachwissenschaft wieder miteinander reden –, weshalb im übrigen auch nicht jedes Beharren auf Disziplinarität borniert und nicht jeder Ruf nach Interdisziplinarität, selbst wenn er sich auf die Asymmetrie von Problementwicklung und disziplinärer Entwicklung stützt, begründet ist. Und noch etwas: Interdisziplinarität im recht verstandenen Sinne geht nicht zwischen den Disziplinen hin und her oder schwebt, dem absoluten Geist nahe, über den Disziplinen. Sie hebt vielmehr fachliche und disziplinäre Parzellierungen, wo diese ihre historische Erinnerung verloren haben, wieder auf; sie ist in Wahrheit, so verstanden, *Transdisziplinarität*. Mit Transdisziplinarität meine ich im Sinne wirklicher Interdisziplinarität Forschung, die sich aus ihren disziplinären Grenzen bewegt, die ihre Probleme disziplinenunabhängig definiert und disziplinenunabhängig löst. Das hat bedeutende Forschung im übrigen immer schon getan. Disziplinäre Zuordnungen kommen meistens zu spät; sie erklären die eigentliche Leistung nicht.

Erinnert man sich an die Theorie der Geisteswissenschaften im Deutschen Idealismus, könnte man meinen, die Geisteswissenschaften seien ein Motor dieser Entwicklung. Doch auch hier ist eher das Gegenteil der Fall. Die Geisteswissenschaften haben sich selbst in Fachlichkeiten unterhalb der Disziplinaritäten zurückgezogen, nicht die Sprachwissenschaften oder die Literaturwissenschaften z.B. bilden ihr disziplinäres Bewußtsein, sondern Fächer wie Anglistik, Slavistik oder Germanistik. Entsprechend sind dann auch die institutionellen Einheiten, die Studien- und Prüfungsordnungen gebaut. Die Geisteswissenschaften sind in institutionelle Partikularitäten zerfallen, was unter dem Gesichtspunkt der Spezialisierung in Forschungsdingen noch angehen mag, unter Lehrgesichtspunkten aber vom Teufel ist. Der Spezialist sieht nur den Spezialisten; wo er lehrt, bildet er Spezialisten aus. Die aber dürften kaum unter den geschilderten, durch die Zwei-Kulturen-These dominierten Verhältnissen die Zukunft der Geisteswissenschaften sein.

Das gleiche gilt von einer Flucht in die Anwendung, d.h. in eine Professionalisierung der Ausbildung im Rahmen im engeren Sinne berufsbezogener geisteswissenschaftlicher Studiengänge. Auch diese Professionalisierungstendenz zeugt von einer Fehlentwicklung. Erstens unterstellt sie, daß es einen klar definierten gesellschaftlichen Bedarf – Stichworte: Kulturmanagement, Medien, PR im Wirtschaftsbereich – gibt, dem die professionalisierte Ausbildung des Geisteswissenschaftlers genau, nämlich wie die Ausbildung des Mediziners im Gesundheitsbedarf, entspricht. Zweitens ersetzt sie die angestammte Wissenschaftsorientierung der universitären Forschung und Lehre weitgehend durch eine wissenschaftsferne Berufsorientierung. Während die Frage des gesellschaftlichen Bedarfs professionalisierter geisteswissenschaftlicher Kompetenzen offen ist – erst die weitere Entwicklung des Berufssystems wird hier Klarheit schaffen –, muß die dargestellte Entwicklung im Studiengangsbereich als Fehlentwicklung gelten. Sie macht den Fachhochschulen Konkurrenz und zieht deren Studiengangsformen in die Universität. Damit gerät die Universität nicht nur in Konflikt mit ihrer eigenen Rolle, der wissenschafts- und theorieorientierten Forschung und Ausbildung, sie stört auch – wovon später noch die Rede sein wird – eine vernünftige Arbeitsteilung zwischen Fachhochschule und Universität.

4.

Auf die Geisteswissenschaften reimen sich Bildung und Kultur. Glanz und Elend beider werden auch das Schicksal der Geisteswissenschaften im System der Wissenschaft sein.

Bildung und Kultur – das klingt wie eine Melodie von vorgestern, erinnert an die Lebensformen unserer Großmütter und Großväter und an eine Pädagogik des deutschen Gymnasiums, von der manche meinen, daß sie die Ankunft der modernen Welt verschlafen hat. Wer diese Welt heute beschreibt – und dabei den Sirenentönen einer Wischiwaschi-Postmoderne, die in Wahrheit eine verkorkste Vormoderne ist, widersteht –, der beschreibt sie vornehmlich mit den Worten des technologischen Wandels, in dem in Sachen Bildung eine Informationsgesellschaft dem einzelnen größere Anstrengungen abnimmt und in Sachen Kultur McDonalds, Mickey Mouse und Madonna den Alltag beherrschen. Doch das könnte ein Irrtum oder zu kurz gegriffen sein. So ist die europäische Kultur, und das macht sie zur eigentlichen modernen Kultur, ihrer Idee und Wirklichkeit nach eine forschende, argumentierende, selbstreflexive, poietische Kultur (von griechisch poiesis, das herstellende Handeln). Das heißt: Kultur ist Leben – tätiges, herstellendes, poietisches Leben, und sie ist eben darin die wesentliche *Form*, die kulturelle Form der Welt. Kultur, die nur in Büchern, in Museen und im historischen Bewußtsein aufgesucht wird, ist dagegen in Wahrheit längst zu etwas Fremdem geworden, zu einer Gestalt, die das Leben vielleicht noch berührt, die es aber nicht mehr begreift, eine andere Welt, die wir nur betreten können, indem wir unsere eigene Welt verlassen. Eben das aber ist im Grunde nicht Kultur, sondern *Unkultur*, nämlich das Unvermögen, sich mit der eigenen Welt, sie weiterentwickelnd, zu verbinden.

Kultur ist auch nicht nur der übliche Kulturbetrieb, der von der Picasso-Ausstellung bis zu den Fischerchören, von der Dichterlesung bis zum Rockabend reicht, sondern Inbegriff aller Lebens- und Arbeitsformen, mit denen der Mensch die Welt bewohnbar und sich selbst zu einem 'kulturellen' Wesen macht. Kultur, das ist in diesem Sinne die kulturelle Form der Welt, in der diese zu einer menschlichen Welt wird – und, wenn der Mensch als Kulturwesen versagt und sich in den Un-Menschen zurückverwandelt, in ihr Gegenteil: Auch die Inquisition und Auschwitz gehören zur Kulturgeschichte des Menschen und Europas.

Mit *Bildung* steht es nicht anders. Wenn Kultur der modernen Welt nicht äußerlich ist, sondern zu ihrem Wesen gehört, dann gilt das gleiche von Bildung. Bildung ist nur die andere Seite der Kultur, Kultur zur individuellen Lebensform gemacht. Und wie Kultur nichts ist, das einfach wächst, das einfach da ist, sondern etwas, das wir herstellen, indem wir uns im Medium von Finden, Erfinden und Gestalten bewegen, so auch im Falle der Bildung. Bildung, mit jener Kultur verbunden, die das Wesen der modernen Welt ausmacht, ist selbst ein tätiges, reflexives und poietisches Leben. In ihr wird Kultur (individuell) angeeignet. Dabei ist Bildung wie Kultur in erster Linie stets ein Können und eine Lebensform, kein bloßes Sich-Auskennen in Bildungsbeständen. Wilhelm v. Humboldt hat recht. Für ihn ist der Gebildete derjenige, der "soviel Welt, als möglich zu ergreifen, und so eng, als er nur kann, mit sich zu verbinden" sucht.[17]

Allerdings muß Bildung ihre Leistungsfähigkeit heute in einer Situation zur Geltung bringen, die durch auseinanderlaufende Rationalitäten, durch partikulare Zuständigkeiten für immer weniger gekennzeichnet ist, in einer Situation, die sich zugleich anschickt, ihr Wissen in wuchernden Bilder- und Informationswelten aufzulösen. Experten, wie wir sie heute definieren, haben keine Bildung, Bilder haben keine diskursive und Informationen haben keine synthetische Kraft. Wer sich auf sie verläßt, sieht sich häufig von allen guten Geistern verlassen. Er hat sich zudem selbst aus der Verpflichtung genommen, in seinem eigenen Tun und Denken die Idee der europäischen Aufklärung, nämlich *Mündigkeit* in allen Orientierungszusammenhängen, zu realisieren und seiner Zerlegung z.B. in ein privates Ich, ein öffentliches Ich und ein Konsumenten-Ich entgegenzuwirken.

Die moderne Welt – und das sage ich ausdrücklich auch auf die Gefahr hin, als altmodisch zu erscheinen – ist eine Welt, die dem ungeteilten, dem ganzen Ich mißtraut, weil sie selbst eine geteilte, in viele Rationalitäten und Irrationalitäten geteilte Welt ist, und dies ihre Herrschaftsform, auch über die gesellschaftlichen Subjekte, geworden ist. In dieser Welt erscheint das ganze Ich, die volle intellektuelle und sinnliche Individualität, die (noch einmal Humboldt) Welt in sich zieht und Welt durch sich selbst Ausdruck verschafft, wie das Andere ihrer selbst, als das, was sie schon überwunden zu

---

17 W. v. Humboldt: Theorie der Bildung des Menschen (Bruchstück). Gesammelte Schriften, I-XVII, Berlin 1903-1936, I, S. 283.

haben glaubte. Bildung hält die Erinnerung an dieses andere Ich und an diese andere Welt wach; und eben darum ist sie, optimistisch gesprochen, auch das zukünftige Andere der modernen, in unüberschaubare Partikularitäten zerlegten Welt.

Dem aber entspräche wieder die ursprüngliche Orientierung der Geisteswissenschaften an der idealistischen Vorstellung von Bildungsprozessen und deren Begreifen: Nur wenn die Geisteswissenschaften die kulturelle Form der Welt zu ihrem eigentlichen Gegenstand machen und in dieser Form nicht nur Erinnerung und Gedächtnis beschreiben, werden sie Teil dieser Welt, nicht nur ihrer Vergangenheit sein. Machen sie Kultur hingegen zu etwas, das seine Wirksamkeit auf die Entwicklung der Welt verloren hat, und Bildung zu etwas, das allein diesem Verlorenen nachhängt, werden sie das Elend einer Kultur teilen, die sich selbst, wie in der Zwei-Kulturen-These, zu etwas Vernachlässigbarem oder, wie im Kompensationsmodell der Geisteswissenschaften, zu etwas lediglich Entlastendem, von den eigentlichen Wirklichkeiten und Entwicklungen Ablenkendem macht.

5.

Kultur, die sich in Medien- und Informationswelten ihren modernen Ausdruck verschafft, beansprucht Qualifikationen, die die herkömmlichen Geisteswissenschaften nicht vermitteln. Diese drohen zum Gegenbild der modernen kulturellen Welt zu werden, indem sie sich selbst historisieren.

Was unter dem Stichwort Bildung mit dem Hinweis auf wuchernde Bilder- und Informationswelten, die sich vor Wirklichkeiten und Wissen schieben, über die Medien gesagt wurde, klang nicht freundlich und wiederum wohl auch ein wenig altmodisch. Tatsächlich gehört auch die *Medienwelt*, die neben andere Welten wie z.B. die Expertenwelt als Ausdruck einer *Informationswelt* tritt, zu den modernen Weltbaumeistern; sie schiebt sich, wie die Informationswelt allgemein, zwischen die Dinge und das Bewußtsein und bestimmt beide, nicht in Expertenform, aber in Deutungsform. Das wiederum bedeutet auch: Nicht nur derjenige, der sich auf Informationen und Experten verläßt, die er selbst (als Wissender) nicht zu kontrollieren vermag, könnte der Dumme sein, sondern auch derjenige, der sich auf die Medien, auf das mediatisierte Wissen verläßt. Die Masse oder das Man, von dem Heidegger so überzeugend darlegt, daß es die alltägliche Seinsweise des Menschen ist, haben in den Medien ihre moderne Orientierungsform gefunden, dergegenüber frühere Formen der Inbesitznahme des Menschen fast nur noch ein müdes Lächeln verdienen. Dabei machen auch freie Medien das Individuum noch lange nicht frei. Wo sie es nicht schon voraussetzen – wie es das Ideal einer aufgeklärten Gesellschaft besagt –, setzen sie sich vielmehr an seine Stelle, indem sie die Kammern seines Bewußtseins besetzen, seine Wahrnehmungen und seine Erfahrungen lenken, Einfluß auf das Bild der Welt durch ihre Bilder nehmen. An die Stelle der Weltbilder sind in einer Informationswelt die Bilderwelten der Medien getreten. Dadurch werden nicht nur Kultur- und Bildungsbegriffe, sondern auch Herrschaftsstrukturen verändert. Wir herrschen mit unseren Bildern über die Dinge, und die Bilder herrschen über uns.

Insofern macht auch der Hinweis auf die Medienwelt klar, daß die Informationswelt, in der wir alle leben, eine kulturelle *Aneignungsform* der modernen Welt ist, mit der diese über das Sein und das Bewußtsein ihrer Subjekte zu herrschen beginnt. Ihre Kultur heißt – was die Philosophie und die Künste immer schon wußten – *Konstruktion*, Konstruktion der Wirklichkeit ebenso wie des Bewußtseins, das sich im Medium der Information auf diese Wirklichkeit bezieht. Wo die Informationswelt herrscht, wird in diesem Sinne alles zur Konstruktion, erfaßt die moderne Welt unter dem Signum des technologischen Wandels, der in Wahrheit ein kultureller Wandel ist, alle Orientierungs- und Wissensformen. Kultur wird zum Medium multikultureller Orientierungen.

Damit ist nicht die *multikulturelle Gesellschaft* gemeint, von der derzeit in Europa unter dem Eindruck von Migrationsproblemen im politischen Raum so viel und so lautstark die Rede ist. Im politischen Räsonnement verbindet sich die Wirklichkeit individueller Lebensstile und partikularer Lebensformen, die in Wahrheit *innerkulturell* verständlich bleiben, mit dem Problem bewahrter kultureller Identität bzw. kultureller Autonomie von Einwanderungsgruppen. Kultur wird dabei häufig mit (kultureller) Folklore verwechselt, nämlich immer dann, wenn von den Ansprüchen kultureller Identität oder kultureller Autonomie *rechtliche* Verbindlichkeiten, als gehörten diese nicht zu den zentralen Elementen einer kulturellen Identität, ausgenommen werden. Kultur umfaßt, noch einmal, die ganze Lebensform einer Gesellschaft, und kulturelle Identität setzt permanente kulturelle Kommunikation voraus. Das aber bedeutet, daß auch in einem zusammenwachsenden Europa, in einer offenen europäischen Gesellschaft *kulturelle Integration* das Stichwort sein muß, nicht kulturelle Identität in multikulturellen Verhältnissen, die oberflächlich bleiben muß. In diesem Sinne ist z.B. in Frankreich die zuvor heftige Diskussion um eine multikulturelle Gesellschaft wieder verstummt; sie hat aus einsichtigen Gründen ihre Bedeutung verloren. Kultur steht eben für die Einheit gesellschaftlicher Strukturen (die rechtlichen eingeschlossen), nicht für deren Partikularität und Disponibilität. Auch das war gemeint, als zuvor Kultur als Inbegriff von Arbeits- und Lebensformen bezeichnet wurde und Bildung als deren subjektive Form.

Noch einmal auf die Geisteswissenschaften und ihre Ausbildungskompetenzen bezogen bedeutet das: Was immer auch gegen die modische und einfältige Bezeichnung 'Informationsgesellschaft' und die von Politikern und Soziologen heraufbeschworene Verwandlung der Gesellschaft in eine solche einzuwenden ist, *kulturelle* Entwicklungen (im engeren und weiteren Sinne) werden eine wesentliche Rolle spielen, die kulturelle Produktivität wird steigen, allein schon als Funktion des zurückgehenden Maßes an Lebensarbeitszeit, Kulturalität und Multimedia werden die Stichworte einer sich in revolutionären Schüben vollziehenden Entwicklung sein. Dies und die Wahrnehmung einer derartigen Entwicklung wird derzeit nur durch die wirtschaftspolitische Rede vom Standort Deutschland und die nicht weniger politisch geführte Diskussion um Datenautobahnen etc. überlagert. In Wahrheit geht es um mehr Möglichkeiten und Wirklichkeiten *kultureller Konstruktion* und *Produktion*. Die hier erforderlichen Kompetenzen wiederum sollten unter Mitwirkung, nicht unter Verweigerung der Geisteswissenschaften erworben werden können. Verweigern sich die Geisteswissenschaften hier, indem sie Medienhochschulen und Ersatzfächern für kulturelle Evolution das Feld überlassen, werden sie sich selbst historisieren, indem sie sich in den Gegenstand selbstbezogener (historisierender) Forschung verwandeln. Auch das bedeutet im übrigen, daß der auch institutionell vollzogene Rückzug der Geisteswissenschaften in partikularisierte Fachlichkeiten der falsche Weg ist. Er führt aus der modernen Entwicklung heraus schnurstracks in die Marginalisierung der Geisteswissenschaften.

6.

Verschulung und Entwissenschaftlichung sind die bittere Medizin, die die Bildungspolitik derzeit für die Universitäten zur Lösung ihrer Kapazitäts- und Finanzprobleme bereithält. Wenn sich die Universitäten nicht (endlich) entschließen, sich selbst durch tiefgreifende strukturelle Reformen zu kurieren, werden sie diese Medizin schlucken und an ihr als wissenschaftliche Hochschulen, die Geisteswissenschaften voran, zugrundegehen.

Die deutschen Universitäten sind aus einer Humboldtschen Idylle, zu der nicht nur die Einheit von Forschung und Lehre, sondern auch Bildung durch Wissenschaft und die Dominanz der Geisteswissenschaften gehörten, in das schwere Wetter eines Ausbildungssystems geraten, das in aufgezwungener und eigener Maßlosigkeit alles, was sich einmal mit ihrer (idealistischen) Idee verband, zu verschlingen droht, in dem ein Denken in Quantitäten alle Maßstäbe besetzt und die Unfähigkeit zu Reformen zur strukturellen Reformunfähigkeit geworden ist. Die Kluft zwischen wachsenden Aufgaben und vorhandenen Ressourcen wird immer größer, die Asymmetrien zwischen Lehrbelastung und Forschungsgebot werden immer augenscheinlicher, die Reformunfähigkeit wird immer gefährlicher, die rhetorischen Rituale, die diese Entwicklung begleiten, kommentieren, verschleiern und beschönigen, immer unerträglicher. Die Universitäten taumeln immer tiefer in eine institutionelle Krise, und ein neuer Humboldt ist nicht in Sicht.

Ausdruck dieser Krise sind erneut auch die Unfähigkeiten, in Disziplinaritäten und Transdisziplinaritäten zu denken (und auszubilden) und die damit verbundene Partikularisierung bzw. Atomisierung der Fächer. Die Unüberschaubarkeit der Wissenschaft, die in Forschungsdingen ihre produktive Unendlichkeit ausmacht, setzt sich völlig unnötig in ihre organisatorischen und institutionellen Formen hinein fort (und wer deren 'Vernunft' sucht, stößt häufig nur auf Hochschullehrer, die sich riechen oder nicht riechen können).

Mit anderen Worten: Den Universitäten entgleiten ihre wissenschaftlichen Strukturen und damit auch ihre Idee. Denn welchen Sinn sollte eine Einheit von Forschung und Lehre noch haben, wenn sich die Unendlichkeit der Forschung in die unendliche Beliebigkeit der Fachlichkeiten (mit nachgereichten Studien- und Prüfungsordnungen) hinein fortsetzt? Daß die Universität zunehmend weniger 'studierbar' wird, liegt nicht nur an quantitativen und finanziellen Entwicklungen, sondern eben auch an wissenschaftssystematischen Ungereimtheiten. Die aber hat die Universität allein zu vertreten. Und das bedeutet: Zur Politikkrise, die sich in den mangelnden institutionellen Konsequenzen aus dem Öffnungsbeschluß zum Ausdruck bringt, tritt eine hausgemachte Strukturkrise, die so tief sitzt wie der Wissenschaftsbegriff selbst. Wir mogeln uns auch in den Universitäten um vieles Wesentliche herum und ziehen damit das Universitätssystem nur um so tiefer in Schwierigkeiten und Miseren hinein, die es heute zum Dauerthema des gesellschaftlichen Räsonnements haben werden lassen.

Ausdruck dieser Entwicklung ist auch das, was sich heute als eine *neue Ordnung von Lehre und Forschung* anzukündigen beginnt. Auf der Suche nach Dummen, die die eigenen institutionellen und finanziellen Versäumnisse unkenntlich machen könnten, entdeckt die Gesellschaft die faulen Professoren. Die gibt es wahrlich (wer wollte das bestreiten?), wie auch an anderen Stellen unseres gesellschaftlichen Systems Faulheit keine unbekannte menschliche Eigenschaft ist. Doch hier schiebt sich in der hochschulpolitischen Diskussion mit der Entdeckung der Faulheit (der Professoren) und der Langsamkeit (der Studierenden) nur ein Feigenblatt vor das andere, womit die Blöße immer ärgerlicher wird.

Nüchterner ausgedrückt: Ein bewußtes Umsteuern auf Lehrqualifikationen und Lehrquantitäten im Universitätsbereich ist, zumal wenn sich dieses den durchsichtigen Motiven eines Ablenkens von strukturellen Versäumnissen verdankt, gefährlich. Es trifft, wenn es dabei auch noch zu Lasten der Forschungsqualifikationen und der Forschungsleistung gehen sollte (und eben dies deutet sich an), die Universitäten ins wissenschaftliche Herz. Denn Universitäten sind *wissenschaftliche* Hochschulen, und deren Qualität richtet sich nach der Qualität ihrer Wissenschaftler. Die wiederum bemißt sich – da beißt keine Maus einen Faden ab – in erster Linie nach *Forschungsleistungen*. Ohne derartige Leistungen ist der Wissenschaftler kein Wissenschaftler – und in der Lehre vom Studienrat nicht zu unterscheiden. Diesen zur Hoffnung der Universitäten zu erklären, wäre daher auch kurzsichtig und destruktiv. Wer im Universitätssystem an der Ordnung von Forschung und Lehre zugunsten der Lehre dreht, dreht nicht nur an der idealistischen Idee der Universität, er dreht auch an der Wirklichkeit einer wissenschaftlichen Hochschule.

Das bedeutet natürlich nicht, daß sich an der Universitätslehre nichts verbessern ließe. Das über wissenschaftssystematische Ungereimtheiten Gesagte gilt ja auch hier. Nur hilft eine neue Ordnung von Lehre und Forschung, wenn man sie denn wirklich wollen sollte, den Universitäten nicht aus ihrer strukturellen Krise heraus; eher führt sie diese noch tiefer in sie hinein.

Nach den Vorstellungen der Bildungspolitik soll eine neue Ordnung von Lehre und Forschung die Lehre nicht nur aus ihrem vermeintlichen Aschenputteldasein herausführen, sondern darüber hinaus zum Gliederungsprinzip der Universität werden. Das Studium wird in einen berufsnah ausbildenden Teil mit einer Planstudienzeit von acht bis neun Semestern und einen im engeren Sinne wissenschaftlichen Teil, das Promotionsstudium, zerlegt. Der eine Teil dient der Standardausbildung unterhalb des bisherigen wissenschaftlichen Niveaus, der andere der Ausbildung des wissenschaftlichen Nachwuchses für Wissenschaft und Gesellschaft. Damit wird das Universitätssystem in seinen bisherigen Studienformen verschult; die Universität zieht das Fachhochschulsystem (berufs- und praxisnahe Ausbildung in streng normierten Studiengängen) in sich hinein und sich selbst in die wissenschaftliche Doktorandenausbildung zurück. Nicht das Studium würde geteilt, wie es die Konstrukteure dieses Modells wollen, sondern die Universität. In ihrem einen Teil, einem entwissenschaftlichten allgemeinen Studienteil, wäre sie Fachhochschule, in ihrem anderen Teil Gelehrtenkolleg.

Tatsächlich richten sich alle derartigen Vorschläge, einschließlich der immer wieder einmal empfohlenen Kurzstudiengänge, auf ein *Fachhochschulmodell* der Universität. Dessen Realisierung aber wäre nicht die bessere Universität, sondern eher schon das Ende der Universität. Diese verlöre mit der Entwissenschaftlichung und Verschulung desjenigen Studiums, das bisher ihre Normalität darstellte, ihren wissenschaftlichen Charakter, dem es entsprach, daß der Hochschullehrer als *Wissenschaftler*, nicht als Studienrat im Hochschuldienst lehrte. Die (Humboldtsche) Vorstellung, daß die Einheit von Forschung und Lehre das Wesen einer wissenschaftlichen Hochschule ausmachen müsse, hätte sich endgültig von der Normalität der Universität verabschiedet. Ist das mit der neuen Ordnung gemeint? Die neue Ordnung wäre dann die alte – ein trotz aller Unkenrufe noch immer mögliches achtsemestriges Universitätsstudium –, nur daß jetzt Fachhochschulstrukturen an die Stelle von Universitätsstrukturen träten. Die Universität ginge vor ihrer eigenen strukturellen Reformunfähigkeit und einer nur in Ausbildungskategorien denkenden Hochschulpolitik in die Knie.

Die Lösung der institutionellen Misere muß denn auch eine andere sein. Sie liegt in der Realisierung dieses Modells nicht in der Universität, sondern dort, wo es ohnehin schon realisiert ist, nämlich in der Fachhochschule. Das Stichwort wäre nicht Hineinnahme der Fachhochschule in die Universität, sondern Auslagerung größerer Teile der Universitätsausbildung in die Fachhochschule. Und hier sollte man über die gegenwärtige Konjunktur des Fachhochschulgedankens sogar noch hinausgehen: Das Programm müßte nicht nur *Ausbau* der Fachhochschulen lauten, sondern Etablierung der Fachhochschulen als *Regelhochschulen*. Eben diese Rolle, nämlich Regelhochschule zu sein, hat auf dem Hintergrund des Öffnungsbeschlusses die Universitäten in ihrem wissenschaftlichen Charakter an den Rand des Zusammenbruchs geführt; man sollte sie ihnen nicht auf neue Weise, nämlich über die Verschulung und Entwissenschaftlichung ihrer Studiengänge, wieder andienen. Statt dessen sollte es nunmehr die primäre Aufgabe der Universitäten sein, den wissenschaftlichen Nachwuchs auszubilden – nicht nur für die Hochschulen, sondern für alle gesellschaftlichen Bereiche, in denen die Ausbildung, und dies keineswegs beschränkt auf den Doktorandenbereich, eine wissenschaftliche sein muß. Und das bedeutet nach wie vor Organisation der Lehre in enger Verbindung mit der Forschung. Eben dies sollte gerade auch das Credo der Geisteswissenschaften sein. Koppelt sich hier die Lehre von der Forschung ab und bleibt sie zudem noch unter ihren eigenen disziplinären und transdisziplinären Möglichkeiten, bedeutete dies die Verabschiedung der Geisteswissenschaften aus der wissenschaftlichen und kulturellen Evolution.

Auch die Wissenschaft hat ihre Museen, in denen sie ausstellt, was sie einmal wußte, was sie einmal konnte und was sie einmal war. Verhindern wir, daß wir die Geisteswissenschaften demnächst dort wiederfinden.

Die Literaturwissenschaft zwischen Editionsphilologie und Kulturwissenschaft

Hartmut Böhme

Ein Blick auf die gegenwärtige Lage der Germanistik erweckt den Eindruck, daß ihre Krise, deren sie sich seit 1966 erfreut, durch zwei entgegengesetzte Therapien bewältigt werden soll. Die eine Lösung besteht in einer Engführung der Literaturwissenschaft, die andere in deren Erweiterung.
  Mit Engführung meine ich, daß weite Teile der Neugermanistik sich auf grundwissenschaftliche Tätigkeitsfelder beschränken: das sind die langjährigen Editions-Unternehmen, Programme zur Quellenerschließung und Archivforschung, es sind Bibliographien, Repertorien, Lexika, Hand- und Arbeitsbücher und neuerdings die Computerisierung all dieser Felder, womit man ebenfalls Jahre vollauf zu tun hat. Dieser Prozeß vollzieht sich ohne öffentliche Diskussion, aber im großen Stil. Ich vermute, daß die Hälfte der Forschungsressourcen germanistischer Institute in grundwissenschaftliche Tätigkeiten fließen. – Die Erweiterung der Germanistik hingegen wird allgemein diskutiert: hierbei geht es nicht um den Kern, sondern um die Ränder des Faches. Seit die Germanistik von ihren Krisen redet, geht es um Grenzen des Faches und ihre grundsätzlich als Fortschritt ausgegebene Überschreitung. Vor zwanzig Jahren waren die Stichworte der Erweiterung: Sozialgeschichte, Strukturalismus und Linguistik; heute wird die Erneuerung der Literaturwissenschaft als Kulturwissenschaft bereits von der WRK und KMK empfohlen, während die Linguistik unterdessen den Kognitionswissenschaften und der Neurobiologie nacheilt. Im folgenden lasse ich die Sprachwissenschaft fort, obwohl zu fragen ist, ob nicht gerade durch sie die Einheit des Faches am stärksten in Frage gestellt wird. Trotz der Arbeitsteilung zwischen Linguistik und Literaturwissenschaft verfügte man bis in die siebziger Jahre aufgrund der anhaltenden Geltungskraft der Herder-Humboldtschen-Sprachauffassung und der integrativen Tradition der Hermeneutik noch über viele binnendisziplinäre Beziehungen. Auch unabhängig vom Ausbildungsauftrag von Deutschlehrern war es nicht sinnlos, von einer Facheinheit der Germanistik zu sprechen. Dagegen gibt es zwischen der Computerlinguistik und der ethnologischen Literaturwissenschaft heute keine Beziehung mehr, ebenso wenig wie etwa zwischen Neurobiologie und Mediaevistik. Differenzierung des Faches ist längst in dessen Dissoziation übergegangen, ohne daß man daraus die institutionellen Konsequenzen gezogen hätte.

Hier verstärkten sich zwei Prozesse gegenseitig: die oktroyierte Verlagerung von der Deutschlehrerausbildung auf Magisterstudiengänge einerseits und die Pluralisierung von Wissensgebieten andererseits machten die Frage nach dem Zusammenhang von Linguistik und Literaturwissenschaft – 1970 noch aktuell – heute obsolet. Die unterdessen professionalisierte Germanistik hat die Deutschlehrerausbildung aus den Augen verloren. Es gibt in der Hochschulgermanistik keinen Praxisbezug mehr, und es gibt keine synergetischen Effekte, sondern – ich übertreibe etwas – nur noch Diversifikation.

Diversifikation ist in der Wirtschaft eine Strategie der Risikoverminderung durch Gründung unabhängiger Subunternehmungen unter einem Dach. Genau so verfuhr und verfährt die Germanistik, die von der Angst vor Legitimationsdefizit und Stellenabbau umgetrieben wird, obwohl sie personell so stark wie niemals zuvor ist. Diversifikation in der Wirtschaft heißt aber nicht, daß die Subunternehmen gegeneinander konkurrieren. Die Germanistik hingegen kreierte ein Modell, das ich 'binnenkonkurrentische Diversifikation' nennen möchte. Damit aber geht der Effekt der Diversifikation verloren, nämlich Unsicherheit zu vermindern. Statt dessen konkurriert man extern und intern – und dies angesichts einer Wissenslage, die so extrem angewachsen und so komplex geworden ist, daß kein Mensch mehr die Fachentwicklung überblicken kann. Das verschärft Abwehrmechanismen nach innen: wer editionswissenschaftlich gut sein will, kann die Entwicklung einer Literaturwissenschaft als 'cultural studies' nicht mehr verfolgen – was gewöhnlich heißt, man wird sie stereotypisieren, z.B. als modisch, und sie abwehren. Denn ein Effekt der binnenkonkurrentischen Diversifikation ist die Verunsicherung der Wissenschaftler hinsichtlich dessen, was jenseits ihres Gebietes alles noch im Fach stattfindet – und dies ist immer das meiste. Dies löst Angst aus, die sich in vielen Formen larviert. In einem großen Fach ohne Angst ein kleiner Wicht sein – und das ist man objektiv –, kann man nur, wenn es eine Art corporate identity gäbe –, die es aber, unter Bedingungen der binnenkonkurrentischen Diversifikation, nicht geben kann. Meine Eindruck ist, daß der halb spastische, halb hektische Zustand der Germanistik vor allem auf wissenschaftspsychologische Faktoren zurückgeht. Angst ist dabei der Faktor ersten Ranges. Darüber wird weder geredet noch gar geschrieben.

Doch auch hier soll es um Angst nicht gehen. Beschäftigen will ich mich mit den beiden genannten Reaktionsformen – der Engführung und der Erweiterung des Faches. Ich beginne mit der Engführung. Zu den Aufgaben einer Muttersprachphilologie gehört die Sicherung der literarischen Überlieferung. Das war immer so und muß auch so bleiben. Ein kulturelles Gedächtnis kann ohne verläßliche Überlieferung nicht funktionieren. Es ist aber auch unbestritten, daß selbst sehr gute Editionen, die relativ zeitresistent sind, dennoch veralten. Deswegen können Neueditionen kanonischer Autoren notwendig werden – und zwar nicht nur, weil Editionsprinzipien sich ändern, sondern weil in Editionen sich das kulturelle Gedächtnis neu und präzise formiert. Editionen sind gute Indikatoren, in welcher Weise sich die Gegenwart zu kanonischen und nicht-kanonischen Überlieferungen positioniert. So wird in den Goethe-Editionen die Geschichte der Germanistik in ihrem Zeitbewußtsein und ihrem Verhältnis zu einem höchstmaßstäblichen Autor prägnant mitbuchstabiert. Ferner sind Editionen dann wirkungsvoll, wenn sie unzureichend repräsentierte Strömungen der Literaturgeschichte verfügbar machen. So hat die Herausgabe von Werken der republikanischen und sozialistischen Traditionen die Reform der Germanistik nach 1968 wesentlich mitbestimmt. Umgekehrt hat das dürre historische Bewußtsein der Neugermanistik, deren Wahrnehmungsgrenze etwa 1750 endete, eine Horizonterweiterung durch die Neudrucke und Editionen aus der frühen Neuzeit, dem Barock und der Frühaufklärung erfahren. Ähnlich hinderlich war die editorische Fixierung der Mediaevistik auf das Textcorpus der mittelalterlichen Blütezeit. Sie hat jahrzehntelang komparatistische und kulturgeschichtliche Forschungen blockiert; so war die Integration der deutschsprachigen Literatur in die lateinische Kultur Europas erschwert. Heute weiß man, daß ein Altgermanist zumindest ein guter Latinist sein und sich in der Schrift- und Bildkultur eines Jahrtausends auskennen muß. Aber wie soll er es, wenn nicht große editionsphilologische Anstrengungen unternommen worden wären. Denn bei der Erforschung einer Handschriftenkultur hängt die Bildung historischen Bewußtseins entscheidend von der Zugänglichkeit der Texte ab. Ich will damit nur andeuten: es darf keinen Zweifel geben, daß Editionen zu den hochrangigsten Aufgaben der Germanistik gehören.

Editionsphilologie ist mithin nicht der untergeordnete Zuliefererbetrieb für ein höheres Wissenschaftsstockwerk, und Editoren sind nicht das Bodenpersonal für die Piloten der Interpretationskunst oder des Dekonstruktivismus. Editionsphilologie ist aber auch nicht ein asketischer Heroismus, eine Archäologie zur Rettung und Bewahrung von Textmonumenten – unberührt von historischen Moden-, Methoden- und Paradigmenwechseln. Editionsphilologie ist Grundlage für ein Gegenwartsbewußtsein, das sich anders als in den Medien der überlieferten Vergangenheit nicht artikulieren kann. Es gibt darum gute Gründe für eine Politik der Editionen. Und dies umso mehr, als Editionen zum teuersten gehören, was es in der geisteswissenschaftlichen Forschungsförderung gibt.

Wir können gegenwärtig ein Hausse der Editoren im (informellen) ranking der Geisteswissenschaftler beobachten. Außergewöhnliche Editionen haben eher eine Chance, in der Presse besprochen zu werden, als eine ausgezeichnete Habilitation über Stifter oder ein Tagungsband über Theorieprobleme. Das muß man nicht bedauern. Doch dies ist auch ein Symptom dafür, daß alles, was zur Editionswissenschaft gehört, als der seriöse Teil der Germanistik angesehen wird. Gegenüber dem Beschleunigungsdruck, der in den historisch-hermeneutischen Sektionen besteht, wächst eine Art Müdigkeit und der Wunsch nach festem Grund. Im Schatten dieser Müdigkeit wachsen die fleißigen Lieschen der Editionen zu großartigen Monumenten ihrer Macher heran. So wird die *Faust*-Edition als editorisches Finale gefeiert. Bereits der Ankündigungsband einer Kafka-Edition, die vor allem Faksimile-Wiedergaben und diplomatischen Abdruck verspricht, wird bundesweit als der endlich authentische Kafka gewürdigt. Allerorten wird Editions-Politik gemacht. Und mitnichten sind Editoren heute noch weltfremde Zölibatäre im Dienst am Allerheiligsten der Handschrift. Wer edieren will, muß heute nicht nur ein präziser Philologe sein, sondern über Macht, Einfluß und auch über Öffentlichkeit verfügen.

Denn es geht um Geld – um viel Geld. Geld ist knapp und die Texte, die ediert werden wollen, werden – naturgemäß – immer mehr. Große Editionen, die sog. Langzeitvorhaben, kosten zweistellige Millionensummen. Das Goethe-Wörterbuch wird im dreistelligen Millionen-Bereich liegen. Die Personalbibliographie eines wichtigen Autors kostet zwei Millionen. Als Gegenleistung hätte man dann z.B. 40 Bände eines Autors, dessen literarisches Werk acht Bände umfaßt und von dem wir nun jedes Zettelchen und jeden Brief lesen dürfen (was natürlich niemand tut). Oder wir haben eine Bibliographie, die bei einem wichtigen Autor älteren Datums und entwickelter Forschungsgeschichte – sagen wir – 25.000 Titel umfaßt (auch dies ist ein mehrbändiges Werk, vor dem jede/r erstmal in die Knie geht). Das ist das eine – das Produkt. Und dieses Produkt ist oft schon zweifelhaft genug.

Doch sehen wir hinter das Produkt. Dann bemerken wir: wir haben 6 bis 15 Jahre, mitunter auch 20 bis 30 Jahre lang eine Forschergruppe bezahlt, die – je länger, je mehr – zu einer eingeschworenen Gemeinde werden muß, mit allerbesten Kenntnissen auf drei Quadratmetern, die den Editoren eine Welt sind, und totaler Ignoranz im übrigen Quadratkilometer der literarischen Landkarte. Editoren sind oft Abhängige ohne feste Stelle, angewiesen auf Professoren, die, überbelastet von Alltagsgeschäften, eher weniger als mehr für die Edition tun, die sie leiten und deren Ruhm gewöhnlich sie einernten. Wer über Jahre in einem Langzeitvorhaben arbeitet, kommt in der Regel nicht mehr auf eine Universitätsstelle. Die soziale Isolation ist groß; die Arbeitsbelastung enorm; es gibt wenig narzißtische Bestätigung, aber viel Kränkbarkeit; nach fünf Jahren Fleißarbeit findet man auf dem Titelblatt den eigenen Namen an zweiter Stelle hinter dem des Professors. Unterdessen haben sich Kommilitonen von früher habilitiert; man tröstet sich damit, daß diese Edition ein Markstein an der Straße der Ewigkeit ist: Interpretationen vergehen, Editionen bestehen. So hat man wenigstens Teil am Glanz des hoffnungslos, d.h. hoffnungssüchtig überschätzten Autors. Wenn es hoch kommt, ist es Mühe und Arbeit gewesen. Die Edition frißt ihre Macher. Das ist der Humus, auf dem die Editionen wachsen. – Kein Zweifel, wir wollen gute und sorgfältige Ausgaben. Kein Zweifel aber auch, daß bei Lesern und Verlagen, bei Forschungsförderern und Universitäten eine eklatante Gleichgültigkeit gegenüber dem Gros der abhängigen Editoren besteht, die zwischen Obsession und Depression verschlissen werden. Editionen kosten mehr als Millionen, sie kosten auch Menschen.

Wenn eine Politik der Editionen zu fordern ist, so hat sie sich auf zwei Typen von Kosten zu richten: das Geld und die Humankosten. So sorgfältig die Begutachtung von Projekten sein mögen – begutachtet werden immer nur Projekte, die beantragt werden. Vom Gesamtkorpus der Literatur her betrachtet ist es reiner Zufall, daß eine kritische Kurt Tucholsky-Edition beantragt wird, eine für Wilhelm Heinse jedoch nicht. Man übertreibt nicht, wenn man behauptet, daß die Edition der deutschen Literatur ungeplant verläuft. Man schafft teure Insel-Lösungen: Ausgaben, die noch die letzten Materialien edieren und aufwendig kommentieren und aus einer 60-Seiten-Novelle eines mittelmäßigen Romantikers einen 440-Seiten-Band machen. Daneben dehnen sich Wüsten von unedierten oder vergriffenen Textmassen.

Nicht nur, weil Geld knapp ist, sollte die mittelfristige und langfristige Editionsplanung verbessert, ja, überhaupt erst entwickelt werden.

Ferner sollten die Editionsvorhaben strenger auf Benutzbarkeit geprüft werden. Editionen sind zu oft eine monumentale Begräbnisstätte des Autors, den sie lebendig erhalten wollen. Es ist abwegig, einen Autor, der 2000 Seiten hinterlassen hat, in zehn dickleibigen Bänden zu edieren. Der Kommentierwut und dem Dokumentationsfetischismus müssen Grenzen gezogen werden. Im Zeichen der Materialität, Prozessualität und Intertextualität des literarischen Werkes hält man heute die Veröffentlichung jedweder Fassung, Studie, Notiz, jedes Exzerpts, Einfalls und natürlich alles Gestrichenen für das wichtigste Editionsgebot, möglichst in einer Druckform, die die handschriftlichen Befunde mimetisch nachvollzieht. Man stelle sich dies auch nur für die kanonischen Autoren vor – und man hat instantiell das Ende der

Machbarkeit erreicht. Das weiß jeder: und darum wird Editionspolitik heute durch Macht, Einfluß und Öffentlichkeit gemacht (und über informelle Netze von Beziehungen, wechselseitgen Verpflichtungen, Zugehörigkeiten). Man setzt seinen Autor mit allen Finessen durch. Ich kenne keine Anträge, die nicht die bisher immer unterschätzte Wichtigkeit der Edition dieses Autors begründen; ich kenne aber keinen Antrag, der dies im Vergleich mit der Editionslage des literarischen Feldes dieses Autors tut. Dies aber wäre zu verlangen – doch man kann dies nur verlangen, wenn die Germanistik insgesamt sich in der Pflicht sähe, Editionen weitblickend zu planen oder wenigstens öffentlich zu diskutieren. Davon aber kann nicht die Rede sein.

Es ist nicht ohne Witz, daß der Dekonstruktivismus, welcher keinen Ursprung und kein Ende des Textes, keine Authentizität und Intentionalität anerkennt, dazu genutzt werden konnte, um eben deswegen die Masse des zu Edierenden uferlos auszudehnen und eine Art von 1:1-Wiedergabe des Textes zu legitimieren. In der Kartographie ist so etwas ein alter Witz; in der Literatur wäre es ein Einfall, aus dem Jorge Luis Borges eine Kurzgeschichte machen könnte; in der Editionsphilologie hingegen werden solche zwischen Megalomanie und Anankasmus schwankenden Ideen ernsthaft diskutiert. Paradoxerweise stützt man mit einer Theorie, die jede Authentizität als Schein erweist, den Authentizitäts-Fetisch Text. Damit werden die avanttextes, die Neben- und Paratexte extrem aufgewertet, weil die Verwebungs- und Prozeßstruktur des Textes dies erfordere. Zum anderen wird der Editor zu einem uferlosen Kommentieren freigesetzt, im Namen der Intertextualität. Man lerne aus der Kartographie: maßstäbliche Verjüngung und Anpassung an Gebrauchszwecke sind die selbstverständlichen Bedingungen für dieses alte Kunsthandwerk.

Es muß strenger unterschieden werden, was in eine Edition gehört und was mehr dem Typ einer monographischen Studie entspricht. Die Intertextualität eines Autors, die Prozeßhaftigkeit eines Werkes, die Materialität der Schrift, die Kommentierungstiefen von Stellen und Strukturen können und sollen nicht vollständig in einer Edition erschöpft werden. Das ist nicht nur unfinanzierbar. Sondern es ist im schrillen Mißverhältnis von der Textmasse deutscher Literatur zur Ressource der Germanisten ein flammender Wahnsinn. Zu Fragen der Prozeßhaftigkeit, Intertextualität und Materialität sollten Modellstudien geschrieben werden, die aus der Edition auszugegliedern sind. Im Blick auf die Leser und damit auf das eigentliche Medium kulturellen Gedächtnisses sind zurückhaltend kommentierte Leseausgaben zu empfehlen. Für die Forschung dagegen sind Text-Datenbanken bereitzustellen, welche die Hintergrundmaterialien anbieten und die fortgeschrieben werden können (und müssen). Da Datenbanken sowohl hinsichtlich der quantitativen Extension wie auch der Selektion gesuchter Informationen dem Buchmedium überlegen sind, wird hier einerseits dem Kommentierungsbedürfnis der Editoren keine Schranken gesetzt, andererseits dem besonderen Suchinteresse eines Benutzers das optimalere Rechercheinstrument geboten.

Damit wird nicht gegen kritische und kommentierte Ausgaben argumentiert. Zu kritisieren ist aber, wenn zwischen Buch- und EDV-Medium nicht differenziert wird; wenn die Extension des zu Edierenden nur auf die quantitive Grenzen des Buchmediums stößt; wenn die Kommentarpraxis ausufert. Im Zeichen von Vollständigkeit und Sorgfalt der Edition wird immer mehr die Fachforschung der Wissenschaftler gefördert. Es geht eben durchaus nicht um Leser, die für einen Autor gewonnen werden sollen, sondern es geht zunehmend um Stellensicherung von Editoren.

Ich fasse die Kritikpunkte zusammen:

1. Es gibt in der Germanistik keine Editionsplanung. Dies festzustellen heißt nicht, ein 'Zentralkomitee' für Editionen zu fordern. Zweifelsohne aber müssen die Bewilligungs-, Beratungs- und Kontrollverfahren transparenter und genauer werden und nicht nur projektbezogen, sondern aufs literarische Feld hin orientiert sein.

2. (Zu viele) Editionsvorhaben sind zu aufwendig, dauern zu lange, kosten zu viel und erreichen nicht die Leser.

3. Das Verhältnis vom Haupttext zu den avant-textes und zu den Kommentaren und Dokumenten läuft aus dem Ruder. Der Aufwand mit den avant-textes macht Editionen unleserlich. Die interpretativen Teile nehmen überhand. Die Kommentare sind zu spezialistisch. Die intertextuellen Verwebungen werden zu unübersichtlichen Rhizomen. An die Stelle von Selektion tritt die maximale Ausdehnung. Zunehmend werden Editionen gelenkt von texttheoretischen Positionen, die dem Material übergestülpt werden. Es herrscht ein Maximalismus, bei welchem man den Eindruck gewinnt, daß Editoren nicht dem Autor, sondern sich selbst ein Denkmal setzen.

4. Es wird nicht zwischen Buch- und EDV-Publikation differenziert. Anzustreben wären offene Textdatenbanken deutschsprachiger Literatur in strikter Trennung zu Leseausgaben in Buchform.

5. Die germanistischen Editionen operieren lokal, d.h. ihre Prinzipien und Maximen sind weitgehend nicht im Dialog mit editionsintensiven Nachbarwissenschaften wie der Historie oder der Philosophie entwickelt; auch fehlt es an einer Abgleichung mit der Editionspraxis in Frankreich, England und den USA.

6. Die Fürsorgepflicht für die Masse der Editoren wird vernachlässigt. Editoren sollten in die universitäre Lehre eingebunden werden (das wäre auch ein großer Gewinn für die Ausbildung der Studierenden). Fusionen von Biographien und Projekten, so daß die Existenz von Personen an einer Ausgabe hängt, sind strikt zu vermeiden.

Im Bereich der Editionen, Repertorien, Wörterbücher, Bibliographien etc. ist eine unkoordinierte, teilweise inkompetente Entwicklung der Datenverarbeitung zu beobachten. Gerade hier jedoch liegt das größte Anwendungsfeld der Datenverarbeitung in der Germanistik. Zu oft werden Insel-Lösungen gewählt, der Stand der Technikentwicklung nicht hinreichend berücksichtigt und Software-Entscheidungen ohne Übersicht getroffen. Langfristig entstehen damit Probleme in der Datensicherheit, in der Daten-Portabilität (Im- und Export), in der Netzwerkfähigkeit, in der Transparenz und Flexibilität. Der Bedienungskomfort ist oft nicht gegeben, so daß die Sekundär-Nutzung der Daten erschwert oder gar unmöglich wird. Dadurch entsteht ein hoher Aufwand für die Datennachsorge bzw. für die Anpassung der Programme an die eigenen Bedürfnisse. Das heißt: das Projekt verteuert sich. Das Problem der Datensicherheit für eine längere Zukunft – nehmen wir einmal zum Maßstab, daß ein Buch von 1580 heute noch einen jugendfrischen Eindruck machen kann – ist überhaupt noch nicht gelöst.

Im Daten-Bereich besteht aufgrund der ebenso rasanten wie unkoordinierten Entwicklung ein hoher Beratungsbedarf. Es sind Clearing-Stellen erforderlich, um das Problem nicht nur der Projektkoordinierung, sondern insbesondere einer nationalen Textdatenbank deutscher Literatur auf den Weg zu bringen. Es ist sinnlos geworden, neue Editionsvorhaben von 10- bis 20jährigen Laufzeiten zu bewilligen, ohne daß ein Konzept zur langfristigen Datenbanksicherung bestünde.

Mein Eindruck ist, daß grundwissenschaftliche Projekte heute als Möglichkeit genutzt werden, sich gegenüber den Zeitströmungen der Germanistik, ihrer theoretischen Unruhe und den überfordernden Erweiterungen ihres Gegenstandsfeldes zurückziehen zu können auf ein krisenfest scheinendes Terrain. Das ist ein Trug. Der Einzug der Datenverarbeitung oder dekonstruktivistischer Texttheorien in die Editionspraxis zeigt, daß die Editionswissenschaft von allerneuesten Entwicklungen erfaßt wird. Die Echos, die Editionen heute erhalten, hängen mit dieser Fusion des Allerältesten und Allerneuesten der Germanistik zusammen. Editionen sind Schauplätze, auf denen sich die widersprüchlichen Traditionen und Lager der Literaturwissenschaft aufschlußreich kreuzen. Gerade deswegen dürfen Editionen nicht mehr private Rittergüter von Ordinarien sein, die eine Schar von Abhängigen beschäftigen. Was und wie, nach welchen Kriterien ediert werden soll – das ist für die Germanistik eine öffentliche Aufgabe ersten Ranges.

Zum zweiten geht es um die Erweiterung der Germanistik, nämlich die Empfehlung, die Geisteswissenschaften seien in Kulturwissenschaften zu überführen und interdisziplinär auszurichten.[1]

In einer Germanistik, die wie alle anderen Sektoren der Gesellschaft an der Neuen Unübersichtlichkeit teilhat, ist es schwierig, Ebenen der Verständigung auszuzeichnen und wirksam zu machen, welche zwischen den kontaktlos zueinander stehenden Theorien und Methoden (und Antitheorie-Theorien) funktionieren könnten. Das ist seit 1989 nicht leichter, sondern noch schwieriger geworden.

Zwar hatte sich in den Wissenschaften der Kollaps der binären politischen Systeme schon angekündigt. Was als das Ende der 'großen Narrationen', des Logozentrismus und Eurozentrismus, was als Krise der Aufklärung oder geschichtsphilosophischer Dialektik bezeichnet wurde, setzte ein Denken frei von nichtlinearen Prozessen, heterogenen Vielheiten, dezentralen Perspektiven, unregelmäßigen Energien und Intensitäten, heterotopischen Verteilungen, von Brüchen und Sprüngen, von unsteten Margen und zerfallenden Rändern. Es war der 'Stil' dieses Denkens, der den Universalitätsanspruch von Rationalität, die dualen Muster, systematischen Einheiten und teleologischen Sinngestalten weniger argumentativ widerlegte als hineinzog in einen Prozeß sprachlicher Dissoziierung – eben einer Dekonstruktion. Der Dekonstruktivismus wollte sich nicht als weiterer 'positiver' Diskurs etablieren; er wollte sich auch nicht als Metatheorie des Pluralismus anbieten.

---

[1] Einige der folgenden Passagen wurden in erweiterter Begründung bereits auf dem Germanistentag in Aachen 1994 vorgetragen, vgl. Hartmut Böhme: Literaturwissenschaft in der Herausforderung der technischen und ökologischen Welt. In: Germanistik in der Mediengesellschaft. Hrsg. von Ludwig Jäger und Bernd Switalla. München 1994, S. 63–79. – Im Blick auf die voranschreitende Diskussion über eine kulturwissenschaftliche Germanistik und Literaturwissenschaft vgl. ferner die neuen Sammelbände: Nach der Aufklärung? Beiträge zum Diskurs der Kulturwissenschaften. Hrsg. von Wolfgang Klein und Waltraud Naumann-Beyer. Berlin 1995. – Literaturwissenschaft – Kulturwissenschaft. Positionen, Themen, Perspektiven. Hrsg. von Renate Glaser und Matthias Luserke. Opladen 1996. – Literatur und Kulturwissenschaft. Hrsg. von Hartmut Böhme und Klaus Scherpe. Reinbek bei Hamburg 1996. – Ausgang aller Diskussionen ist noch immer: Wolfgang Frühwald, Hans Robert Jauß, Reinhart Koselleck, Jürgen Mittelstraß und Burkhart Steinwachs: Geisteswissenschaften heute. Frankfurt am Main 1991. – Ein wichtiger früher Anstoß, der heute allgemeinere Verbreitung erfährt, ist: Hermann Bausinger: Germanistik als Kulturwissenschaft. In: Jahrbuch Deutsch als Fremdsprache 6. Hrsg. von Alois Wirlacher et al. Heidelberg 1980, S. 7–31.

Vielmehr darf man, sub specie des Zerfalls der Politik und der Desintegration der kulturellen Systeme, wohl behaupten, daß der Dekonstruktivismus die zeitgemäße Form war, eine Art nomadischen Überlebens von Intellektuellen zu erfinden. Heute könnte dies im Zeichen neu belebter kommunitärer Philosophien, der cross-cultural-discourses, lokaler Ethiken und kleiner Moralen schon wieder überholt sein.

Ferner läßt sich beobachten, daß das Ende der politischen Systeme, das Ende auch der Denkmauern und Ausgrenzungslogiken zwar zu einer Pluralisierung der Diskurse, nicht aber automatisch zu Internationalisierung und Dialogfähigkeit geführt hat. Zugleich mehren sich die Zeichen, daß kulturübergreifende Kommunikation zu einem erstrangigen Erfordernis wird. Dem Privileg der zunehmenden Internationalität der Humanwissenschaften entspricht die Verantwortung einer Gesellschaft gegenüber, in der Verständigungsabbrüche und flottierende Gewalt zur Regel wird und ungesteuerte Segregationsprozesse die Gesellschaften in explosive Spannung versetzen. Der Anfang könnte in einer Form von Wissensorganisation liegen, die selbst von Durchlässigkeit, Dialogizität und Grenzüberschreitung gekennzeichnet ist.

Gegen lineare Homogenisierungen der Geschichte gilt es, die Vielfalt von Geschichten und Kulturen zu verteidigen, das Widersprüchliche und Heterogene der Kulturen und den Reichtum der Geschichte zu wahren, deren getreue Korepetitoren in einigen ihrer wertvollsten Momente, den Sprachen und den Literaturen, Literaturwissenschaftler sein sollten.

Vor diesem Hintergrund läßt sich eine kulturwissenschaftliche Innovation der Germanistik mit folgenden zwei Gründen verteidigen:

a) Das traditionelle Selbstverständnis der Geisteswissenschaften wandert aus deren angestammten Disziplinen aus. Diese haben im Prozeß der Szientifizierung den Anspruch ihrer historisch-hermeneutischen Selbstreflexion marginalisiert. Unter dem gesellschaftlichen Effizienzdruck bilden Sprach- und Sozialwissenschaften, philosophische und historische Fächer Expertenkulturen aus, die mit der Aufgabe ihrer Sinnfindung im gesamtgesellschaftlichen Kontext überfordert sind. Dies zieht eine Delegation der beiseite geschobenen Reflexionsaufgaben an eine neue, interdisziplinär ausgerichtete Wissenschaft nach sich; die Germanistik könnte sich zumindest in diese Richtung profilieren.

b) Die interdisziplinären Aufgaben können mit der üblichen Dichotomie von Natur- und Geisteswissenschaften, die das Verstehen vom Erklären (Dilthey) und die literarische von der technischen Intelligenz (Snow) abgrenzt, nicht mehr angemessen beschrieben werden. Denn die Geisteswissenschaften verwenden selbst bereits in hohem Maße erklärende und technische Verfahren, so daß diese als Unterscheidungsmerkmal hinfällig werden. In jüngerer Zeit sind daher neue Dualismen in Umlauf gekommen – etwa die Unterscheidung von System und Lebenswelt (Habermas) oder die von Struktur und Handlung (Schwemmer). Zunehmend wird indessen bestritten, ob derartige dualistische Ansätze überhaupt noch der Komplexität heutiger "multikultureller" Gesellschaften gerecht werden. Die Alternativvorschläge reichen von "drei Kulturen" (Lepenies) über "Trans-" und "Interkulturalität" bis hin zu "Verflüssigung" des Kulturbegriffs. Die Germanistik könnte hier einen Beitrag zur Entwicklung einer kulturwissenschaftlichen und ethnographischen Reform der Geisteswissenschaften liefern.

Der anerkannte Bedarf einer kulturwissenschaftlichen Selbstreflexion stößt aber auch auf Hindernisse:

1. Durch das historische Verblassen des Humboldtschen Bildungskonzeptes ist eine Leerstelle von Reflexivität entstanden. Es sind die Geisteswissenschaftler selbst, die die Überzeugung verloren haben, daß in der Humboldtschen Idee einer aus Selbstreflexion geschöpften Integrationskraft der Wissenschaft noch irgendein Ansatz zur Überwindung der "disziplinären Krise der Wissenschaften" (Dubiel) liegen könnte.

2. Die vorhandenen Konzepte zur Theorie der Kulturwissenschaft grenzen sich eher voneinander ab, als daß sie eine konstruktive Diskussionskultur hervorbringen. Hermeneutik und Medientheorie, moderne und postmoderne Diskurstheorie, Ethno- und Ikonographie, Makro- und Mikrohistorie treten jeweils mit Exklusivitätsansprüchen auf, die die Chance verfehlen, aus der Vielfalt der Ansätze ein neues Verständnis von Kulturwissenschaft hervorgehen zu lassen.

3. Die Gesellschaftstheorie ist in der Soziologie ebenso marginalisiert wie die Lebensgeschichte in der Psychologie oder die Hermeneutik in der Philosophie und den Sprachwissenschaften. Der fachübergreifende Dialog hat damit die Bindekräfte verloren, die ihn als Dialog unterschiedlicher Facetten einer gemeinsamen Wissenskultur erst konstituieren würden. Die Aktualität der geforderten Kulturwissenschaft hat ihren Grund darin, diesen Zustand zu überwinden zu sollen. Sie soll die Moderation für einen interdisziplinären Diskurs bereitstellen, der aus den Einzelwissenschaften heraus nicht mehr geführt werden kann. Das aber überfordert eine Kulturwissenschaft nicht minder als die Germanistik, die beide Züge des entzweienden Kulturprozesses aufweisen.

Letzteres läßt das Ansinnen, mittels der Kulturwissenschaft die Krise der Geisteswissenschaften zu beheben, skeptisch einschätzen. Kulturwissenschaft soll dem Wunsch nach Integration wie dem Erfordernis von Modernisierung abhelfen. Zugleich aber wird die "Kulturalität" der Wissenschaften selbst betont, d.h. die Geisteswissenschaften entdecken sich als Praktiken, die selbst ein Moment ihres Gegenstands darstellen. Darin liegt ein nicht behebbarer performativer Widerspruch, wenn wahr ist, was in der utilitaristischen Kultursoziologie als grundlegender Zug des Kulturprozesses behauptet wird: nämlich seine trennende, dissoziierende Struktur. Dieser Befund steht im Gegensatz zu älteren Annahmen, wonach die Kultur Funktionen der sozialen Integration übernehme (Parsons u.a.). Wenigstens seit Ende des 18. Jahrhunderts scheint das Gegenteil zu gelten – oder zumindest beides: daß Kultur sowohl integriert wie spaltet. Man kommt nicht daran vorbei, daß es gerade die kulturellen Prozesse und deren Institutionen sind, die soziale Beziehungen als Machtbeziehungen codieren und desintegrierend wirken. Kultur ist, wie Klaus Eder unlängst begründete, "ein Entzweiungsmechanismus".

Die schismatischen Entwicklungen der Wissenschaften sind mithin der wahrscheinliche Fall, während Einheit und Integration hoch unwahrscheinlich sind. Das gilt natürlich auch für die Kulturwissenschaft. Ich ziehe daraus den Schluß, daß es nicht Gründe der paradigmatischen Reife sein können, welche die Kulturwissenschaft in hohes Ansehen setzen. Also sind die Gründe konjunkturell. Dann aber steht zu vermuten, daß in wenigen Jahren der frische Glanz der Kulturwissenschaft verbraucht sein wird. Man kann daraus schließen, daß die Germanistik ihre Probleme selbst lösen muß. Und da die Germanistik genug Erfahrung mit importierten Theorien hat, die ihr ebenso viel neue Lösungen wie neue Spaltungen beschert haben, ist vielleicht gerade sie disponiert, eine Wissenschaftskultur zu entwickeln, deren 'Kultur' darin bestünde, in ein produktives Verhältnis zu den unvermeidlichen Schismen innerhalb und außerhalb ihres Hauses zu treten.

Tatsächlich finden wir in der Germanistik gegenwärtig alles, was überhaupt in den Geisteswissenschaften betrieben wird. Daß ein Germanist aber treibt, was ein Philosoph, ein Ethnologe, ein Kunstwissenschaftler, ein Soziologe tut, ist noch kein Ausweis von Interdisziplinarität und weckt den Verdacht des Dilettantismus. Auf Anhieb fallen Beispiele dafür ein, daß Germanisten sich als die besseren Medienwissenschaftler anbieten, als Interkulturalitäts-Sachverständige auftreten, an soziologischen Theorien basteln oder die community mit der Einsicht überraschen, daß alles Text sei und alle Texte Medien. Dabei entstehen mitunter wichtige Arbeiten. Nur kann der Glücksfall, daß ein Germanist ein guter Medienwissenschaftler, nicht als Modell für Interdisziplinarität dienen. Sondern Interdisziplinarität setzt zweierlei voraus: zum einen sind, ausgehend vom engen Kreis dessen, was man weiß, solche Probleme zu identifizieren, welche nicht innerhalb der eigenen Disziplin lösbar, aber lösungsbedürftig sind. Und zum anderen sind "Medien der Kommunikation" zu entwickeln, welche Verständigungsprozesse zwischen getrennten Wissensprovinzen ermöglichen.

Hierfür will ich einen einzigen Ansatz skizzieren. Ausgangsthese für die Bestimmung eines interdisziplinären Problemfeldes ist, daß die neuzeitlichen Gesellschaften sich zu technischen Zivilisationen gewandelt haben. Das heißt: die technischen Systeme durchdringen nicht nur die traditionell nichttechnischen Sektoren der Kultur, sondern bestimmen kraft ihres Universalisierungsanspruchs auch solche Gesellschaften, die historisch, ethnisch oder kulturell von der westlichen Zivilisation unabhängige Wege beschritten. Im globalen Maßstab sind Gesellschaften und Kulturen "technomorph".

Die dualistischen Entgegensetzungen von Natur und Geschichte, von kulturellen und technischen Formationen, von Algorithmus und Sprache, von Materialität und Immaterialität, von "Hoch-" und "Massenkultur", von System und Lebenswelt, der Dualismus der Geschlechter, aber auch von eigener und fremder Kultur sind zur Analyse der Probleme gegenwärtiger Kultur nur tauglich, wenn sie in ihrer technischen Vermittlung gesehen werden. Ihre Position an der Nahtstelle von Sozial- und Geschichtswissenschaften, von Semiotik und Philologie, von Philosophie und Ethnologie, von Kunst- und Technikgeschichte wahrt eine interdisziplinäre Germanistik dadurch, daß sie die Traditionsbestände vergangener Epochen, die paradigmatischen Praktiken und "symbolischen Formen" der Kultur(en) in Beziehung zu den gegenwärtigen Umwälzungen der technischen Zivilisation setzt.

Das Ästhetische ist dabei eine unverzichtbare Dimension der gesellschaftlichen Reproduktion. Nicht nur die Künste, sondern auch die Ästhetiken des Alltags und die Formen des individuellen und kollektiven Wahrnehmens von Welt (Aisthesis) spielen für das Funktionieren von Kulturen eine kaum zu überschätzende Rolle.

Beide, Künste wie Ästhetiken, sind ohne ihre mediale Vermittlung undenkbar, wobei 'Medien' sowohl Erzeugnisse wie Bedingungen des Kulturprozesses darstellen. 'Medien' sind nicht nur als (moderne) technische Medien zu verstehen, sondern historisch als das, worin Wahrnehmen, Fühlen und Denken ihre charakteristischen Formen finden.

Was für das Problemfeld 'Kulturelle Prozesse in der technisch-wissenschaftlichen Welt' hier angedeutet wurde, ließe sich auch analog durchführen für weitere Gebiete, in denen eine Grenzerweiterung der Germanistik sinnvoll wäre: dies ist (1) die Historische Anthropologie, innerhalb derer die Frage zu beantworten ist, in welcher Weise das spezifisch literarische Wissen einen unverzichtbaren Beitrag zur historischen Wissenschaft vom Menschen leistet bzw. ein reiches Archiv des kulturellen Gedächtnisses von vergangenen kulturellen Praktiken und Artikulationen darstellt. Es ist (2) das Problem der kulturellen Lokalisierungen und des 'othering', der Alterität, oder, traditioneller gesprochen: der Beziehungen der hegemonialen Kultur zu dem ihr Anderen. Das schließt die Frage der Innervationen der eigenen durch fremde Kulturen, des cross-cultural-exchanges, der synkretistischen Verwebungen und der (diskriminierenden) kulturellen Markierungen ebenso ein wie die immer auch ästhetisch-literarischen Verflechtungen des sex-and-gender-Diskurses und die kulturellen Modalisierungen von Minoritäten. Wenn (3) die Medialität genannt wird, ist damit nicht beabsichtigt, die Germanistik in eine Medienwissenschaft zu überführen. Da aber – trotz hervorragender Einzelstudien – noch immer gilt, daß die wort- und schriftbezogenen Praktiken, die die literarische Kommunikation bestimmen, weit entfernt sind von einer historischen Transparenz; und da ferner eine mediale Praxis sich immer nur über ihre Differenzqualitäten zu anderen Medien erforschen läßt; und da schließlich innerhalb des philologisch-hermeneutischen Paradigmas über mediale Dimensionen literarischer Kommunikation sich keine Auskünfte erzielen lassen; – da dies so ist, benötigt die Germanistik, insofern sie ihren Gegenstand in seiner charakteristischen Medialität erforschen will, gut entwickelte Kompetenzen in Bereichen der Bildwissenschaften und der 'visual studies', wie sie in den USA längst üblich sind, der Technikgeschichte der Medien und der Kulturgeschichte schriftgestützter Kommunikation.

Derlei Forschungsfelder erscheinen für eine interdisziplinäre Germanistik anschlußfähig, d.h. sie ermöglichen Kommunikation über Sachverhalte ebenso wie über Ziele und Normen der Ausbildung. Es ist evident, daß viele Wissenschaften sachliche Beziehungen zu den zitierten Thesen aufweisen. Die Weise aber, wie etwa die Germanistik, die Kulturwissenschaft, die Philosophie oder die Ethnologie z. B. das Problem der technisch-wissenschaftlichen Kultur von ihren spezifischen Gegenständen her bestimmen, wird und soll sich unterscheiden. Nur durch eine fachspezifische Profilierung von allgemeinen Problemen lassen sich interdisziplinäre Kommunikationen angehen.

Mein zweites Resumé lautet deswegen: weder Kulturwissenschaft noch Interdisziplinarität beheben eo ipso Legitimationsschwächen der Germanistik. Germanistik legitimiert sich aus den Gegenständen, die sie bearbeitet, und den Erkenntnissen, die sie hervorbringt. Eine selbstbewußte Vertretung des gegenständlichen Kerns, der Literatur und der Sprache, ist auch dann anzuraten, wenn kulturtheoretische Thesen von deren epochaler Überholung durch die Neuen Technologien ausgehen. Daß Literatur und Sprache in der telematischen Gesellschaft einem Wandlungsprozeß unterliegen, heißt noch nicht, daß sie in den künftigen Gesellschaften keine Bedeutung mehr haben, und heißt erst recht nicht, daß die Literaturwissenschaft sich von ihrem Gegenstand verabschieden dürfte. Kein Fach hat sich die Permanenz von Krisen derart aufreden lassen wie die Germanistik. Sie hat dabei die Vertretung ihrer Stärken und ihres Gegenstandes nahezu verloren. Dabei ist die Germanistik so leistungsstark wie niemals zuvor. Sie verdankt ihre Produktivität vor allem der Tatsache, daß sie sich den Theorien und Verfahren von Nachbarwissenschaften geöffnet hat. Sie ist dadurch jedoch eine Art Importwissenschaft geworden. Der Preis dafür besteht in der Verdrängung des Ursprungs der Linguistik zwischen Herder und Humboldt sowie der Ästhetik und Hermeneutik als Grundlagen der Analyse von Literatur. Darin liegt die Bewußtseinskrise der Germanistik. Gewiß sollen die Wandlungsprozesse durch die Neuen Medien, sollen die kulturellen Folgen der dritten industriellen Revolution als epochale Herausforderung in Forschung wie Lehre thematisch werden. Und gewiß sollte die Germanistik ihre Empfindlichkeit für Entwicklungen in Nachbar-Disziplinen bewahren. Das nur kann ihre Lebendigkeit erhalten. Was die Gesellschaft aber braucht, sind Germanisten, die ihr sagen können, welche Rolle Sprache, Schrift und Literatur in vergangenen Kulturen spielten und welche Funktionen sie in kommenden Gesellschaften einnehmen werden. Von da aus ergeben sich Anschlüsse an interdisziplinäre und kulturwissenschaftliche Fragestellungen genug, aus der Sicht von Leuten, die Experten für Sprache und Literatur sind und sein wollen.

Die Frage ist, ob es wünschbar ist, die Dauerkrise zu beenden. Wollen wir eine Germanistik, die von einem Theorie-Paradigma zusammengehalten und nichts als friedlich wäre? Ich denke, wir sollten es nicht wollen. Wenn es eine Lehre von 1949 und 1989 gibt, dann die, daß man schismatische Wissenschaftsentwicklungen nicht bedauern, sondern begrüßen sollte. Nicht Einheit, sondern Vielheit, nicht Identität, sondern Differenz, nicht Homogenität, sondern Heterogenität schaffen das Klima für eine kreative Wissenschaft.

Verbeamtung der Germanisten – heute zu Ende

Friedrich Kittler

Was ich an dieser Stelle liefern möchte, sind unvorgreifliche Bemerkungen zu möglichen Reformen der geisteswissenschaftlichen Studien im allgemeinen und der Germanistik im besonderen. Diese Bemerkungen sind von keiner Institution außer der universitas litterarum gedeckt und von keiner Statistik außer ein paar Lehrerfahrungen getragen. Das erlaubt es hoffentlich, meine ungemein unpraktischen Vorschläge mit einer schlichten Anekdote zu beginnen, die ich dafür aus erster Hand habe.

Ein amerikanischer Student, der an einer deutschen Universität, und zwar der in Literaturtheorie führenden, Germanistik und Romanistik studiert hatte, kam mit glänzendem Examen zurück nach Cambridge/Massachusetts. Dortselbst brachte er die Kühnheit auf, sich bei den weltweit führenden Computergraphikern, am Media Lab des Massachusetts Institute of Technology nämlich, zu bewerben. Das Einstellungsgespräch kam sehr bald auf die Frage: "Welche Sprachen können Sie eigentlich?"

Der Bewerber kannte den monoglotten Narzißmus seiner konkurrierenden Landsleute und antwortete voller Stolz auf eine europaverdankte Germanistik und Romanistik: "Deutsch, Französisch und Italienisch."

Woraufhin die Herren vom Media Lab amüsiert die Köpfe schüttelten. Sie entließen ihn mit einem Lob seiner Sprachkenntnisse, der dringenden Empfehlung, dazu noch mindestens die Sprachen C und Pascal zu lernen, und dem Versprechen, in einem Jahr weiter zu sehen. Heute arbeitet der ehemalige Konstanzer Geisteswissenschafter, als Informatiker im MIT, an der digitalen Adressierung von Spielfilmen.

Ich glaube und hoffe, daß diese Anekdote dreierlei illustriert. Erstens: Die Geisteswissenschaften stehen heute unter Reformdruck, nicht weil in der sogenannten Gesellschaft dies oder jenes anders geworden wäre, sondern weil den Alltagssprachen, auf denen Geisteswissenschaften als solche beruht haben, eine Konkurrenz in formalen Sprachen und d.h. in Computern erwachsen ist. Zweitens: Der Unterschied zwischen Alltagssprachen und Programmiersprachen besagt aber keineswegs, daß nicht auch C und Pascal genauso wie Nationalsprachen gelernt werden müßten. Im Gegenteil, ihre Anforderungen an Syntax, Semantik, vor allem jedoch – man verzeihe mir das altmodische, aber unersetzliche Wort – an Rechtschreibung sind noch wesentlich strenger, einfach weil es Programmiersprachen nur geschrieben und nicht bloß gesprochen gibt. Weshalb denn drittens, zumindest unter flexibleren Berufsrekrutierungsmechanismen als hierzulande, die sogenannte computer community offenbar mehr und mehr Interesse an Mitarbeitern zeigt, die ein Studium von Sprach- und damit Kultursystemen abgeschlossen haben.

Was solche Allianzen zwischen Geisteswissenschaften und Neuen, also digitalen Medien bislang sehr behindert, ist ein ganz anderer Unterschied als der zwischen Alltags- und Programmiersprachen, Alphabeten und Zahlensystemen. Dieser hinderliche Unterschied trennt vielmehr das Lesen vom Schreiben. In der computer community ist es selbstverständlich, nur Programmierer einzustellen, die formale Sprachen nicht bloß lesen, sondern auch schreiben können. Genau das meinte jene Empfehlung, noch ein Jahr lang C und Pascal zu lernen. In den Geisteswissenschaften dagegen herrscht seit ihrer Erfindung ein seltsamer und unter aktuellen Bedingungen wahrhaft dysfunktionaler Vorrang des Lesens.

Um diesen Satz zu begründen, muß ich zwei kurze Rückblicke auf die kurze, nämlich zweihundertjährige Geschichte der Geisteswissenschaften werfen. In alteuropäischen Zeiten, vor jener Universitätsreform, für die üblicherweise Humboldts Name steht, gab es bekanntlich anstelle von Geisteswissenschaften nur eine philosophische Fakultät, die allen Studenten Elemente des Schreibens, Lesens und Rechnens beibrachte, aber im Unterschied zu den drei berufsbildenden Fakultäten der Theologen, Juristen und Mediziner ohne die Ehre eines eigenen Abschlußexamens auskommen mußte. Die modernen Geisteswissenschaften dagegen, in ihrer theoretischen Konstruktion wie in ihrer akademischen Institutionalisierung, beruhen (nach dem Nachweis Heinrich Bosses) auf einem bemerkenswerten Ausschluß. Seit 1780 kursierte, als Parole für Gymnasien und Universitäten, der Satz, daß man Dichter nicht ausbilden könne. Reformierte philosophische Fakultäten mußten also, in logischer Umkehrung dieser falschen Bescheidenheit, die Elemente des Schreibens aus ihrem Lehrplan streichen und alle Ausbildung aufs Lesen konzentrieren (während das Rechnen kurz darauf, nämlich seit der Französischen Revolution und ihrer Verwissenschaftlichung des Kriegshandwerks, in Technische Hochschulen auszuwandern begann). Die akademische Vorlesung, wie Humboldt sie reformierte, sollte demgemäß nicht mehr mitgeschrieben, sondern verstanden werden, das akademische Seminar, wie Humboldt es erfand, institutionalisierte die neue Verstehenskunst, zumal in Deutschland, als Interpretation.

Sicher, die akademischen Abschlußprüfungen, die seit 1810 auch Geisteswissenschaftler auf Beamtenposten (wiederum in Gymnasien und Universitäten) beförderten, kamen und kommen nicht ohne schriftlichen Anteil aus. Methodisch jedoch hat die herrschende Interpretationskunst oder Hermeneutik keinerlei Mittel an der Hand, um die Praxis des Schreibens als solche zu beurteilen. Seminarreferate, Magisterarbeiten, Dissertationen sind im Prinzip jene Dichterwerke geblieben, die nicht gelehrt werden können. Diese theoretische Abstinenz aber hat bis heute recht praktische Folgen: Magisterarbeiten werden an keiner Universität gedruckt und an mancher sogar, angeblich um Plagiaten vorzubeugen, nicht an andere Studenten ausgeliehen. Seminararbeiten verschwinden auf Nimmerwiedersehen in den Aktenschränken von Professoren und hinterlassen lediglich, wenn es hochkommt, benotete Scheine, die kurz vor der Abschlußprüfung einmal kurz auf ihre Vollzähligkeit, also nicht auf die einzelnen Noten hin kontrolliert werden. Das Bestehen von Prüfungen hängt vielmehr, in guter hermeneutischer Tradition eines Staatsexamens, das ebenfalls von 1810 stammt, an einer teils mündlichen, teils schriftlichen Momentaufnahme des Kandidaten, die seine Verstehenskünste unter Beweis stellen soll.

Im historischen Augenblick ihrer Erfindung war solche Hermeneutik alles andere als dysfunktional. Die Bildungsreformen des frühen neunzehnten Jahrhunderts haben den deutschen Ländern vielmehr entscheidende Modernisierungsschübe gebracht, weil sie eine präzise Antwort auf eine präzise medienhistorische Lage waren. Verstehen als die Kunst, viele Bücher auf einen einheitlichen Sinn zu reduzieren, rückte zur maßgeblichen Fähigkeit eben erst in einer Epoche auf, die Wissen zwar auch weiterhin nur in Büchern speichern konnte, das Bücherlesen selber aber erstmals, durch allgemeine Schulpflicht nämlich, demokratisch verallgemeinerte. Die philosophische Fakultät wurde zum Stellglied einer höchst effizienten Rückkopplungsschleife zwischen der neuen gebildeten Beamtenschaft und dem staatlichen Schulwesen.

Von dieser Rückkopplungsschleife hat vermutlich kein Fach mehr profitiert als die Germanistik. Deutsch als Schulfach und Philosophie als Universitätsfach spielten einander die Bälle zu. Deshalb ist, wie Klaus Weimar so überzeugend zeigen konnte, was wir heute Neuere deutsche Literaturwissenschaft nennen, in und aus der Philosophie Hegels entstanden. Interpretation in diesem Sinn schöpfte den Mehrwert ab, der in der Differenz zwischen literarischen Texten und ihrer philosophischen Lektüre, zwischen einem Schreiben und einem Lesen also, immer wieder reproduziert wurde. Keine Anekdote beleuchtet das schöner als die Geschichte der ersten akademischen Vorlesungen, die über Goethes *Faust* gehalten worden sind. Der Hegelianer Hinrichs hatte im Heidelberger Wintersemester 1821 auf 1822 den philosophischen Nachweis unternommen, daß der erste Teil der Tragödie implizit schon selber Philosophie ist und mithin seine explizite Interpretation, die Hinrichs nicht anstand, "Gedankenkunstwerk" zu nennen, als zweiter Teil der Tragödie figurieren kann. Diese megalomane Deutung schickte er, sobald sie als Buch vorlag, an den Autor. Goethe aber hat nicht geantwortet, sondern unendlich dramatischer reagiert. Zwei Tage nach Erhalt von Hinrichs' Buch nahm er die lang unterbrochene Arbeit am Faust II wieder auf, diesmal jedoch im Ernst.

Die Rückkopplungssschleife zwischen der Philosophie und einem Dichter, der bis heute als Totemtier über der Neugermanistik herrscht, weil er seine Schriften unendlicher Interpretation vermachte, war also wundersam produktiv – aber auch sie hatte ihren Preis. Was im Komplott zwischen Dichtern und Denkern verschwand, war die Materialität des Lesens und mehr noch des Schreibens. Die Philosophen legten ja keine Lektüren vor, sondern Gedankenkunstwerke; die Dichter schrieben nicht, sondern drückten ihr Genie und das hieß ihre Natur aus. Diese Medienblindheit mochte auch solange gut gehen, wie aller Geist und alle Natur aufs Medium Buch angewiesen blieben. Sie ist aber spätestens dann zum Skandal geworden, als die Literatur zur Jahrhundertwende unter den Konkurrenzdruck technischer Medien geriet.

Auf dieses Ereignis hin haben bekanntlich die Schriftsteller ihre Schreibpraxis und andere Literaturwissenschaften, mit welcher Totzeit auch immer immer, ihre Methoden umgestellt. Offenbar unter dem Druck der Fremdheiten, die ihr aufgegeben sind, ist zumal die Altphilologie in medienwissenschaftliche Bahnen gelangt. Ägyptologen haben den Unterschied zwischen einer Kultur der Inschrift und einer Kultur der Schrift (oder Literatur) gemacht. Gräzisten haben den Nachweis versucht, daß die großen Erfindungen der Griechen – literarische Prosa und philosophische Theorie – schlicht auf der Einführung eines Vokalalphabets beruhten.

Der deutschen Literaturwissenschaft dagegen mußten erst Volkskundler vorrechnen, wie ihre Sachen gelesen worden sind. Auch dieses Versäumnis, selbst wenn es erst im Kontext hochtechnischer Medien offenkundig wird, reicht tief in die Fachgeschichte zurück. Seit etwa 1890 ist die deutsche Literaturwissenschaft wie keine andere gespalten. Nicht ganz ohne Druck eines Kaisers, der den Gymnasien die neuhochdeutsche Sprache und Literatur als neue Mitte anbefahl, haben auch die Universitäten ihre germanistischen Lehrstühle verdoppelt: Der Mediävist, statt wie vormals, zumindest auf dem Papier, die neuzeitliche Literatur gleich mitzuvertreten, zog sich auf sein Spezialgebiet zurück, während ein neuberufener Kollege das Neuhochdeutsche und damit jenes Fach übernahm, das alsbald Literaturwissenschaft heißen sollte.

Wo genau der chronologische Schnitt verläuft, der die Sachen der deutschen Literaturwissenschaft auf zwei Teilgebiete (und drastisch unterschiedene Studentenzahlen) verteilt, scheint aber, beliebten Debatten zum Trotz, völlig klar. Die neuhochdeutsche Literatur beginnt nicht mit Luther, Sachs oder Opitz, sondern mit Gutenbergs Buchdruck. Während alle mediävistische Editionsarbeit seit Lachmann Handschriften erst einmal in Druckschriften (oder neuerdings in Computergraphiken) verwandeln muß, haust die neuhochdeutsche Literaturwissenschaft im selben Medium wie ihre Sachen. Eben darum aber obliegt es keinem der beiden Teilgebiete, den Medienwechsel, der ihre Zweiteilung begründet hat, auch zu denken. Er verschwindet im Zwischenraum, der sie trennt.

Von anderen Medienwechseln ist nicht viel besseres zu berichten. Das Buchmonopol zerbrach im selben historischen Augenblick, als die Germanistik gerade mit ihrer institutionellen Verdopplung beschäftigt war. Aber für eine Wissenschaft, die nach Diltheys Abwehrschlacht gegen naturwissenschaftliche Experimente und technische Medien lieber Geistesgeschichte als Literaturgeschichte hieß, zählte dieses Ereignis wenig. Wenn Bücher Geistesprodukte und keine Medien sind, gehen die audiovisuellen Medien der Moderne ihre Wissenschaft auch nichts an.

Dagegen schafft der weitherzige Pluralismus von heute allein noch keine Abhilfe. Sicher, Schrift und Mündlichkeit, Rezeptionsforschung und Buchgeschichte, Film und Fernsehen rücken allerorten zu germanistischen Zweiginstituten oder Sonderforschungsbereichen auf. Aber Methoden, um mit numerischen oder technischen Daten gleichermaßen umzugehen wie mit alphabetischen, sind kaum in Sicht. Die Zeiten, in denen auch Schriften von Gauß oder Zuse fraglos zur Gelehrtenrepublik und damit zur deutschen Literatur gerechnet hätten, kehren nicht zurück. Was statt dessen läuft, sind Erweiterungen. Fernsehserien erfahren immanente Interpretationen, als wären sie Gedichte; Filminstitute, weil sie der Germanistik angegliedert worden sind, tragen den schönen Namen Filmphilologie, als fände die Liebe zum Wort im Stummfilm Erfüllung.

Die deutsche Literaturwissenschaft bleibt also auch in der Fremde beim Medium, das sie selber trägt. Aber sie handelt nicht einmal von ihm. Statt dessen kommt es zu einer ironischen Umkehrung des Bezugs, der einst zwischen Goethe und Hinrichs, Dichtern und Denkern bestanden hat. Dozenten lehren Romantheorien, die ihre Doktoranden dann auf Kafka oder Thomas Mann anwenden. Wenig später erscheinen von den neuen Doktoren Romane, die Dozenten wiederum dem Kanon der deutschen Literatur zuschlagen können. So medientechnisch funktioniert Germanistik, spätestens seit der Gruppe

47. Nur über die Rückkopplungsschleife selber, die Literatur und Literaturwissenschaft kurzschließt, gibt es keine Dissertationen. Einzig und allein Foucaults böses Diktum, dergleichen Tautologien wolle er nicht noch einmal kommentierend verdoppeln, hat der Lage Rechnung getragen.

Diese Lage aber kann, wie formal auch immer, vielleicht mit dem Satz umschrieben werden, daß kulturelle Sachverhalte oder Ereignisse unter Bedingungen der Computertechnik, Kybernetik und Informatik selber nurmehr als Techniken auftreten. Die Analogmedien der Jahrhundertwende mögen der Literatur ihr Speichermonopol entrissen haben; am Vorrecht des Alphabets, Medium aller symbolischen Codierungen zu sein, änderten sie wenig. Heute dagegen haben Maschinen außer der Speicherung und Übertragung von Daten auch deren Verarbeitung übernommen, mit anderen Worten also das Schreiben und Lesen gelernt. Damit aber sind die Kulturwissenschaften, die jene zwei Kulturtechniken ja voraussetzen und maximieren, in ihren Sachen und Methoden selber betroffen. Das Alphabet, ob in Schule oder Universität, kann nurmehr als Untermenge aller digital möglichen Codes gedacht werden.

Zum Beleg erinnere ich an eine famose Erziehungskonferenz, die Ex-Präsident Bush vor einigen Jahren in die unzufällige akademische Idylle von Charlottesville/Virginia einberief. Das Gerücht, amerikanische High School-Absolventen seien außerstande, ihre eigenen Schecks mit dem eigenen Namen zu unterschreiben, bewegte den Präsidenten und seine fünfzig Gouverneure damals zum folgenlosen Beschluß, mehr Geld für Alphabetisierungskampagnen auszugeben. Offenbar sollten die vorgeblich desaströsen Folgen technischer Medien, vom Fernsehen bis zum HipHop, durch Gegenmaßnahmen von Staats wegen wieder eingedämmt werden. Die amerikanische Privatindustrie hingegen, von Medienfeldzügen denkbar weit entfernt, stellte zum selben Zeitpunkt ganz andere Ausbildungsziele auf. Ihr Gegenargument: Mit der historischen Umstellung vom Fließband zum Computer Aided Manufacturing, also auch vom ungelernten Arbeiter zum programmierenden Spezialisten, müsse der Begriff des Alphabetismus selber erweitert werden. Neben der alten Fähigkeit, Buchstaben zu schreiben und zu lesen, sei künftig die Fähigkeit unabdingbar, Codesysteme im allgemeinen, also auch Blaupausen und Schaltpläne, Flußdiagramme und Programmiersprachen zumindest passiv, besser aber noch aktiv zu beherrschen.

Diesem industriellen Anforderungsprofil, das vor allem die Firma Kodak propagierte, ist wenig hinzuzufügen – auch und gerade für eine Ansicht künftiger Geisteswissenschaften. Es kann ja schwerlich nur um den Selbstzweck gehen, gängige Studiendauern vom grünen Tisch aus auf ein europakonformes und deshalb zahlenmäßig fixiertes Minimum abzusenken. Alles geht vielmehr darum, die historisch gewordenen Risse zwischen Zahlen und Buchstaben, zwischen Schreiben und Lesen zu überwinden, statt diese Risse – wie hierzulande in der gymnasialen Oberstufe – noch weiter zu vertiefen. Wenn die Geisteswissenschaften einer Epoche des vollendeten Alphabetismus entsprungen sind, dann haben sie heute auf eine Lage zu antworten, die (nach einer Kurzformel Vilém Flussers) vom Auszug der Zahlen aus dem Alphabet gekennzeichnet wird. Die Aufgabe lautet also nicht mehr, viele Bücher durch Verstehen auf einen einheitlichen Sinn zu reduzieren. Erstens gibt es außer Büchern technische Medien, die den traditionellen Begriff des Geistes untergraben, zweitens gibt es außer Alltagssprachen formale Sprachen aus Zahlencodes, die auch noch den tradierten Begriff des Verstehens abweisen. Medien lassen sich sich nicht zum Vehikel des Geistes machen, sondern nur benutzen und steuern – wobei das Steuern oder Programmieren noch sehr lange, allen Gerüchten zu Trotz, ein Schreiben bleiben wird. Formeln lassen sich lesen und schreiben, aber schlechthin nicht interpretieren.

Unter solchen Bedingungen haben die Geisteswissenschaften, die aus besagten Gründen besser Kulturwissenschaften hießen, nur die Alternative, sich entweder abzuschaffen oder zu ändern. Für die Abschaffung sprach bis vor geraumer Zeit die Hoffnung, die aus dem Alphabet ausgezogenen Zahlen als einheitliche formale Sprache organisieren zu können – und zwar nicht nur in mathematischer Theorie, sondern zugleich auf solider maschineller Grundlage. Diese Hoffnung hat aber nachweislich getrogen – und zwar wiederum nicht nur theoretisch, sondern mit dem sehr praktischen Effekt, daß fortan neben dem babylonischen Turm der Alltagssprachen ein ebenso babylonischer Turm aus lauter inkompatiblen Computersystemen entsteht. Schon deshalb wirkt der bislang noch allmächtige Leitbegriff Gesellschaft reichlich obsolet: Immer mehr Personen, Elemente also eines sozialen Systems, treffen auf immer mehr Programme, Elemente also eines Mediensystems.

Diese Begegnung der dritten Art, die statt Gesellschaft besser computer community heißen sollte, findet aber statt, lange bevor die beliebte Technikfolgenabschätzung und noch länger bevor die Kulturwissenschaften als ebenso beliebte Sinn-Kompensation eingreifen können. Weder soziale Abfederungen noch kulturelle Vortäuschungen eines Sinns, der Zahlencodes ja abgeht, werden also der entstehenden computer community gerecht. Die Kulturwissenschaften sind vielmehr gehalten, ihre fällige Reform auf einer ganz elementaren Stufe in Angriff zu nehmen. Mit einem Begriff von Marcel Mauss, der Lesen, Schreiben und Rechnen gleichermaßen unter die Kulturtechniken zählte, sollten Kulturwissenschaften das Wissen von Kulturtechniken im allgemeinen sein.

Für die Geisteswissenschaften in ihrer gegenwärtigen universitären Realität folgt aus diesem elementaren Postulat zweierlei. Erster Reformvorschlag: sie sollten ihr zweihundertjähriges Leitbild, die hermeneutische Lektüre, verabschieden, einfach weil Lesen unter den genannten Kulturtechniken die am wenigsten überprüfbare ist. Schon wie man, angeblich um Professoren wieder für die Lehre zu interessieren, sogenannte Evaluationen von Veranstaltungen vornehmen will, die wesentlich Anleitung zum Lesen sind, bleibt unerfindlich. Erst wenn sich die Geisteswissenschaften als eine Praxis des Schreibens (ganz wie die Ingenieurswissenschaften als eine des Konstruierens) begreifen, werden auch sie an ihren Früchten erkennbar. Dann kann es aber ebenfalls nicht mehr angehen, das Studium von Hauptfachstudenten als eine Folge folgenloser Seminare und Seminararbeiten zu behandeln, über deren Wert oder Unwert überhaupt erst die Momentaufnahme eines weitgehend mündlichen Examens befindet. Das Studium wäre vielmehr, zumindest nach einer Zwischenprüfung, seine eigene kontinuierliche Qualitätskontrolle anhand von Schriften, die im Glücksfall sogar der Veröffentlichung offenstünden. (Immerhin hat einmal, im Jahr 1938, die unscheinbare Magisterarbeit eines gewissen Claude Shannon zugleich Welt- und Computergeschichte gemacht.) Falls Studenten durch diese Anrechnung all ihrer Schriften oder Forschungen auf die Abschlußnote, wie einige Modellversuche sie jetzt schon praktizieren, auch noch dazu bewogen würden, frühzeitige Arbeitsschwerpunkte zu bilden und benachbarte Semester miteinander zu vernetzen, wäre diese Verkürzung der Gesamtstudiendauer ein willkommener Nebeneffekt. Zumindest aber würde mir jener (übrigens sehr intelligente) Staatsexamenskandidat im Nebenfach Germanistik nicht mehr begegnen, der um die Spezialgebiete Dürrenmatt und Frisch einfach darum bat, weil er die beiden schon fürs Abitur gelesen, Seminararbeiten über andere Schriftsteller, Literaturtheorien oder Epochen aber leider keine vorzuweisen habe.

Ich fürchte jedoch, daß dieser praktische, allzu praktische Reformvorschlag im gestrengen Ohr von Bildungsplanern, die mit Statistiken und Staatshaushalten zu rechnen gewohnt sind, keine Gnade findet, komme also zum zweiten Punkt, der aus einem kulturtechnisch veränderten Begriff von Geisteswissenschaften folgen müßte. Bekanntlich werden heutzutage Sachmittel wesentlich freigiebiger als Personalmittel gewährt, so daß denn auch in den Geisteswissenschaften Computer schon Büroalltag geworden sind. Auf die Frage aber, was die Elektronik auf ihrem Schreibtisch eigentlich anstellt, antworten Kollegen mit großer statistischer Wahrscheinlichkeit und noch größerer Bitte um Nachsicht: "Ich benutze meinen Computer doch nur als bessere Schreibmaschine."

Genau dieser Begriff von Kultur, der das Alphabet gegen jeden Einbruch von Zahlen abschotten möchte, wird nicht mehr lange haltbar sein. Wenn die Kulturtechnik Schreiben, dem Anforderungsprofil jener amerikanischen Konzerne zufolge, gleichermaßen alltagssprachliche und formalsprachliche Kompetenzen umfassen soll, müssen die gegenwärtigen Geisteswissenschaften begreifen, daß sie seit jeher schon im Raum von Codesystemen gearbeitet haben und daß es nur noch darauf ankommt, auch die methodischen Konsequenzen zu ziehen.

Eine erste Konsequenz, die in den letzten Jahren ebenso folgenreich wie erfolgreich war, ist die schon erwähnte Erweiterung der Sprach- und Literaturwissenschaft um eine Medienwissenschaft, die allerdings öfter als zusätzlicher Inhalt denn als prinzipielle Methode fungiert. Aus der Notwendigkeit heraus, medientechnische Standards, also Codes genauso wichtig wie literarische Stile zu nehmen, geschah sogar das kleine Wunder, daß Gruppen deutscher Professoren, über ihre kulturwissenschaftliche Venia legendi hinaus, einen Akt der Selbstautorisierung wagten und einander zu Medienwissenschaftlern ernannten.

Natürlich beruhte diese Kühnheit teilweise auf tagespolitischen Ereignissen wie etwa der Zulassung privater Sendeanstalten, die den Studenten der Geisteswissenschaften immerhin bemerkenswert viele medienpraktische Opportunitäten eingebracht hat. Aber je weniger die Medienwissenschaft auf Opportunitäten schielt, desto zukunftsträchtiger dürfte sie sein. Der Tag, an dem Fernsehbildschirm und Computermonitor eins werden, ist jetzt schon absehbar. Diese Gleichschaltung, die beim automobilen Schlaf der europäischen Industrie höchstwahrscheinlich aus Japan kommen wird, hat nämlich auch theoretische Folgen. Multimedia (wie das aktuelle Branchenschlagwort lautet) bleibt nicht auf Freizeit- und Konsumverhalten eingeschränkt. Wenn Computer, diese Emanzipation der Zahlen aus Europas einziger Grundlage, dem Vokalalphabet, multimedial werden, durchlaufen sie selber schon die ganze Bandbreite zwischen einem formalsprachlichen Code im Systeminneren einerseits, einer alltagssprachlichen oder eben kulturellen Simulation auf der Benutzeroberfläche andererseits. Genau darum sollten Kulturwissenschaften imstande sein, diese selbe Bandbreite in der Gegenrichtung zu durchlaufen. Zusatzstudiengänge wie die "Informatik für Geisteswissenschaften" sind notwendige, aber noch keine hinreichenden Bedingungen dieser Reform. Denn im selben Maß, wie Informationstechnologien zu kulturellen Standards werden, lassen sie sich, im Entwurf wie im Einsatz, wahrscheinlich auch nicht mehr mit den rein algorithmischen Mitteln der Informatik durchrechnen. Im Gegenteil, der babylonische Turm, den miteinander inkompatible Hardware- und Software-Systeme mittlerweile errichtet haben, wird dem babylonischen Turm unserer Alltagssprachen immer ähnlicher. Angesichts dieser Sprachverwirrung, die das Pentagon auf den schönen Namen Softwarekrise getauft hat, taugen als analytische Instrumente nur die probaten Methoden, die die Kulturwissenschaften für Alltagssprachen schon längst entwickelt haben. Wenn die Informatik zum Beispiel anfängt, auch beim Schreiben von Programmen unterschiedliche Stile zu unterscheiden und bestimmte Stile vor anderen zu prämieren, wird ein uralter Begriff der Textanalyse mit einem Mal wieder aktuell.

Die zweite Konsequenz aus der aktuellen Medienlage wäre es daher, die wesentlich historische Ausrichtung der Geisteswissenschaften, wie sie ja gleichfalls seit Humboldts Reformen besteht, in keiner Weise einzuschränken. Für das Studium der unterschiedlichsten Code- und Mediensysteme, die keine universale Formalsprache vor möglichen Sprachverwirrungen behütet, gibt es kein reicheres Archiv als das der Geschichte. Seitdem der Gedanke gewagt worden ist, daß genetische Codes fortan Artenschutz genießen sollten, müßte auch der Gedanke wieder möglich werden, daß gerade die historische Ausdifferenzierung von Sprach- und Zeichensystemen einer bleibenden Überlieferung bedarf. Man kann natürlich, wie das etwa die Studiengänge der langues étrangères appliquées in Frankreich unter einigem rechtsrheinischen Applaus tun, diese Zeitentiefe aus den Geisteswissenschaften austreiben, um in akademischen Crash-Kursen schnelle Kulturmanager heranzuzüchten. Aber dann würde es schlicht unmöglich, aktuell herrschende Zeichensysteme auf andere gleichermaßen mögliche zu beziehen. Auch und gerade die computer community braucht im selben historischen Augenblick, wo Computer selbst zu Medien werden, eine Theoriepraxis, die Schnittstellen zwischen formalen und natürlichen Sprachen, Maschinen und Benutzern entwickelt. Das geht nicht ohne Rückgriffe auf all das kulturelle Wissen, das im langen Umgang mit Reden, Texten und Büchern akkumuliert worden ist. Wenn jener amerikanische Programmierer, der außer drei Sprachen und Literaturen inzwischen auch C und Lisp gelernt hat, seine Kenntnisse von Sprachen und Literaturen heute mehr denn je benutzt, dann um computergraphischen Filmanalysen etwas beizubringen, was die Geisteswissenschaften schon seit langem können: Auch die Maschine soll lernen, Gliederungen, Adressen, Register und schließlich ein hierarchisches Inhaltsverzeichnis der Filme anzulegen.

Um über ihre wesentlich historischen Daten so zu verfügen, daß sie auch anderen Wissenschaften und Techniken verfügbar werden, müßten Geisteswissenschaften allerdings imstande sein, sie wie mögliche Baupläne zu behandeln. Zu diesem Zweck wäre lediglich der Nimbus einer historistischen Aura preiszugeben, wie er historische Daten noch immer gern umhüllt. Die Praxisrelevanz der Geisteswissenschaften bestimmt sich vielmehr von ihrer Fähigkeit her, die Überlieferungen auf Modelle zu bringen. Der zunehmenden Kulturalisierung, wie sie auf seiten der computer community gegenwärtig stattfindet, sollten die Geisteswissenschaften ihrerseits durch stärkere Formalisierung ihrer Wissensfelder entgegenkommen. Denn nur als Modelle, nicht aber als festgehaltene Eigentümlichkeiten scheinen Überlieferungen auch unter hochtechnischen Bedingungen weiterhin überlieferbar.

Das führt zu meinem Schluß – und zu dem traurigen Eingeständnis, daß aus einem solchen Modell von Modellen, außer der entschiedenen Modernisierung von Forschungs- und Lehrgegenständen, keinerlei Reformpläne abzuleiten wären. Vor allem die allseits gewünschte Verkürzung der Studienzeiten fällt schon aus dem praktischen Grund schwer, daß von der gymnasialen Oberstufe nicht gerade Studenten kommen, die auf Kultur- und Technikwissenschaften gleichermaßen vorbereitet wären. Aber auch theoretisch kann die Menge notwendigen Wissens, wenn die Geisteswissenschaften zugleich einen Bestand an Überlieferungen weitergeben und eine Neuorientierung am technischen Stand von heute vornehmen müssen, unmöglich abnehmen.

Prinzipiell schließlich sollte es nicht nur darum gehen, die Berufsaussichten nach Abschluß eines geisteswissenschaftlichen Studiums optimal auf den jeweils gegebenen Arbeitsmarkt zu trimmen. Im Gegenteil, dieser selbsternannte Realismus würde den Sachverhalt verkennen, daß die Lage auf dem nächsthin europäischen Arbeitsmarkt selber eine abhängige Variable technischer Innovationen ist. Wenn vor allem die Informationstechnologie heute in Komplexitätsbereiche vordringt, wo rein mathematische Optimierungen gar nicht mehr machbar sind, entstehen, auch in den Kulturwissenschaften, neue Chancen für wissenschaftliche Phantasie, von der Innovationen und Arbeitsmärkte letztlich abhängen. Wobei bislang allerdings nur Ausnahmen dafür sprechen, daß auch Europäer diese Chance erkannt hätten.

Und weil alles Reden von Europa den technologischen Schatten Japans heraufbeschwört, schließe ich mit einer zweiten, melancholischeren Anekdote, die womöglich ein Licht auf den Zusammenhang zwischen Innovation und Bewahrung werfen kann. Ein Lehrstuhlinhaber und ich, angehender Assistent, landeten vor vielen Jahren in Narita. Unser Gastgeber, ein sehr namhafter japanischer Germanist, schilderte den ganzen Taxiweg nach Tokyo lang seine ermüdenden Versuche, die landeseigene Germanistik zu reformieren, den beliebten Verwechslungen von Goethe und Buddha also einen

Riegel vorzuschieben. An ihre Stelle wollte er vielmehr eine Kulturwissenschaft vom Typ der langues étrangéres appliquées organisiert sehen. Aber als wir ausstiegen, beugte sich der Japaner noch einmal über die Taxisitze zurück: "Ist es nicht europäischer Leichtsinn, jemand oder etwas auf der Welt reformieren zu wollen?"

Literaturwissenschaft heute

"Oralität" und "Literalität" als Kategorien eines Paradigmenwechsels

Bernd Witte

1. Die mediale Umbruchsituation

Der "schönen Literatur" laufen die Leser davon, neue literarische Werke spielen in der öffentlichen Diskussion so gut wie keine Rolle mehr. Der utopische Traum von einer völlig literarisierten Gesellschaft, in der Aufklärung geboren und noch im 19. Jahrhundert weithin das öffentliche Bewußtsein bestimmend, ist ausgeträumt. Die Teilhabe aller oder doch wenigstens eines signifikativen Teils der Gesellschaft am literarischen Leben, dieses Ziel, das sich die "ästhetische Erziehung" des Menschen gesetzt hatte, ist nicht erreicht worden.

Das Scheitern des Projekts einer völlig literarisierten Öffentlichkeit wird durch die aktuelle mediale Umbruchsituation ins Bewußtsein gehoben, in der das Fernsehen die Funktion eines Leitmediums übernommen hat und die in internationale Datennetze integrierten Personalcomputer sich anschicken, die klassische Wissenstradierung durch den Buchdruck obsolet zu machen. Dieser Quantensprung in der Technik der Wissensvermittlung ist von denselben blinden Kräften heraufgeführt worden, die den gesellschaftlichen und ökonomischen Prozeß antreiben. Die technische Naturbeherrschung und der rationalisierte Produktionsmechanismus haben mit der massenhaften Verbreitung der elektronischen Medien die Ablösung der bisher vorherrschenden literalen Kultur durch eine multimediale Kultur ermöglicht. Die neuen Bild- und Sprachwelten des Fernsehens begünstigen eine sekundäre Oralität, die der Schrift als Medium der Wissensvermittlung nicht mehr bedarf. Das universale elektronische Gedächtnis kennt keine Privilegierung eines bestimmten Wissens mehr. So ist der geschriebene Text und schon gar das literarische Kunstwerk immer weniger der Ort, an dem die Gesellschaft sich ihrer Orientierungen und Wertvorstellungen versichert. Dieser Funktionsverlust der Schrift geht Hand in Hand mit der Ermöglichung einer Welt der totalen Simulation, in der der private Raum und das menschliche Subjekt, das in ihm und mit ihm sich ausgebildet hatte, im Verschwinden begriffen sind und durch die Netzwerke der unbegrenzten Kommunikation, der Kontrolle und des Managements eines globalen Ensembles ersetzt werden.

Der historische Sieg der gesellschaftlichen Moderne läßt deren geschichtsphilosophische Kontur zum ersten Mal mit voller Schärfe hervortreten. In den technischen Innovationen und der Beschleunigung aller gesellschaftlichen Prozesse manifestiert sich ausschließlich der seit dem Beginn der Neuzeit in der westlichen Welt entfesselte Produktionsfuror, dem inzwischen auch die übrige Welt unterworfen ist und der in Gefahr steht, sollte er unreflektiert und ungebremst weiterlaufen, in die Selbstvernichtung der Menschheit umzuschlagen. Historisch Neues hervorzubringen, erweist er sich zunehmend als unfähig. Dient er doch lediglich dazu, die herrschende Gesellschaftsform zu konsolidieren, die nichts anderes ist als ein Ausdruck des mit den Mitteln der instrumentellen Vernunft ins Aberwitzige gesteigerten natürlichen Selbsterhaltungstriebs aller Lebewesen.

Diese Einsicht wird insbesondere von der weitverbreiteten These C. P. Snows von den "zwei Kulturen" verschleiert, die den Naturwissenschaften die Entdeckung des Neuen zuschreibt, während sie die Geisteswissenschaften mit der Erinnerung an die Vergangenheit befaßt sieht. In Wirklichkeit gibt es nur die eine vom Rationalitätsdruck, das heißt vom Kampf ums Überleben strukturierte Kultur, zu der die Geisteswissenschaften ebenso gut gehören wie Naturwissenschaften und Technik. In ihrer in der gegenwärtigen Krisensituation erreichten vollen Ausdifferenzierung macht sie die Erfindung des kulturell Neuen zu einem Randphänomen. So erweist sich die gesellschaftliche Moderne als die Herrschaft des schlechten, stets sich erneuernden und dadurch perpetuierenden Alten.[1]

2. Zwei falsche Reaktionen:
Postmoderne und ästhetischer Fundamentalismus

Auf den Funktionsverlust der Literatur in der Öffentlichkeit haben die Geisteswissenschaften mit zwei einander entgegengesetzten Deutungsmodellen reagiert. Die ideologische, weil bejahende Interpretation des globalen Sinn-

---

1 Die hier vorgetragenen Überlegungen gehen auf folgende bereits publizierte Aufsätze des Verfassers zurück: Gegen die Eigentlichkeitspriester. Zur anthropologischen Dimension der Ästhetik. In: Stichwort Literatur. Beiträge zu den Münstereifeler Literaturgesprächen. Hrsg. von der Friedrich-Ebert-Stiftung, Kurt-Schumacher-Akademie. Bad Münstereifel 1993, S. 167-187. – "[...] daß gepfleget werde/ Der feste Buchstab, und Bestehendes gut/ gedeutet." Über die Aufgaben der Literaturwissenschaft. In: Germanistik in der Mediengesellschaft. Hrsg. von Ludwig Jäger und Bernd Switalla. München 1994, S. 111-131. – Aus dem Alten das Neue: Der Kommentar. In: Jahrbuch der Deutschen Schillergesellschaft 38 (1994), S. 451-461.

verlusts trägt im ästhetischen Diskurs den Namen "Postmoderne". So interpretiert Jean Baudrillard in Analogie zur totalen Simulation der Realität im Fernsehen die ganze Welt nur noch als "Simulakrum", als Ordnung von aufeinander bezogenen Zeichensystemen, die auf eine hinter ihnen liegende Realität nicht mehr verweisen. In diesem Kontext verliert die Sprache ihre qualitative Sonderstellung, sie wird zu einem Simulationssystem unter anderen.

Von solchen zeichentheoretischen Überlegungen her wird auch der Literatur ein neuer Funktionszusammenhang zugeschrieben. Nach dem grundlegenden Theorem der postmodernen Ästhetik läßt sich der literarische Text als reines Zeichenspiel auffassen, unter dessen Signifikantenketten ein niemals festzustellender Sinn gleitet, womit die Auffassung von der Sinnlosigkeit der Geschichte in den Bereich der Schrift übertragen wird. Wenn es die "differance", der Unterschied der sprachlichen Zeichen ist, der, wie Jaques Derrida behauptet, die Bedeutung eines Textes konstituiert, sie aber zugleich auch immer wieder "differiert", ins Unendliche verschiebt und damit nie zu sich selbst kommen läßt, kann es eine qualitativ "neue" Schrift nur in der Differenz zur vorhergehenden, aber nicht als etwas ursprünglich und inhaltlich Neues geben. Alles ist dann schon von vornherein im großen Netz der sprachlichen Zeichen enthalten, was auch heißt, daß der Autor als Individuum in dessen Unendlichkeit und Kontingenz verschwindet.

Der literarische Text wird so zu einem Zeichensystem, dem ein Bezeichnetes nicht mehr zukommt, dessen Bedeutung also durch keine Interpretation eingeholt werden kann. Er wird, um die von Paul de Man geprägte Metapher zu gebrauchen, zur Sprache im Exil, die umherirrend ihre eigentliche Heimat nicht finden kann, weil es kein absolutes Signifikat mehr gibt.

Als Reaktion auf den Relativismus der von linguistischen Theorien dominierten Postmoderne gewinnt bei nicht wenigen Schriftstellern und Intellektuellen die Behauptung "vormoderner", in ihrem Kern theologischer Theoreme über die Kunst und den Ort der Wahrheit in ihr an Boden. Explizit hat George Steiner in seinem Essay *Von realer Gegenwart* dem Gestrigen neue Geltung zu schaffen versucht. Mit der Begrifflichkeit der Heideggerschen Fundamentalontologie setzt er den alten kosmischen Bejahungsmythos, der selbst noch ein Produkt des neuzeitlichen Produktionsfetischismus ist und der in der Ästhetik der deutschen Klassik seinen radikalsten Ausdruck gefunden hatte, wieder in seine Rechte ein. Wie im achtzehnten Jahrhundert feiert Steiner den Dichter als "alter deus", der das Neue aus dem Nichts hervorbringt: "Es gibt ästhetisches Schaffen, weil es die *Schöpfung* gibt", lautet der zentrale Satz seiner Ästhetik der "Realpräsenz".

Wie die Parallelen in der Gegenwartsliteratur zu dem, was Steiner essayistisch beschwört, belegen, flüchten sich auch einige der tonangebenden deutschen Schriftsteller in die alten Mythen. Peter Handke, der seine Autorenlaufbahn als respektloser Rebell und modernistischer Sprachkritiker begonnen hatte, kultiviert spätestens seit seinem Drama *Über die Dörfer* (1981) den raunenden Ton und die feierliche Gebärde des Hohen Priesters der Kunst. Botho Strauß, der ein unsauberes Gemisch aus katholischer Transsubstantiationslehre und Ökologie als "sakrale Poetik" ausgibt, hat diese Tendenz auf die Spitze getrieben, indem er in seinem *Anschwellenden Bocksgesang* (1993) Bromios, den Gott der Tragödie, der die demokratischen Kompromisse und Konventionen blutig zerreißt, als den Heilsbringer gegen die metaphysische Leere der Gegenwart aufbietet.

Der neue ästhetische Fundamentalismus verschließt die Augen vor dem epochalen kulturellen Wandel, den die neuen Kommunikationstechniken heraufgeführt haben. Die wütenden Invektiven, mit denen Botho Strauß die demokratische Öffentlichkeit im allgemeinen und das Fernsehen im besonderen verfolgt, legen hierfür beredtes Zeugnis ab. Durch die Beschwörung der alten Götter aber läßt sich der gesellschaftliche Funktionsverlust von Literatur und Kunst nicht länger aufhalten.

3. Paradigmenwechsel in den Geisteswissenschaften: orale und literale Sprache

In jeder Krise ereignet sich der Untergang des bis dahin kulturell als selbstverständlich Geltenden, wodurch gleichzeitig das Neue am Horizont aufscheint. Indem die traditionelle Buchkultur und mit ihr die Vorherrschaft des gedruckten Wortes sich durch das Aufkommen neuer Medien ihrem Ende nähern, eröffnen sie den Blick auf ihre Vergänglichkeit und damit auf ihre spezifische geschichtliche Bedingtheit. Aus der Verdrängung der Schrift, aus der Dominanz der "Mündlichkeit" in den elektronischen Medien ist so ein neues Verständnis für die Differenz zwischen Schreiben und Sprechen entsprungen.

Damit ist zum ersten Mal in der Kulturgeschichte der Menschheit die Tatsache ins Bewußtsein getreten, daß die Sprache in den entwickelten Gesellschaften schon seit langem in zwei Aggregatzuständen vorkommt, als gesprochene und als geschriebene Sprache, die im alltäglichen Gebrauch und in der traditionellen Auffassung von der Sprache jedoch stets vermischt gewesen sind. Das neu erwachte Verständnis für die Differenz von Oralität und

Literalität wird eine kopernikanische Wende unseres kulturellen Selbstverständnisses zur Folge haben.

Der Umbruch in den Literatur- und Geisteswissenschaften hat sich zuerst als Entdeckung von etwas Historischem manifestiert. Es waren die Altphilologen, die seit mehreren Generationen am Rätsel der homerischen Epen sich abarbeiteten, bis sie schließlich die Eigenart dieser Großtexte als Ausdruck einer primären Oralität zu interpretieren lernten. Eric A. Havelock setzt in seiner zusammenfassenden Studie *The Muse Learns to Write. Reflections on Orality and Literacy from Antiquity to the Present* den Zeitpunkt des epochalen Paradigmenwechsels auf die frühen sechziger Jahre fest, in denen mit Marshall McLuhans *The Gutenberg Galaxy* (1962), Claude Lévi-Strauss' *La Pensée Sauvage* (1962) und seinem eigenen *Preface to Plato* (1963) gleichzeitig und unabhängig voneinander Werke erschienen seien, die auf die sprachliche Verfaßtheit aller Gesellschaften von ihren 'ursprünglichen' bis zu ihren hoch technisierten gegenwärtigen Formen reflektierten. Die Gründe für diesen Perspektivenwechsel findet Havelock im Aufkommen der neuen Medien Radio, Fernsehen und elektronische Datenverarbeitung. Die Macht einer technisch vermittelten, daher als "sekundär" bezeichneten Oralität, wie sie sich etwa in der durch Radio oder Film verbreiteten Nazipropaganda oder durch das Fernsehen als Vehikel der politischen Massenbeeinflussung manifestiere, habe auch, so Havelocks These, die primäre Oralität früherer Gesellschaften erst voll in den Blick gebracht.

Als erster hat Walter J. Ong in seiner bahnbrechenden Studie *Oralität und Literalität. Die Technologisierung des Wortes* die beiden Sprachtypen und die auf ihnen sich gründenden Kulturen einander gegenübergestellt. Nach ihm sind orale Kulturen situativ, dem Leben zugewandt. Sie kennen keine Geschichte, wohl aber in den mündlich tradierten Texten ein kulturelles Gedächtnis. Ihre die Wertvorstellungen und Handlungsanweisungen, kurz gesagt die Weisheit einer Gesellschaft vermittelnden Texte sind additiv, durch wiederholende feste Formeln strukturiert, die das Memorieren ermöglichen. Durch die Erfindung der Schrift ist die Sprache in ein ganz neues Verhältnis zu sich selbst getreten. Erst die Schrift eröffnet in ihr die Dimension der Geschichte. Nur in diesem primär visuellen Medium sind abstrahierende, reflektierende, im weitesten Sinne analytische Operationen überhaupt möglich. Der Buchdruck hat diese Visualisierungstendenzen der Sprache noch verstärkt, indem er die Schrift als von jedem persönlichen Ausdruck losgelöstes technisches Produkt erscheinen läßt. Durch das Schreiben mit dem Computer wurde die kulturelle Situation insofern erneut verändert, als es gewisse Charakteristika der geschriebenen Sprache, ja der Oralität wieder in den Text einführt. Gegenüber der strikten Linearität des im Buch gedruckten Textes erweist sich dieser als mehrdimensional, assoziativ gestaltbar, in vielerlei Hinsicht verflüssigt. Andererseits kommt im Computerschreiben die Literalität erst ganz zu sich selbst, weil hier jede Privilegierung des Wissens aufgehört hat. Das Wissen, das sich schon durch die Drucktechnik mit erhöhter Beschleunigung verbreitet hatte, wird im Zeitalter der elektronischen Rechner in ein universales Archiv aufgelöst, aus dem es in virtueller Nullzeit abgerufen werden kann, wodurch die "elitäre" und zeitaufwendige Form der Wissensspeicherung im gedruckten Buch ihre Bedeutung verliert.

Die Entdeckung der unterschiedlichen Aggregatzustände von Sprache und der aus ihnen folgenden unterschiedlichen kulturellen Verfaßtheiten der menschlichen Gesellschaft ist selbst ein paradigmatischer Fall dafür, wie das kulturell Neue in Erscheinung tritt. Es ist keine creatio ex nihilo, wie die klassische Ästhetik glauben machen wollte. Es muß vielmehr aus dem Alten herausgelesen werden. Die Forschungen von Parry, Havelock, Goody, Ong und anderen haben einen historischen Sachverhalt aufgedeckt, der erst auf Grund der von den Naturwissenschaften eingeführten Neuerungen der Kommunikationstechnik in seiner Aktualität erkannt werden konnte. Auch an diesem konkreten Fall erweist sich die These von den "zwei Kulturen" als grundlegend falsch. In der einen, ihre Rationalisierungstendenzen immer stärker heraustreibenden Kultur ist ein Quantensprung eingetreten, der auch in den Geisteswissenschaften eine revolutionäre Umwälzung zur Folge hat.

4. Literatur als Schrift

Die Entdeckung der primären Oralität hat zugleich eine neue Sicht auf die spezifischen Strukturen der Literalität bewirkt. Endlich kann klar geschieden werden, was bislang spiegelverkehrt durcheinanderging: Die Linguistik untersuchte die Sprache als Zeichensystem, ohne sich ihrer durch die heimliche Fixierung auf Schriftlichkeit gegebenen Beschränkung ihrer Perspektive bewußt zu sein. Die Literaturwissenschaft verstand ihre Texte nach Maßgabe des gesprochenen Worts als Ausdruck eines genialen individuellen Sprechers, ohne zu sehen, daß sie es ausschließlich mit Produkten einer literalen Kultur zu tun hatte. Die Entdeckungen der letzten drei Jahrzehnte legen es nahe, die beiden Aggregatzustände von Sprache als durch unterschiedliche Erkenntnisweisen bedingte Modalitäten ein und desselben Phänomens zu begreifen, die sich zueinander komplementär verhalten wie nach der Quantentheorie die Auffassung des Lichts als Teilchen oder Welle.

Sprachliche Gebilde lassen sich nach dem Modell der Oralität verstehen in Analogie zu deren Ursprungsmythos im Ersten Buch der Genesis. So gesehen, sind sie Ausdruck einer Stimme, die unmittelbar in ihnen wirkt. Sie werden getragen von der Autorität des Sprechenden, der sie aus eigener Machtvollkommenheit heraus schafft. Nach dem Modell der Literalität verstanden, erweisen sich Texte hingegen vor allem als Zeichensysteme, in die die vielen früheren Schreiber ihre Erfahrungen eingeschrieben haben. Auch das Modell der Literalität kennt, wie schon die Romantiker ahnten, einen Ursprungsmythos, die Auffassung der Kabbala von der Schrift. Ihr gilt als Ursprung aller Offenbarung das geschriebene Buch mit den weißen Seiten, zu dem alle wirkliche Schrift nur Kommentar ist.

Aus der Sicht der Literalität ist also jeder geschriebene Text wesentlich sekundär, mag er sich auch noch so originell geben. In ihm finden sich neben der Schrift seines Urhebers noch ungezählte Spuren früherer Schreibvorgänge. Er ist also ein Text über frühere Texte. Das literarische Qualitätsmerkmal eines solchen Textes wäre gerade darin zu suchen, daß er kein Text über Sachen ist, sondern daß er den selbstreferentiellen Charakter der Sprache aktiviert. Aktuelle Schrift bezieht sich demnach zunächst und zuvörderst auf frühere Schrift. Sie aktiviert die in ihr aufgehobenen Erfahrungen der "Vor-Schreiber". Ihr innovativer Charakter ist daran zu messen, wie weit es dem Schreibenden gelingt, seine eigene aktuelle Erfahrung aus der Schrift seiner Vor-Schreibenden herauszulesen.

Der literale, der als Schrift verstandene Text intendiert die Zerstörung alles Mythischen. Für ihn erweist sich das Neue zunächst und vor allem als das Zerstörerische, das die bestehenden Zusammenhänge vernichtet, als die Negation der alten Bedeutungen. Indem er die Begrenztheit des Individuellen anerkennt, weist er dem Tod als der Voraussetzung allen Bedeutens seinen Platz zu. Er ist Übertragung eines zuvor geschriebenen Textes in einen neuen über die Schwelle der Abwesenheit des urprünglichen Schreibers hinweg.

Im Unterschied zur oralen Sprachauffassung, die eine Präsenz des Sprechenden und des Hörenden voraussetzt, ist die literale von der Überzeugung getragen, daß Sprache das Medium einer unbegrenzten Kommunikationsgemeinschaft ist, der Gemeinschaft all derer, die zuvor in ihr geschrieben haben, also der Gemeinschaft der Toten. Am Beispiel des großen Kunstwerks, des "Schönen", hat Walter Benjamin in seinen Baudelaire-Studien diesen Sachverhalt in eine lateinische Formel gefaßt: "Das Schöne ist seinem geschichtlichen Dasein nach ein Appell, zu denen sich zu versammeln, die es früher bewundert haben. Das Ergriffenwerden vom Schönen ist ein ad plures ire, wie die Römer das Sterben nannten." In dieser Formel ist ein Hinweis darauf enthalten, worin das spezifisch Ästhetische eines literarischen Textes besteht. Ein Text ist dann als "literarischer" von anderen Texten zu unterscheiden, wenn er möglichst viele frühere Kontexte mitenthält und dem Leser durch seine Faktur die abwesende Anwesenheit der anderen im Text bewußt macht, ihm damit den Ansatzpunkt und die Anregung gibt, früher Geschriebenes zu aktualisieren, neu zu schreiben.

So gesehen, ist der Ursprung des kulturell Neuen die menschliche Arbeit, nicht die technische, die zur Beherrschung der Natur führt, nicht die ökonomische, auf der sich soziale Herrschaft gründet, sondern die Arbeit in der Sprache, die in der Krise der Gegenwart die früheren Texte neu schreibt. Dafür bedarf es der höchsten Aufmerksamkeit und Wachheit des Schreibenden, der sich den Individuen zuwendet, die in den Texten die Spuren ihres Schreib-Vorgangs hinterlassen haben.

5. Für eine neue Literaturwissenschaft: der antihermeneutische Kommentar

Die von den Geisteswissenschaften bisher geübte Textauslegung, die hermeneutische, stellt den Versuch dar, einen Text auf Grund einer wiederholbaren und damit nachprüfbaren Methode auf seine Bedeutung hin zu befragen. Sie ist also keineswegs Kompensation von Rationalität, wie Odo Marquard will, sondern selber eine Erscheinungsform der fortschreitenden Aufklärung in der Moderne.

Allerdings ist auch sie, wie Aufklärung stets, gegen die Gefahr nicht gefeit gewesen, in den Mythos zurückzufallen, das heißt der Welt und der Geschichte von der Vernunft her einen neuen globalen Sinn setzen zu wollen. So schon in der Goethezeit unter dem Begriff der "Totalität", womit als Kompensation und Gegenentwurf zur zeitgenössischen gesellschaftlichen Misere die utopische Zusammenschau von Natur und Gesellschaft in einem harmonischen Kosmos nach Maßgabe des symbolischen Kunstwerks gemeint war. Dieser Totalität gegenüber verlor der Einzelne an Bedeutung, seine Fehler und Taten waren schon von vornherein in ihr aufgehoben. Ähnlich die im Gefolge Hegels geschichtsphilosophisch argumentierende Literaturwissenschaft, die angefangen von Georg Gottfried Gervinus bis hin zu Georg Lukács, den einzelnen Text und den in ihn sich einschreibenden Menschen im großen Ganzen einer teleologisch auf ihr Ende hin konstruierten Geschichte aufgehen ließ. Heute heißt diese allumfassende Ganzheit Diskurs, hat ihre pseudoreligiöse Inhaltlichkeit eingebüßt, die ihr als göttlicher Kosmos oder als Heilsgeschichte noch anhing. Aber auch die als bloßes Signifikantensystem verstandene Sprache, in deren Unendlichkeit und Kontingenz sich das Individuum auflöst, ist noch ein solcher aufklärerischer Großmythos, der die Erfahrung von Zeit, von der Endlichkeit des Einzelmenschen nicht ernst nimmt.

Im Horizont einer als Produkt der "literalen" Kultur verstandenen Literatur würden sich diese Parameter grundsätzlich ändern. In ihm könnte der Stellenwert des Neuen nur nach Maßgabe des Verhältnisses von Text und Kommentar bestimmt werden. In ihm müßte jeder geschriebene Text als "Schrift" erscheinen, die als formales Zeichensystem das "Unveränderliche" ist. Sie kann und muß daher Gegenstand der kommentierenden Auslegung werden. Der Autor des Kommentars ist ein bestimmtes Individuum, das seine spezifischen Interessen in seiner Auslegung ins Spiel bringt. In dieser Weise ist jeder neue Text interessegeleitet, also Ergebnis von historischen Entscheidungen eines Schreibenden. Er ist eine Synthese aus dem "Für sich" des Kommentators und dem "Anderen" der Schrift, in dem sich die vielen anderen verbergen, die denselben Text zuvor geschrieben haben. Kommentierendes Neuschreiben ist also Dialog mit dem Ursprungstext. In diesem Dialog entsteht das Neue, das niemals ein ganz Neues, radikal anderes sein kann, sondern nur das Neuschreiben von etwas Altem.

Der neue Text kann deshalb auch niemals das große Ganze der Bedeutung des Urtextes ausschöpfen, sondern immer nur spezielle Aspekte, die aus der eigenen historischen und individuellen Position des Schreibenden heraus in ein neues Licht rücken. Widersprüchliche Meinungen sind zugelassen, ja geradezu gefordert. Eine Totalität der Bedeutungen, wie sie die hermeneutische Auslegung intendiert, kann der Kommentar nur im Durchgang durch alle überhaupt möglichen Kommentare erreichen. Deshalb auch ist die Arbeit des Schreibens virtuell unabschließbar. In der Aufeinanderfolge der Kommentare ist jeder ein Teil der richtigen Auffassung und zugleich ein Mißverständnis, das durch den nächsten Kommentar aufgehoben werden muß. Diese Einsicht in die Partialität aller kommentierenden Auslegung, in deren antihermeneutisches Verfahren läßt Literatur als ein Kontinuum der Schrift erscheinen, dessen Ende erst mit dem Ende der Geschichte erreicht wird.

"Achtung" vor dem "Wortlaut der Schrift", dieses Urprinzip des Kommentars, setzt voraus, daß der Schrift an und für sich keine Bedeutung zukommt. Bedeutung läßt sich ihr erst durch ihre jeweils individuelle Kommentierung zuschreiben, durch ihr Studium, das zugleich eine Auseinandersetzung mit den früheren Kommentaren ist, ein Dialog mit den Vorgängern.

Der Abgrund, der sich zwischen der Unveränderlichkeit der Schrift und der Individualität des Kommentators auftut, kann nicht durch einen einmaligen Schreibakt übersprungen werden. Die ganze Bedeutung der Schrift, ihr absolut Neues, ihre "Wahrheit", läßt sich vielmehr nur als geschichtliche Entfaltung dessen einholen, was im Ursprungstext gegeben, aber nicht vorhanden ist.

Um einen literarischen Text verstehen zu können, müßte man also idealiter das vollständige Corpus der Schrift rekonstruieren, das ihm vorhergeht. Diese auf den Ursprung und die Geschichte des geschriebenen Wortes sich richtende Aufmerksamkeit möchte ich als "radikale Philologie" definieren.[2] Sie ist keineswegs theorielos zu leisten, sondern läßt sich nur mit dem kritisch-hermeneutischen Analyseinstrumentarium ins Werk setzen, das seit der Aufklärung in den Geisteswissenschaften erarbeitet wurde. Sie ist aber auch keineswegs ohne eigenständige schreibende Praxis zu leisten, wie die akademische Wissenschaft fälschlicherweise seit ihrem Entstehen im neunzehnten Jahrhundert angenommen hat. Virtuell wenigstens muß jeder Text je neu geschrieben werden, damit die Erfahrung des anderen und die eigene Erfahrung sprachlich erarbeitet werden können. Erst in diesem Prozeß wird der Text in seine polyzentrische Struktur entfaltet, eine Struktur, die so viele Zentren hat, wie sie Schreiber/Leser hat, und diese sind als frühere Schreiber/Leser anwesend in ihr. Der aktuelle Leser jedoch, der den Text neu schreibt, ist in der Lage, einige dieser Lesarten zu rekonstruieren. Indem er dies tut, setzt er erneut die anderen im Text, aktualisiert deren Erfahrung. Indem er ihre Lesarten schreibend aufhebt, wird er in die Lage versetzt, seine eigene zu konstruieren. Auf diese Weise etabliert der Leser als Schreibender eine Kette verschiedener Bedeutungen im Text, die zusammengenommen so etwas wie das kulturelle Gedächtnis konstruieren.[3]

Die solcherart verstandene literarische Tradition ist idealtypisch nur in "literalen Gesellschaften" zu verwirklichen, wie sie etwa im jüdischen Talmudstudium oder in der chinesischen Gelehrtengesellschaft sich historisch ausgebildet haben. In einer zweckrationalen, auf ökonomische Profitmaximierung ausgerichteten Gesellschaft können sie nur als Randgruppen in Erscheinung treten. Aber auch in ihr sind sie notwendig, will die Gesellschaft

---

2 Vgl. hierzu Verfasser: Radikale Philologie. Germanistische Literaturwissenschaft im kulturpolitischen Kontext. In: Vorträge des Augsburger Germanistentages 1991. Hrsg von Johannes Janota. Bd. 4: Germanistik, Deutschunterricht, Kulturpolitik. Tübingen 1993, S. 54-59.
3 Vgl. zum Begriff des kulturellen Gedächtnisses: Jan Assmann: Das kulturelle Gedächtnis. Schrift, Erinnerung und politische Identität in frühen Hochkulturen. München 1992.

als ganze nicht ihr Gedächtnis und damit ihre Wertorientierung verlieren. Das literaturwissenschaftliche Seminar könnte dieser Ort sein, in dem die "radikale", das heißt, an die Wurzeln gehende Liebe zum Wort zirkuliert.

6. Fiktive Oralität

Walter J. Ong hat in seiner Untersuchung die Unterscheidung von Oralität und Literalität für eine globale Bestimmung literaturgeschichtlicher Entwicklungen auf der Grundlage der von ihm konstatierten mediengeschichtlichen Transformationen genutzt: "Die handschriftliche Kultur betrachtete die Intertextualität als selbstverständlich. Weil sie noch in der Tradition der Gemeinplätze aus der alten oralen Welt stand, schuf sie ganz bewußt Texte aus anderen Texten, entlehnte, übernahm und partizipierte an den allgemeinen, ursprünglich oralen Formeln und Themen, auch wenn sie sie in neue literarische Formen goß, die ohne die Schrift nicht hätten existieren können. Eine buchdruckende Kultur befleißigt sich per se einer anderen Denkweise. Sie betrachtet ein Werk als 'abgeschlossen', abgesetzt von anderen Werken, als eine Einheit, die in sich selbst ruht. Ihr entstammt auch die romantische Lehre von der 'Originalität' und 'Kreativität', welche ein individuelles Produkt noch entschiedener von anderen Werken absetzten."

Im Gegensatz zu solchen globalen Spekulationen müßte die Literaturwissenschaft dem Zusammenspiel und der Verflechtung von oralen und literalen Sprachschichten im Einzeltext nachgehen. Hierfür, kurz skizziert, ein privilegiertes Beispiel: Goethes großes Gedicht *Wandrers Sturmlied*, entstanden 1772, ist genau an jener Epochenschwelle situiert, die die ältere, nur teilweise literalisierte Gesellschaft von der Neuzeit trennt, in der das Projekt einer vollständig literalisierten Gesellschaft, die im Medium des Buchdrucks zu sich selbst gekommen ist, ins Auge gefaßt und in Teilen realisiert wurde. So wird in diesem für die Genie-Ästhetik der Sturm-und-Drang-Generation entscheidenden Text ein neuer Begriff vom Autor und seinem Werk entworfen und durchgesetzt.

Der genannte Epochensprung ist auch im Wortlaut des Gedichtes selbst nachzuweisen. Einerseits erweckt es den Anschein spontaner Kreativität, einer durch nichts eingeengten Hingabe an das Erlebnis des Augenblicks. Die vielfachen Apostrophen, die sprunghafte, assoziative Gedankenführung, die häufig dunkle, den Regeln der "harten Fügung" folgende grammatikalische Konstruktion und das ungebundene, sich der körperlichen Aktivität des dem Gewittersturm Entgegengehenden anpassende Metrum haben als ebensoviele

Merkmale einer prononcierten Oralität im dichterischen Text zu gelten. Dieser schöne Schein eines von einem genialen Subjekt spontan in mündlicher Rede entworfenen Textes ist dadurch zur alleinigen Rezeptionsperspektive geworden, daß der Autor ihn in seinen autobiographischen Aussagen auch explizit formuliert hat. Im Zwölften Buch von *Dichtung und Wahrheit* hat Goethe berichtet, wie dieser Text auf seinen Wanderungen zwischen Frankfurt und Darmstadt enstanden sei: "Unterwegs sang ich mir seltsame Hymnen und Dithyramben, wovon noch eine, unter dem Titel *Wanderers Sturmlied*, übrig ist. Ich sang diesen Halbunsinn leidenschaftlich vor mich hin, da mich ein schreckliches Wetter unterwegs traf, dem ich entgegen gehn mußte."

Dieser späten Erinnerung hat die neuere Forschung insofern widersprochen, als sie darauf hingewiesen hat, daß das Gedicht die gesamte gelehrte Überlieferung seit der griechischen Antike in sich aufgenommen hat. Goethes Darstellung in *Dichtung und Wahrheit* stellt also weniger ein historisches Dokument, als vielmehr eine bewußte Rezeptionssteuerung dar, die durch den in ihr enthaltenen Begriff des Dithyrambus sich selbst desavouiert. Durch ihn wird das Gedicht in eine Tradition gestellt, die in der europäischen Literatur bis auf den griechischen Lyriker Pindar zurückgeht. Damit erweist es sich als Produkt einer lang eingeübten und fest etablierten Schriftkultur. Als Merkmale der literalen Verfaßtheit des Textes sind nicht nur die zahlreichen gelehrten Zitate anzusehen, von denen die seltenen Beinamen der Götter nur die auffälligsten sind. Zu ihnen zählt auch die Bezugnahme auf zeitgenössische Texte, etwa auf Herders Fragmente *Ueber die neuere Deutsche Litteratur* oder Klopstocks Oden, vor allem aber die genaue Konstruktion des Textes in vier Triaden, deren Schema die zahlreichen inneren Entsprechungen der einzelnen Strophen erst zum Vorschein bringt. Diese aus der Tradition der Pindarischen Ode übernommene Form, die das Gedicht als Ergebnis eines genauen literarisch-technischen Kalküls ausweist, ist das unübersehbare Symptom seiner Konstituierung als Schrift.

Die Spannung zwischen oralen und literalen Strukturen, die den Text von *Wandrers Sturmlied* charakterisiert, ist Ausdruck des Epochenumbruchs, den das Gedicht selbst als eines der markantesten Beispiele markiert. Vor 1770 kam dem geschriebenen Text seine Autorität aus dem vor ihm Geschriebenen zu, auf das er sich in vielfältiger Weise bezog. Die Literatur wurde als ein Spezialwissen von den relativ wenigen der Schrift Mächtigen verwaltet. Als diese kollektive Beglaubigung in einem Zeitalter, in dem auch der Ungelehrte schreiben und lesen konnte, weggefallen war, mußte sich der geschriebene Text einer neuen Autorität versichern. Er fand sie, indem er die Mimikry des Oralen annahm, um sich die Autorität der Stimme zu verschaffen. Eines der ersten und sicherlich das extremste Zeugnis solcher "fiktiven Oralität" ist Goethes Pindar-Ode. Als solche kann sie als Gründungsmanifest der klassischen Produktionsästhetik gelten. Zugleich erweist sich in diesem ihrem Ursprung alle klassische Literatur als ein Produkt einer avancierten Schriftkultur, die sich den schönen Schein des Oralen gibt, um sich so der als "natürlich" geltenden Autorität der individuellen Stimme zu versichern.

7. Vorsprachliche, orale und literale Elemente im dichterischen Text

Allerdings haben sich auch originäre Elemente einer oralen Kultur bis in die Texte der literalen Hochkulturen hinein erhalten. Hierfür abschließend ein weiteres Beispiel: Hölderlins Gedicht *Andenken*, in dem er sich nach seiner Rückkehr nach Deutschland erinnernd seines Aufenthalts in Bordeaux im Jahre 1801 vergewissert, ist evidentermaßen ein Produkt der literalen Kultur. Schon die aufs genaueste symmetrisch angelegte Struktur des Ganzen weist darauf hin, indem die erste und letzte Strophe aufeinander bezogen die Landschaft der Garonnemündung evozieren, während Strophe zwei bzw. vier die Welt der Frauen und die der Männer charakterisieren, so daß in der Mitte des Textes, in der dritten Strophe, das Tun des Dichters als Herzstück der Komposition erscheint. Andere Indizien, wie etwa das Spiel mit den Initialen seiner Geliebten, Susette Gontard, die im Zentrum des Textes in signifikativer Häufung auftreten, unterstreichen die Tatsache, daß dieses Gedicht ein geschriebener, als Schrift erarbeiteter Text ist.[4]

Andererseits lassen sich in ihm Spuren von Mündlichkeit ausmachen, die allerdings dem heutigen Leser nicht mehr ohne weiteres zugänglich sind. Die Darstellung der Bordolaiser Landschaft geschieht auf dem Hintergrund einer Reminiszenz an bestimmte Passagen aus Homers *Odyssee*, in denen die Ankunft des schiffbrüchigen Odysseus am Hof des Phäakenkönigs geschildert wird, so daß die Details der Landschaft, insbesondere die vielen verschiedenartigen Bäume, weniger als konkrete Vergenwärtigung von Gesehenem, sondern vielmehr als Erinnerung an bedeutende Kontexte zu werten sind. Durch sie wird Bordeaux in das goldene Licht eines idealen Ortes mit einer harmonischen Gesellschaftsverfassung getaucht.

---

4 Vgl. Verfasser: Homerische Schatten. Ein historisch-kritischer Kommentar zu Hölderlins 'Andenken'. In: Vorträge des Augsburger Germanistentags 1991. Hrsg. von Johannes Janota. Bd. 3: Methodenkonkurrenz in der germanistischen Praxis. Tübingen 1993, S. 181-192.

Diese homerischen Reminiszenzen, die eine zentrale Bedeutungsschicht des Werks ausmachen, sind jedoch nicht als bewußte Übernahmen aus vorliegenden Passagen des homerischen Epos zu lesen. Vielmehr gehören sie zu einem durch oralen Umgang mit der klassischen Dichtung, durch Übersetzen und Auswendiglernen erworbenen Wissen, das dem Dichter bei der Niederschrift seines Textes gegenwärtig ist. Das heißt nicht, das solche intertextuellen Bezüge unbewußt gesetzt würden. Vielmehr weist Hölderlin am Ende der zentralen, dritten Strophe selbst darauf hin, daß er sich in die Tradition der oralen Dichtung stellt, wenn er in einer Kurzformel den Inhalt der homerischen Epen resümiert:

"[...] Doch gut
Ist ein Gespräch und zu sagen
Des Herzens Meinung, zu hören viel
Von Tagen der Lieb',
Und Thaten, welche geschehen."

Auffällig und konsequent die Betonung der Oralität in diesem Kontext, das "Sagen" und das "Hören" der Sprache. Damit macht Hölderlin deutlich, daß auch der geschriebene Text zum Teil verwandelte Oralität ist. Die Erinnerung an das gesprochene und gehörte Wort, das der primären Oralität der epischen Tradition entstammt, verwandelt die subjektive Erfahrung des Autors, seines "Herzens Meinung", und erhebt sie so in den Status des Gedichts. An diesem Beispiel zeigt sich zugleich die Historizität der analysierten Kategorien. Was für den Dichter des Jahres 1803 als Spur oraler Überlieferungen zu identifizieren ist, wird dem heutigen Leser, dem der Bildungshorizont der Goethezeit abgeht, nur noch über einen schriftlichen Kommentar erschließbar sein.

An der Interpretation von Hölderlins Gedicht läßt sich des weiteren ein systematischer Aspekt zur Gattungsbestimmung der klassischen Lyrik ablesen. Sie ist dadurch gekennzeichnet, daß in ihr die beiden Aggregatzustände der Sprache gleichermaßen vertreten sind; ja mehr noch dadurch, daß in ihr so etwas wie eine vorsprachliche Sprache gegenwärtig ist. Lyrik hat ihren Ursprung vor jeder semantischen Fixierung in einem Rhythmus, in einer Schwingung, in einer Geste. Von Hölderlin ist bekannt, daß er seine Gedichte vielfach im Gehen, im Wandern geschrieben hat. Pierre Bertaux hat nachzuweisen versucht, daß in sie der Rhythmus der Schritte des "kräftigen Wanderers" eingegangen ist, der Hölderlin war. Für *Wandrers Sturmlied* hat der Autor Goethe selbst das Gehen im Sturm als Ursprung in Anspruch genommen. Daraus ließe sich ableiten: Gedichte entstehen aus einer Körperhandlung, der sich erst in einem sekundären Akt Worte zugesellen, die also erst später Stimme wird.

Im klassischen Gedicht wären demnach drei mediale Funktionen der Sprache vereint: die Körpersprache, die noch ohne Worte auskommt, die Mündlichkeit, die als Stimme im Kopf die Erinnerung aktiviert und transformiert, und die Schriftlichkeit im niedergeschriebenen und korrigierten Text. In diesem Sinne ist das lyrische Gedicht der dichterische Urtext, nicht weil er, wie Herder wollte, die Ursprache der Völker darstellt, sondern weil in ihm alle drei Aggregatzustände der Sprache aufgehoben und gegenwärtig sind, und das Gedicht so zum Modell der Entfaltung des menschlichen Sprachprozesses wird bis hin zur voll entwickelten Schriftlichkeit.

Allerdings verlieren die Gedichte der Moderne mehr und mehr diesen Charakter. Sie erweisen sich, wenn man die Werke Gottfried Benns oder Paul Celans als Beispiel nimmt, durch ihre ausgedehnten Zitatmontagen als ein Neuschreiben der älteren Literatur. Sie ließen sich demnach als Kommentare der lyrischen Tradition verstehen, nähern sich also mehr und mehr der reinen Literalität an. So auch die anderen literarischen Gattungen. Das Drama lebt von der Spannung zwischen der Literalität seines Produktionsvorgangs und der sekundären, weil fiktionalen Oralität, die in seiner Aufführung und damit im Rezeptionsakt zum Tragen kommt. Am weitesten fortgeschritten auf dem Weg der Herausarbeitung von Literalität ist der Roman, der ganz und gar als schriftlicher Text konstituiert ist und als solcher zu analysieren wäre. Wie sehr jedoch auch diese Gattung in der Fiktion von Oralität befangen bleibt, beweist die ihm eingeschriebene Gestalt des fiktionalen Erzählers, durch den sich die Germanistik bis heute hin dazu hat verführen lassen, Romane mit den Kategorien der Erzählforschung zu analysieren. In Wirklichkeit ist der Roman der literale Text par excellence. Virtuell tendiert er zur Idee der absoluten Prosa, die in ihrer Nüchternheit, in ihrer Negation aller die Oralität auszeichnenden paraverbalen Zeichensysteme zur reinen Schrift wird.

In den Texten der literarischen Moderne schließlich ist der Charakter der Literalität zum allein herrschenden geworden. Sie geben sich nicht mehr als geniale Neuschöpfung, sondern als kommentierendes Neuschreiben schon vorhandener Texte. Ihr vorgängiges Prinzip ist daher nicht mehr das der spontanen Produktion, sondern das der Destruktion früherer Sinnschichten. Der Tod als die Schwelle, die den aktuell Schreibenden von seinen Vorschreibenden trennt, ist ihr geheimes Zentrum.

Statt die eine Stimme des genialen Individuums, die aus dem Text spricht, hat der Leser in der Moderne die vielen Spuren der Schrift im Text zu entziffern. Denn Bedeutung kommt den Texten der Moderne nicht mehr aus der Autorität des Individuums zu, sondern aus den vielfältigen Bedeutungsmöglichkeiten der Schrift.

'Kenntnis' und 'Kreativität'

Zu den Forderungen an die zweite Germanistik-Reform

Hans-Gert Roloff

Es ist bemerkenswert: Wir befinden uns rund 25 Jahre nach der ersten grundlegenden Germanistik-Reform in einer zweiten Reform-Phase. Alle an der Germanistik Beteiligten stöhnen oder schreien laut: 'So kann es nicht weitergehen'! Oder sie schweigen beharrlich und bekunden damit ihre Frustration, ja – bedauerlicherweise – ihr Desinteresse. Nun war man doch eigentlich recht stolz, daß man zu Beginn der siebziger Jahre die Germanistik aus den Fängen verknöcherter Traditionalisten befreit und mit allen soziopolitischen Schleif- und Scheuermitteln blank poliert hatte.

Zu den Leistungen der ersten Germanistik-Reform gehört in der Tat die Ent-Nationalisierung des Faches und dessen Internationalisierung in Lehre und Forschung. Dazu gehört der sehr fruchtbare Aspekt, daß Literatur zu allen Zeiten eine soziale und politische Funktion hatte, was wiederum dazu führte, den engen Dichtungsbegriff durch den sog. 'erweiterten Literaturbegriff' zu ersetzen, in dessen Gefolge mehr Schrifttumsgeschichte als Dichtungsgeschichte betrieben wurde. Das wiederum kam weiten Literaturperioden zugute – wie etwa der Frühen Neuzeit –, die bis dahin wegen ihrer vorgeblichen poetischen Flachbrüstigkeit kaum angesehen wurden. In Sprach- und Literaturwissenschaft haben sich die Forschungsfelder in diachrone und synchrone Dimensionen enorm geweitet. Das munter betriebene Splitting des Faches in neue Lehr- und Forschungsgebiete wurde von den Wissenschaftsadministrationen mit neuen Hochschullehrerstellen bereitwillig honoriert. Faszinierend anzusehen, wie z.B. in der modernen Linguistik aus einer Handvoll Partikeln Lehrstühle gezimmert werden konnten!

Es ist nicht zu verkennen: der Auftrieb des Faches in den letzten 25 Jahren ist stark gewesen, und man kann getrost sagen, daß nach etwa hundert Jahren der Entwicklung die Germanistik zu einem seriösen historischen Fach herangereift ist, dem sich nun die dringliche Aufgabe stellt, seine Konsolidierung zu betreiben.

Aber: Geblendet von der Euphorie der fachlichen Prosperität hat man versäumt, den Boom zu steuern. Die Schere zwischen Lehre und Forschung öffnete sich immer mehr, die Kompensation der zum Teil gespreizten Forschung durch straffe inhaltlich bezogene Lehrpläne und Ausbildungssysteme ist unterblieben.

Fachinterne Aufweichungstendenzen haben überdies dazu geführt, auch nach außen hin den wissenschaftlichen Leistungsanspruch obsolet zu machen, so daß die Wissenschaftsadministrationen sich heute wieder bemüßigt fühlen, die Notbremse zu ziehen und das Reformkind Germanistik mit dem Bade der ökonomischen Aversionen gegen die Geisteswissenschaften auszuschütten – sicherlich in der Hoffnung, daß es sich im märkischen Sande verläuft.

Der ohne weiteres positiv einzuschätzenden, erfreulichen Erweiterung und Vertiefung des Faches in der Forschung tritt seit einiger Zeit die bedrohliche Verflachung und Lückenhaftigkeit in der Ausbildung entgegen.

Hieraus resultieren die Reibeflächen zwischen Dozenten und Studenten: was die einen voraussetzen müssen, um wissenschaftlich sinnvoll und weiterführend arbeiten zu können, bringen die anderen an Voraussetzungen gar nicht mehr mit – und zwar *nicht,* weil sie träge oder uninteressiert wären, sondern weil sie nicht mehr genau wissen, was erwartet wird, was an Voraussetzungen für die aufbauende Studienarbeit nötig ist. So entsteht Frust auf beiden Seiten.

Das kann und darf nicht so bleiben, denn dadurch verliert das Fach als Ausbildungsinstitution sozusagen den Boden unter den Füßen. In der Praxis wird lauthals über die mangelhaften Leistungsfähigkeiten der Universitätsabsolventen geklagt; deren Leistungsfähigkeit ist aber aufs engste mit der Berufsperspektive verbunden. Was kann man von einem studierten Germanisten denn in der außeruniversitären Praxis erwarten?

Das ist leicht hergezählt:

(1) Solide und vielfältige Kenntnisse über die Phänomene der deutschen Sprache und Literatur in historischer wie in systematischer Hinsicht, d.h. Kompetenz im weiten Feld von Literatur *und* Sprache, und nicht nur der deutschen.

(2) Er muß die wissenschaftlichen Grundlagen seines Metiers beherrschen, er muß Texte aller Art des germanistischen Bereichs im Urtext lesen, verstehen, interpretieren und an andere wissenschaftlich einwandfrei weitervermitteln können.

(3) Er muß aus seinen fachlichen Kenntnissen und Fähigkeiten heraus im Hinblick auf die ihm von der Praxis gestellten Aufgaben *kreativ* werden können.

Diese Grundlagen des Wissens, der fachinternen Kenntnisse und der Wege zur eigenen Kreativität muß die Universität dem Studenten der Germanistik vermitteln, dafür ist sie verantwortlich, andernfalls verfehlt sie ihren gesellschaftlichen Auftrag. Hier, meine ich, müssen wir wieder anfangen, ohne daß wir das bisher Erreichte leichtfertig preisgeben und uns aus Opportunität an die Rockschöße von 'Medienwesen', 'berufsbezogene Literaturwissenschaft' usw. hängen. Denn eins dürfte feststehen: nicht durch berufsbezogene und entrümpelte Studiengänge kann eine Rettung möglich sein, sondern durch Intensivierung, Vertiefung und Besinnung auf die Grundlagen. Denn nur von hier aus können die Geisteswissenschaften auch die notwendige Kritik in die Zeitläufte streuen, nicht aber, wenn sie nur als Erfüllungsgehilfen ökonomischer und politischer Pragmatismen verwendet werden sollen.

Gewiß, die Germanistik ist – aus welchen Gründen auch immer – ein Massenfach geworden: man kann ansetzen, daß sich z. Zt. an den deutschsprachigen Universitäten Europas etwa 50.000 Hauptfachgermanisten tummeln. Sie sind ganz legal da und von niemandem dazu gepreßt oder angelockt worden. Sie haben sich nach bestandenem Abitur ohne Zwang entschlossen, deutsche Sprache und Literatur zu studieren. Und sie wollen nach erfolgreichem Studienabschluß ihr berufliches Lebensfeld im erlernten Lehr- und Forschungsgebiet der Deutschen Literatur und Sprache finden. Das allerdings wird nach Lage der Dinge auf dem Stellenmarkt nur einem Teil gelingen, und selbst für sie werden noch starke, leistungsbezogene Konkurrenzkämpfe nicht zu vermeiden sein.

Warum so viele Interessenten? Es gibt nicht wenige böse Zungen, die behaupten: Leichtigkeit und Harmlosigkeit des Faches ziehen die Massen magnetisch an. Wenn dem so wäre, wäre es fatal für das Fach, und der schlechte Ruf wäre selbstverschuldet. Dabei ist der Anspruch des Studienfachs Germanistik eigentlich enorm; freilich nur, wenn man es ernsthaft betreibt, und zwar von beiden Seiten, der der Lehrenden und der der Lernenden.

Es ist immer wieder höchst irritierend, mit welcher Nonchalance das Fachstudium von Studenten aufgegriffen und von Dozenten betrieben wird. Anscheinend verschließt man die Augen vor der Tatsache, daß Germanistik eins der schwersten, umfangreichsten und anspruchsvollsten Studienfächer ist, die man wählen kann. Ich habe seit langem den Eindruck, daß die meisten Studienanfänger das gar nicht wissen und erst nach dem zehnten Semester ihre Frustration erleben.

Hier möchte ich mit meinen Forderungen an die zweite Germanistik-Reform einsetzen. Die fünf Forderungen, die ich hier aufstelle, sind vermutlich bei genauem Überprüfen nicht nur für die Germanistik, sondern überhaupt für die Ausbildung der jungen Leute, die in die Berufe gehen, wichtig. Ich habe den Eindruck, daß sich die Probleme, die die angehenden Studenten haben, gar nicht so sehr von denen der anderen Auszubildenden unterscheiden, die in die praktischen Berufe gehen möchten. Mir schiene es sinnvoll, wenn es zu generellen Informationen über den Eintritt in die Berufswelt käme.

1. Forderung

Es sollte ein 'Frühwarnsystem' eingerichtet werden, das Abiturienten vor der Wahl eines falschen Studienfachs bewahrt, indem es klare und konkrete Informationen über die Anforderungen bietet, die die Studenten in der Fachausbildung erwarten. Sie müssen wissen, welche Leistungen zu erbringen sein werden. Selbstverständlich sollten auch Hinweise auf die Berufsperspektiven des Faches gegeben werden.

Eine verständliche Explikation des Faches für den Studien-Adepten ist erforderlich, denn der Studienanfänger weiß heute offenbar gar nicht genau, was von ihm erwartet wird und worauf er sich bei einem Fachstudium, z. B. der Germanistik eingelassen hat.

Aus Gesprächen mit Studenten geht immer wieder hervor, daß sie gar keine Vorstellung haben, was sie im Hinblick auf einen erfolgreichen Studienabschluß eigentlich an Leistungen erbringen müssen. Sie entdecken die Defizite ihrer Ausbildung bestenfalls in höheren Semestern und fallen dann einer Frustration anheim, die in Lethargie mündet und die konsequente Summierung der Studienzeit im Examen zu einem Roulettspiel diskreditiert. Es fehlt an frühzeitiger genereller Information über die Anforderungen des Faches. Die Orientierung an Examensordnungen, etwa der des Staatsexamens, ist jedenfalls nicht geeignet, dem Studienanfänger die Weite des Faches und dessen notwendige Studienanforderungen vorzustellen. Wo aber erhält der Student die für seine Entscheidungen notwendige Sachinformation über das Germanistik-Studium, das als akademische Disziplin durchaus keine Weiterführung des Deutschunterrichts der Schule ist?

Wenn am Studienbeginn nüchterne Informationen über den Leistungsanspruch des Faches – und zwar ohne beschönigende sentimentale Kosmetik – gegeben würden, wäre das hilfreich für jene hohe Zahl von Studenten, die die Wahl des Faches unter falschen Voraussetzungen oder aufgrund fehlender Informationen treffen und später straucheln.

Ein hoher Prozentsatz derjenigen, die dann ihr Studium abbrechen, wäre der Frustration, den Anforderungen aus welchen Gründen auch immer nicht gewachsen zu sein, enthoben und davor bewahrt, kostbare Lebenszeit falsch investiert zu haben. Hier liegt eins der gravierendsten Probleme des Universitätswesens unserer Tage.

Die mögliche fachliche Fehlentscheidung des Studienanfängers ist seitens der Universität zu verhindern – das sollte aber nicht durch zufallsbezogenes Herausprüfen oder durch Fortschreibung von Abiturnotenquotienten geschehen: derartige rigide Verfahren zerstören die individuelle Motivation, die Freiheit der Fachwahl und das für die Ausbildung erforderliche persönliche Engagement. Ohne Begeisterung am Fach und seinen Gegenständen läßt sich kein Student richtig ausbilden, das gilt immer noch für beide Seiten, die Lehrenden wie die Lernenden. Begeisterung, Freude und Neugier an der Welt der Literatur und Sprache – das sind die simplen Voraussetzungen, um mit den Anforderungen eines Faches wie der Germanistik überhaupt zurechtzukommen. Die Unmengen an literarischer Originalliteratur aller Gebiete der deutschen Literatur, mit denen sich die Studierenden in exemplarischer Auswahl vertraut machen müssen, die engmaschige Vertiefung in die Quellen der Spezialgebiete, die Erlangung der sprachlichen Fähigkeit, die älteren Texte im Original zu verstehen, die Eroberung des methodologisch-fachlichen Grundwissens usw. usw. – wer nicht willens ist, sich dem voll hinzugeben, sollte aus eigener Verantwortung für sich selbst die Finger davon lassen. Über diese Grundlagen des Studiums muß der Fachanfänger vollauf informiert sein, und er kann auch von der Ausbildungsstätte durchaus erwarten, daß sie ihn auf die Erwartungen des Faches an seine Studenten aufmerksam macht.

Solche konkreten Explikationen der Studienfächer sind nicht nur für die Universitätsfächer erforderlich, sondern auch für die Fachschulen und weiteren Ausbildungsinstitutionen. Aus Gesprächen mit jungen Leuten und aus Hinweisen von Vertretern etwa der Handwerkskammern geht z.B. hervor, daß auch bei Lehrlingen keine genaue Vorstellungen über die künftigen Berufe, deren Anforderungen usw. bestehen.

Es dürfte keinen großen Aufwand machen, derartige fächerspezifische Explikationen zu erstellen und zu publizieren. Dabei wäre darauf zu achten, daß ein konkretes Informationssystem zustande käme, das alle Berufssparten entsprechend vorstellte, damit dem Suchenden auch die Ausbildungs- und Berufsperspektiven anderer Bereiche, der Fachschulen und der praktischen Tätigkeitsbereiche, bekannt werden. Die derzeitigen amtlichen Berufsberatungen reichen, wie Erfahrungen und Berichte junger Leute zeigen, keinesfalls für eine fundierte Berufsorientierung aus; sie werden meistens von Vertretern der Verwaltungen vorgenommen, die zudem nur über einen sehr begrenzten Ausschnitt praktischer Erfahrung verfügen und in ihren konkreten Auskünften weithin unverbindlich bleiben. Ein solches gemeinsames Informationssystem birgt auch in sozialer Hinsicht die Möglichkeiten, akademische, fachschulische und praktische Berufswege objektiv zu parallelisieren und Standesschranken vorurteilslos zu nivellieren.

2. Forderung

Die Universitäten haben dafür Sorge zu tragen, daß die einzelnen Studienfächer konkrete inhaltsbezogene Studienpläne aufstellen, die für Studenten und Dozenten Verbindlichkeit haben. Der jeweilige fachspezifische Kenntnisstand der Studenten wird im Laufe des Studiums durch Leistungsnachweise kontrolliert.

Bezieht man diese Forderung im engeren Sinne auf die Germanistik, so ist zu sagen, daß die Gestaltung eines überschaubaren Studienmodells heute eine der wesentlichsten Voraussetzungen für die erforderliche Germanistik-Reform ist. Die Aufstellung der Orientierungslinien und deren inhaltliche Füllung gehören in den Verantwortungs- und Pflichtbereich der Dozenten. Es besteht kein Zweifel, daß gerade bei der Frage der 'inhaltlichen Füllung', will sagen der Lehrgegenstände eines historischen Fachs wie der Germanistik, auch heute noch extreme Positionen der Dozentenschaft zum Ausgleich zu bringen sein werden. Aber das muß als äußerer Beweis der Verpflichtung und der Verantwortung gegenüber den Auszubildenden geleistet werden.

Das Fach war nie 'frei' von ideologischen Implikationen; es brachen immer Probleme auf, die ortsweise bis zur Unversöhnlichkeit führten. Das hat Nachteile sowohl für das Fach als auch für die Studenten mit sich gebracht, aber ein didaktisch orientierter literarischer Demonstrationskanon dürfte sich ohne individuellen Profilverlust an der eigenen wissenschaftlichen Konzeption des einzelnen Dozenten gemeinsam aufstellen lassen. Der Nutzen bestünde darin, daß bei der späteren Phase der literatur- oder sprachwissenschaftlichen Problematisierung – so individuell sie im einzelnen dann vorgeführt und zur Diskussion gestellt wird – alle Dozenten auf der Voraussetzung gemeinsamer Grundkenntnisse der Studenten aufbauen könnten und die Studenten ihrerseits in der Lage wären, sich durch Beherrschung der Grundlagenkenntnisse zunehmend selbständig und kritisch in die Problematisierungsverfahren einklinken könnten. Hier ist ein wichtiger Hebelpunkt gegeben. Versachlichung der Diskussion und Kooperation der Dozenten zugunsten eines Ausbildungsverfahrens, das den inneren Ausgleich zwischen allgemeinem Ausbildungsziel und gelehrtem Individualitätsanspruch auspendelt, sind gefordert. Die Reform des Germanistik-Studiums mit der Dreiteilung in Grundstudium, Hauptstudium und Aufbaustudium war zwar ein Fortschritt gegenüber dem alten Ausbildungskonzept, aber sie hat gerade wegen der inhaltlichen Disparatheit ins Chaos geführt. Die Spezialisierung der Lehrgebiete der Professoren hat im günstigsten Fall zu einer bisher nie dagewesenen Individualisierung der Forschung und der Lehre geführt; jedoch erbrachte diese Fülle der Aspekte gerade im Bereich der Lehre den Studenten Verwirrung und Demotivation ein, denn sie sind als Anfänger einem solchen breiten Angebot von Spezialitäten nicht gewachsen. Die hohen Diskurse reizen zwar zum Mitreden, aber die Hohlräume an Grundwissen bringen die Studenten empfindlich zum Strauchein, sobald sie selbständig in ihrer Argumentation werden wollen. Auch die Dozenten leiden in ihren Lehrveranstaltungen unter den disparaten Ausbildungsverhältnissen, denn sie stoßen überall dort, wo notwendigerweise Voraussetzungen an Fachkenntnis zu erwarten sind, ins Leere. Fragt man nach den Gründen dafür, trifft man sehr rasch auf Informationslücken im Ausbildungssystem. Solche Unterlassungssünden gehen eindeutig auf das Konto der Gesamtheit der Dozentenschaft; der einzelne freilich weiß sich jeweils von seinem höheren Anspruch aus davon zu salvieren.

Die eigentlichen Aufgaben des Lernens – Lehrens – Qualifizierens rükken in der letzten Zeit immer mehr an die Peripherie. Hier scheint mir eine Umkehr notwendig. Die allseits eingeforderte akademische Freiheit ist keineswegs der Freibrief akademischer Egozentrik, sondern involviert die Pflicht zur Verantwortung gegenüber den akademischen Gruppen, gegenüber dem gewählten Fach, gegenüber der Gemeinschaft der cives academici, gegenüber der Gesellschaft. Aus dieser Verantwortung heraus resultiert für die einzelnen Gruppen ihr Engagement am Lernen, am Lehren, am Qualifizieren und zwar als Pflicht, um die akademische Freiheit vor ihrer Zerstörung durch die außerakademische Administration zu bewahren.

Der derzeitige Druck der Wissenschaftsministerien und deren Perspektiven zur unakademischen Reglementierung dürften offen erkennen lassen, wie brisant die Situation eigentlich ist. Daß sich dabei die Germanistik als geisteswissenschaftliches Massenfach für ein spektakuläres Operationsfeld politisch-administrativer Manipulationen geradezu anbietet, ist nicht verwunderlich.

Die Universitätsangehörigen, also Studenten und Dozenten, sollten beizeiten bedenken, daß eine von außen verfügte Verschulung der Universitätslehre in kurzer Zeit zu einer nationalen Bildungskatastrophe führen würde, so verständlich es ist, daß die politischen Wissenschaftsadministrationen dem Schlingerkurs der Hochschulen nicht tatenlos zusehen möchten und dürfen. Bei allseits gutem Willen bereitet es keine nennenswerten Schwierigkeiten, die bereits vorhandene Studienstruktur – Grundstudium, Hauptstudium, Aufbaustudium – mit einem sinnvollen, inhaltlich konkreten Studienplan auszufüllen, der vor allem für Grundstudium und Hauptstudium allgemein verbindliche Studieninhalte und Kenntniserwartungen fixiert. Man kann ohne weiteres in einem vier- bis fünfsemestrigen Grundstudium die Fundamente für ein erfolgreiches Germanistik-Studium legen; der Student muß frühzeitig die Instrumente seines Faches kennen und beherrschen lernen. Wer z. B. nicht die Prinzipien der Literaturermittlung beherrscht, schwimmt fernerhin orientierungslos in den Fluten literarischer und fachlicher Publikationen. Wie soll man einen Studenten in die selbständige Texterfassung älterer Literatur einführen, wenn er die älteren Sprachstufen nicht beherrscht? Wie kann ein Dozent mit seinen Studenten Phänome der Lyrik erarbeiten, wenn diese keine blasse Ahnung von Metrik usw. haben?! Daß ein sachbezogenes und zielbewußtes Grundstudium ernüchternd auf die Studienanfänger wirkt, ist verständlich, aber das teilt die Germanistik mit anderen Fächern, und heilsam ist diese Ernüchterung außerdem, denn sie läßt den Adepten erkennen, wie schwierig und anspruchsvoll sein Studienfach ist.

Das Hauptstudium sollte so strukturiert sein, daß es den Absolventen eine solide Grundausbildung im Gesamtfach Deutsche Literatur und Sprache bietet. Dabei sind Obligatorik und Akzentsetzung der Studenten (ältere, mittlere, neuere Zeit bzw. Sprachwissenschaft und Literaturwissenschaft) in einen sinnvollen Ausgleich zu bringen. Eine vorzeitige Spezialisierung bringt unweigerlich ein starkes Manko an breiter Fachorientierung mit sich und schadet den berufsbedingten Entfaltungen. Die derzeit ministeriell verhängte Studienzeitverkürzung ist eine offenbare Gefahr für die Ausbildungsqualität, auch wenn man eine beliebige Ausdehnung der Studienzeiten nicht tolerieren mag.

Überraschend ist, daß sich die bisher vielerorts so vehement betriebenen Studienreform-Diskussionen kaum des Aufbaustudiums angenommen haben, obwohl diese Ausbildungsphase eigentlich das wissenschaftlich produktivste und kreativste Feld des Studiums ist. Gemeinhin ist man hier über die alte Form der Doktorandenseminare nicht hinausgekommen, obwohl die Hochschulordnungen das Aufbaustudium als Strukturstufe anerkannt haben. Der neuerdings eingeschlagene Weg der Graduiertenkollegs setzt zwar zu Veränderungen an, aber er bleibt sehr fragwürdig, wenn entsprechende Projekte, die zum Teil interdisziplinär getragen werden, von Fremdförderung und Gremienbeschlüssen abhängig gemacht werden. Hier, im Bereich des Aufbaustudiums, liegt starker Reformbedarf vor, denn wissenschaftliche Qualifikation kann nur in dieser Phase erreicht und ausgewiesen werden. Eine Universität, die hierauf verzichtet, degradiert sich zur praxisorientierten Fachhochschule. Im Rahmen des Doktorandenstudiums, das man nicht mit dem Anfertigen einer Dissertation gleichsetzen darf, sollte von dem Promovenden und Dozenten gemeinsam eine Spezialisierung in größeren Bereichen des Faches betrieben werden. Die gemeinsame Teilhabe an Forschungsvorhaben und die persönliche Verantwortung für die Realisierung partieller Projekte daraus sind geeignet, junge Wissenschaftler in die Selbständigkeit und Freiheit eigener Arbeiten und eigener wissenschaftlicher Zielrichtungen überzuleiten. Es ist immer noch eine der wichtigsten Aufgaben des Hochschullehrers, Forschen zu lehren. Auf die Innovationen junger Wissenschaftler sind die akademischen Institutionen, die Wirtschaft usw. extra muros academicos angewiesen.

Der Fortschritt an Erkenntnissen und neuen Problemstellungen darf auch in einem Fach wie der Germanistik kein akademisch introvertiertes Glasperlenspiel werden. Es ist deshalb z.B. nicht unwichtig, bei Berufungen zu fragen, welche Forschungspläne und Projekte der zu Berufende für die wissenschaftliche Ausbildung des Nachwuchses hat. Denn das Aufbaustudium ist am stärksten an der wissenschaftlichen Individualität des Professors orientiert. Gemeinsame Projekte zwischen Hochschullehrer und Absolventen des Aufbaustudiums tragen überdies auch zur persönlichen Erfahrung von Kooperationsprozessen bei, die schwieriger zu handhaben sind, als es gemeinhin scheint.

Die zeitlich begrenzten Möglichkeiten eines allgemeiner konzipierten Hauptstudiums, für das eine offizielle Semesterbeschränkung vorgesehen wird, haben neuerdings dazu geführt, sog. 'Zusatzstudiengänge' zu entwickeln, in denen Specifica des Faches thematisiert werden, die im normalen Hauptstudium nicht sachlich angemessen behandelt werden können. Dazu gehören Themen wie literaturwissenschaftliche Grundlagenforschung, Editionswesen, Lexikographie, Disziplingeschichte, interkulturelle Aspekte, Deutsch als Fremdsprache usw. Den Universitäten bietet sich hier die gute Gelegenheit, nach Maßgabe ihrer Interessen und ihrer Leistungsmöglichkeiten den erwünschten Praxisbezug unter Bewahrung sachgerechten wissenschaftlichen Niveaus zu gestalten.

Aus den Erfahrungen der letzten Jahrzehnte in der Ausbildung wird man sich wohl auch entschließen, die Vorlesung wieder als notwendiges Informationsinstrument zu reaktivieren; sie war im Gefolge der 68er Begehren wegen 'bürgerlichen Manipulationsverdachts' über Bord gegangen – sehr zum Schaden der Ausbildung! Sie ist aber, wie sich inzwischen gezeigt hat, ein unverzichtbares didaktisches Mittel für verkürzende Übersichten, modellhafte Problemanalysen und für gezielte Empfehlung von Lektüre und Eigenarbeit an die Studenten; sie muß allerdings mehr auf die Studenten Rücksicht nehmen und darf nicht so sehr den Dozenten zum Monolog eigner wissenschaftlicher Produktionen dienen. Häufig geht sie über die Köpfe der meisten Studenten hinweg. Die erforderliche Instrumentalisierung der Vorlesung sollte sich in Zukunft, um funktionsgerecht zu sein, an den Strukturstufen des Studienplans orientieren: für Teilnehmer am Grundstudium, für Teilnehmer am Hauptstudium, ja als Privatissimum gerade für Teilnehmer am Aufbaustudium.

Die Einführung und öffentliche Bekanntgabe von konkret gefaßten Studienplänen dürfte einer der wichtigsten Beiträge zur Germanistik-Reform sein. Man darf sie aber keinesfalls mit der befürchteten Verschulung gleichsetzen, sondern als Wegweiser durch das schwer überschaubare Gelände des Faches nutzen. Studienpläne für Germanistik werden von Universität zu Universität modifiziert sein; diese Möglichkeiten zur Variation sind durchaus positiv zu sehen; der Student kann an ihnen ablesen, welcher Variante er seine Ausbildung anvertrauen möchte. Auf jeden Fall weiß er zu Beginn seines Studiums, was ihn an Anforderung erwartet, so daß er sich unter Umständen beizeiten und ohne Zeitverlust ein anderes Studien- oder Betätigungsfeld suchen kann. Man sollte außerdem nicht übersehen, daß Studienpläne, die klar die Anforderung benennen und die Lehrveranstaltung darauf abstellen, zur Profilierung der Institute beitragen; sie könnten deren Visitenkarten sein.

3. Forderung

Die Integration der Forschung ins Aufbaustudium und deren didaktische Funktionalisierung ist als Qualifikationsmerkmal der akademischen Ausbildung anzustreben, denn davon gehen nachhaltige Impulse für die Berufspraxis aus.

Die Trennung von 'wissenschaftlich-akademischer Laufbahn' (Promotion, Habilitation) und 'beruflicher Anwendung' (z.B. via Diplom) dürfte im Rahmen des Universitätsbetriebes verfehlt sein. Der Reform fällt hier ein

Höchstmaß an Verantwortung für die intellektuelle Leistungsfähigkeit der Wissenschaftler unseres Landes zu. Es ist ja keinesfalls so, daß die Universität im Aufbaustudium nur ihren eigenen Nachwuchs qualifiziert; das geschieht erst im Rahmen der Habilitationsselektion.

Auch, ja vor allem in den Geisteswissenschaften muß die aktive Forschung als Komplementärerscheinung zur Lehre in die Universität integriert werden. Die Weiterführung der Fachwissenschaft ist ebenso eine Grundverpflichtung des Hochschullehrers, wie den qualifizierten Absolventen die Verfahren kreativer Fachforschung zu demonstrieren, sie die Verfahrensweisen zu lehren und die künftigen Wissenschaftler in Teamarbeit in die Praxis der Forschung einzuführen. Es ist nicht einzusehen, warum es nicht möglich sein soll, den Lehrstühlen oder Instituten Forschungsstellen zu attachieren, die unter Leitung der Hochschullehrer größere Projekte von allgemeiner Bedeutung für das Fach erarbeiten. Das Berliner Modell der Mittleren Deutschen Literatur, das seit einem Vierteljahrhundert besteht, hat gezeigt, daß solche Abteilungen an der Universität sinnvoll sind und daß sie – gemessen an ihrem Output – die Investitionen bei weitem rechtfertigen. Die notorisch schlecht dotierten Wissenschaftlichen Akademien erhalten hierdurch nicht Konkurrenz, sondern für den Fortschritt der Wissenschaft sehr wünschenswerte Ergänzungen. Außerdem ist die Universitätsforschung insofern im Vorteil, als sie durch die unmittelbare Publizität, die durch die Lehre gegeben ist, kritische Kontrollmöglichkeiten und Reaktionstests enthält, die der Forschung extra muros nicht zur Verfügung stehen. Die Spaltung zwischen Forschung und Lehre und deren Zuordnung einerseits zur Akademie, andererseits zur Universität, ist für die Tradierung von Forschung in jüngere Generationen nur nachteilig. Daß die Universitäten auch in den Geisteswissenschaften aus der Einrichtung solcher Forschungsabteilungen hohen Gewinn an Prestige, Lehrleistung und ggf. ökonomischer Vermarktung ziehen können, liegt auf der Hand; es kommt nur auf eine sinnvolle Strukturierung und eine sachgerechte Umverteilung von vorhandenem Arbeitspotential an. Die Beteiligung der qualifizierten Absolventen an Forschungsprojekten ist gerade das, was den Übergang in die Praxis außerhalb der Universität erleichtert und methodisch die individuelle Kreativität schärft. Das läßt sich nicht nach acht Semestern Grund- und Hauptstudium erwerben, sondern erst im Aufbaustudium, und es wird auch nicht jedermanns Sache sein; die persönliche Entscheidung zu einem Aufbaustudium und die vorhandenen Qualifikationen dazu sind letztlich bestimmend. Die Universität hat aber die Pflicht, die Gelegenheiten zu dieser wissenschaftlichen Qualifikation zu bieten.

4. Forderung

Traditionelle Studienfächer wie die Germanistik werden nicht durch Integration neuer, berufsbezogener Voll-Studiengänge aufgeschwemmt. Die ergänzende Spezifizierung baut grundsätzlich auf einem erfolgreich abgeschlossenen Fachstudium (Grundstudium, Hauptstudium) auf.
Die spezialisierenden Zusatzstudien sind im Aufbaustudium angesiedelt, in dem sich neben der weiteren wissenschaftlichen Qualifizierung durch Promotion auch praktisch-berufsbezogene Studiengänge – je nach Bedarf und nötigenfalls wieder einstellbar – einrichten lassen.
Eigenständige Vollstudiengänge, von denen man sich spezielle Berufsbezogenheit verspricht, sind mit eigenen Lehr- und Forschungskonzeptionen außerhalb der Germanistik zu installieren.

Der neue Fetisch der 'Berufsbezogenheit' des Studiums geisteswissenschaftlicher Fächer hat auch die Diskussion über die Germanistik-Reform erreicht. Hier ist er aber eigentlich weniger am Platze, denn Hochschulabsolventen mit den entsprechenden Fachkenntnissen haben durchaus ihre Berufschancen in der Gesellschaft. Der Lehrerberuf stand und steht an erster Stelle, aber auch Wissenschaftsinstitutionen, Kulturverwaltung und Wirtschaft bieten offene Berufsfelder. Daß derzeit ein starkes Überangebot an Bewerbern um Stellen besteht, liegt keineswegs an der unzeitgemäßen Beschaffenheit des Studienfaches, sondern an den unproportional hohen Studentenzahlen, die leider die Universitäten in überwiegend wenig angemessener Ausbildung verlassen.

Die Verantwortung dafür liegt bei den Administrationen, denen der Bildung und denen der Hochschulen. Die aktuellen Versuche zur Umpolung des Faches auf Berufsbezogenheit sind ein schwerer Fehler, denn die Berufsbezogenheit orientiert sich in der Praxis an der fachlichen Leistungsfähigkeit der Absolventen. Berufsbezogenheit läßt sich nicht an die Stelle von Sprach- und Literaturkenntnissen setzen, sondern sie fordert, daß akademisches Wissen in tätige Praxis und in mögliche Anwendung und Verwendung im sozialen Raum umgesetzt wird. Wer das Fach Germanistik weniger beherrscht, hat doch nicht bessere Berufschancen.

Eine willkommene Grundlage für derartige Diskussionen ist der von Günter Blamberger, Hermann Glaser und Ulrich Glaser herausgegebene Sammelband *Berufsbezogen studieren. Neue Studiengänge in den Literatur-, Kultur- und Medienwissenschaften* (München: Beck 1993), der neben "Neuen berufsbezogenen Studienangeboten in den Literatur-, Kultur- und Medienwissenschaften" (S. 119-237) heiße, zum Teil hitzige Statements "von der Not der Lehre und den Überlebensmöglichkeiten der Geisteswissenschaften" bringt, aus mit Verlaub meist stumpfen Federn von Wissenschaftlern, Wirtschaftlern und Politikern.

Die Revue der abgedruckten Studiengänge deutscher Universitäten ist beeindruckend. Da zeigt sich, wo die Bildungsstrategen die Rettung für die frustrierten geisteswissenschaftlichen Studenten sehen: fünfundzwanzig Lehrstätten bieten Studiengänge der Kulturwissenschaft an, vierundzwanzig der Medienwissenschaft. Was kann ein Student mit dem Magisterstudiengang 'Kulturwissenschaft', 'Kulturmanagement' anfangen, wenn die Lehrinhalte und Schwerpunkte nur Theorien, Organisations- oder Vermarktungspraktiken bieten und keine Grundlagen zur Erarbeitung von Literatur, Kunst, Denken usw. in ihrer Geschichtlichkeit enthalten, woraus ja Kultur entsteht?! Wie sollen die Absolventen in der Praxis kreativ sinnvoll arbeiten können? In Kürze werden zahlreiche Kulturmagister ante portas stehen und ebenso frustriert wie die Literaturwissenschaftler feststellen können, daß es für sie zu wenig Stellen gibt, abgesehen von der Frage, ob sie aufgrund der angekündigten Lehrinhalte und Studienschwerpunkte überhaupt auf die Berufspraxis hinreichend vorbereitet sind. Die Medienwissenschaftler mögen da evtl. bessere Chancen haben, da Film, Fernsehen und Theater zunehmend mehr Mitarbeiter benötigen. Ob allerdings die theoretischen Universitätsausbildungen den Anforderungen der Praxis genügen können, steht dahin. Von der Germanistik aus gesehen mögen solche Vollstudiengänge insofern akzeptabel sein, als sie Studenten in andere Bahnen leiten; eine saubere Trennung der neuen Fächer bzw. Studiengänge könnte eine wünschenswerte Entlastung in der Germanistik herbeiführen. Aber falsch und gefährlich wäre eine Modifikation des Fachgebiets Germanistik in Richtung auf Kulturwissenschaft bzw. Medienwissenschaft, da alle drei Gebiete ihre eigenen Verfahren, Lehrinhalte und Fachperspektiven haben. Andernfalls würde es zu einem grauenhaften Dilettantismus kommen. Aber auch bei den neuen Studiengängen erheben sich Bedenken, ob die Universitäten derzeit überhaupt in der Lage sind, diese Studiengänge berufsbezogen sinnvoll durchzuführen, da sie keine unmittelbare Beziehung zur Berufspraxis haben und theoretische Simulation betreiben müßten, die für die Berufsadepten gefährlich werden kann, da die Realität jeweils doch anders ist.

Auch manche der modernisierten, wie es scheint bereits beflissen 'entrümpelten' Studiengänge in der Germanistik stimmen bedenklich im Hinblick auf ihre fachliche Leistungsfähigkeit. Da empfiehlt sich zum Beispiel ein Diplomstudiengang mit den Schwerpunkten 'Literaturvermittlung', 'Journalistik' oder 'Deutsch als Fremdsprache'. Ein solcher grundständiger Studiengang nimmt anscheinend gar nicht mehr darauf Rücksicht, daß die Absolventen erst einmal in den Griff bekommen müssen, was sie denn zu vermitteln haben. Mit Überraschung stellt man auch fest, daß es einen 'Studiengang Literaturwissenschaft: berufsbezogen' gibt, der sich gegen eine 'normale' Ausbildung in Literatur- und Sprachwissenschaft qualifizieren möchte. Als ob das herkömmliche Studium nicht ebenso berufsbezogen wäre. Die anvisierten Tätigkeitsfelder in Verlag, Zeitung, Theater, Kulturmanagement, Film, Fernsehen usw. sind nicht *mehr* berufsbezogen als der Lehrerberuf, und sie fordern in genau demselben Maße die gleichen Elementarkenntnisse und Fähigkeiten. Da wird man eher mit dem Hamburger Angebot eines Magisterstudienganges 'Deutsche Sprache und Literatur' sympathisieren, der zwar nichts Neues bietet, aber in sinnvollem Leistungsanspruch das thematisiert, was man von einem Grund- und Hauptstudium des Fachgebiets Germanistik erwarten kann, mit dem berufsbezogenen Ziel, für eine "Vielzahl unterschiedlicher Tätigkeitsfelder" zu qualifizieren. Die Möglichkeiten zur Koppelung mit einem Nebenfachstudiengang Medienkultur erscheint sehr sinnvoll und perspektivisch.

Der Kernsatz der Hochschulrektorenkonferenz 1992 in ihrem "Konzept zur Entwicklung der Hochschulen in Deutschland", der besagt: "Ziel universitärer Lehre sind berufsfähige, mit Grundlagenwissen und Methodenkenntnissen eines Faches ausgestattete Absolventinnen/en", ist eigentlich die Aufforderung, vom einzelnen Fach aus die Reformkonzeption so zu gestalten, daß die Grundlagen und die Verfahrensweisen des betreffenden Studienfaches auf wissenschaftlich verantwortbarem Niveau zum Ziel der Ausbildung in Grund- und Hauptstudium werden.

Das fordert von den einzelnen Fächern eine Rückkehr zur wissenschaftlichen Substanz und Lehre, ohne auf phantasmagorische Berufsperspektiven zu schielen. Je sachgerechter, umfangreicher und vertiefter die Fachausbildung erfolgt, desto höher sind die Berufschancen. Auffälligerweise wird in diesem Buch, das sich dem Studium der 'Literatur-, Kultur- und Medienwissenschaften' widmet, die ja alle etwas mit 'Literatur' zu tun haben, vom wissenschaftlichen Umgang mit Literatur und Sprache kaum geredet, obwohl das eigentlich das Wesen des Studiums und dessen beruflicher Verwendung ist. Ein Studium der Literatur richtet sich simplerweise immer noch an der Literatur, d.h. an der Welt der Texte in ihrer Geschichtlichkeit und als deren sprachliche Fixierung aus; Sprachstudium und Literaturstudium sind eng verbunden. Die Konsequenzen daraus werden hier glatt übersehen. Katastrophal und für die Zukunft verhängnisvoll erscheint mir allerdings die

Neigung, die Universitätsleistung mit der Erfüllung von Grund- und Hauptstudium zu identifizieren. Keines der Konzepte erwähnt auch nur, daß zur Universitätsarbeit die Forschung und die Einführung in die Verfahrensweisen der Forschung gehören. In dieser Hinsicht muß im Zuge der Reformkonzepte der Germanistik schärfster Widerspruch erfolgen. Die Herausgeber waren – wenn dahinter nicht ein unterschwelliger Ansatz liegt – schlecht beraten, das Aufbaustudium und die Integration der Forschung auszuklammern.

5. Forderung

Für die Zeit des Studiums bis zum Hochschulabschluß – etwa 8-9 Semester – und für eine evtl. anschließende wissenschaftliche Qualifikation durch Promotion sind für die Studenten Existenzvoraussetzungen zu schaffen, die es ihnen ermöglichen, ihre volle Kraft vom ersten Tag an dem Studium zu widmen, um in dieser Zeit unabhängig vom 'Zuverdienen' zu sein.

Der Erwerb des fachspezifischen Wissens, der Methodik und deren Einübung bilden ja nur einen kleinen Teil des gesamten Fachstudiums. Die eigentliche Studienleistung besteht in der Bewältigung eines immens umfangreichen Lektürepensums, quer durch die Literatur. Die tatsächliche Unterrichtszeit macht nur einen geringen Prozentsatz der Ausbildung aus, insofern ist es wenig sinnvoll, ein Studium nach Semesterwochenstunden zu fixieren. Die Ansicht, daß die vorlesungsfreien Zeiträume gerade die wichtigste Zeit für Studien sind, hat alles für sich. Wer sich nur auf den akademischen Unterricht verläßt, wird sein Studium nie zum Erfolg bringen, denn alles, was er in Seminar und Vorlesung empfangen kann, sind Anregungen, Verfahrensweisen, Erklärungen, Empfehlungen, Hinweise, die auf eigenständige Anwendung und Umsetzung zielen, und zwar in Hinblick auf sachgerechte spezifische Lektüre, auf Reflexion über sich ergebende Probleme, auf Erprobung erster Ergebnisfixierungen. Dies ist an sich der simple Weg zur angestrebten Kreativität, zur Praxis und letztlich zum Gewinn von Sicherheit im eigenen Urteilen und Entscheiden und ihn geht auch ein – leider – sehr kleiner Teil der Studenten; der Erfolg gibt ihnen recht, wie man immer wieder bestätigt findet. Aber die Masse findet sich darin nicht zurecht, sie weiß anscheinend nichts mit der Eigenverantwortlichkeit für die Ausbildung anzufangen und reiht zunehmend frustriert Semester an Semester, meist unter selbsttäuschenden Vorwänden oder unter Klagen über angeblich marode Studien- und Universitätsverhältnisse. Die Praxis des akademischen Unterrichts läßt in den letzten Jahren eine immer ärgerlicher werdende Reibungsfläche zwischen Studenten und Dozenten erkennen: die meisten 'modernen' Studenten lesen nur noch sehr unwillig Texte, geschweige, daß sie sich in sie im eigentlichen Sinne des Wortes studierend vertieften; der Dozent ist aber auf die vertiefte Textkenntnis des Studenten angewiesen, um ihm literaturwissenschaftliche, linguistische, textologische, historische u.a. Phänomene im und am Text erfahrbar zu machen. Es gibt durchaus mehrere Gründe für diese studienwidrige Haltung; Faulheit und Desinteresse spielen dabei eine verschwindend geringe Rolle. Vielmehr begegnen als Gründe Mangel an Zeit, Erschöpfung, andere Pflichten. Und das führt geradewegs in die vielfach sehr ungünstigen Lebensverhältnisse der Studenten, die nicht aus eigener Tasche ihr Studium finanzieren können. Sie jobben im laufenden Semester, um einen nötigen Zuschuß zu den Lebenshaltungskosten zu gewinnen (man denke nur an die ungeniert hohen Mietforderungen für möblierte Zimmer); in der Semesterpause sind sie meistens voll tätig – so kommen sie erschöpft in die Hörsäle und sind unkonzentriert und schläfrig. Mit anderen Worten: bei vielen unserer Studenten stimmen die erforderlichen Voraussetzungen für ein konzentriertes, forderndes Studium nicht. So wird das Studium zur Qual, dehnt sich aus und endet im resignierten Abbruch – jenseits der Schuld des Dozenten, die um straffe Ausbildung bemüht sind.

Hier liegt ein weiteres Dilemma der deutschen Massenuniversität vor: Solange die Voraussetzungen für die Lebenshaltung der Studenten nicht 'normal' sind, ist eine fachlich angemessene Ausbildung kaum einzuhalten. Wenn die Ministerien mit dem Zaunpfahl der 'Entrümpelung', mit 'Studienzeitverkürzung', Examenserleichterungen (Freischuß) u.a. winken, dann besteht Gefahr für das Niveau der Ausbildung und für die spätere Berufsqualifikation. Dazu darf es nicht kommen – schon aus Verantwortung gegenüber der Gesellschaft. In einem so anspruchsvollen Studiengang wie dem der Literatur- und Sprachwissenschaft können die Dozenten nur mit unbelasteten Studenten in einem festgesetzten Zeitrahmen erfolgreich und verantwortlich arbeiten. Eine angespannte Lebenssituation verhindert das, was der Student für seine konzentrierte Studienzeit benötigt: Ruhe und Zeit zum Studieren des umfangreichen Textpensums, gute körperliche Verfassung und wachen Geist – gewiß Banalitäten, aber die Erfahrung lehrt, daß der Mangel daran studienhemmend, ja studienverhindernd bzw. studienverlängernd wirkt. Der Dozent kann den Studenten nur fördern und fordern, wenn dieser sich frei, offen und unbelastet dem Studium widmen kann. Schlechte Unterbringung, existenznotwendiges Jobben, ungesicherte Lebensverhältnisse führen direkten Wegs zur Studienzeitverlängerung. Hier liegt ein großes Problem vor, das bei der anstehenden Reform 'von oben' einer dringenden Lösung bedarf. Die Ausbildungsförderung ist eine öffentliche Aufgabe; die augenblickliche bildungspolitische Schizophrenie – einerseits keine angemessenen Voraussetzungen (Stipendium, Wohnheim, Studienplätze und Studienmaterialien), andererseits festgeschriebene Studienzeiten, ein fester Anforderungskanon – bedarf schleunigst einer sachgerechten Lösung: nur angemessene Voraussetzungen, klare Ausbildungsbedingungen und -verfahrensweisen können erforderliche Fachleistungen erbringen. Stimmen Voraussetzungen und Bedingungen nicht, sinkt das Niveau. Von ihm aber hängt letztlich die intellektuelle Zukunft, sprich die innovative Kreativität und Produktionskraft unseres Landes ab. Dafür ist jeder Einsatz von vornherein gerechtfertigt.[1]

---

1 Einige dieser Forderungen habe ich bereits als Einleitung zum Rahmen-Thema 'Germanistik-Reform' im Jahrbuch für Internationele Germanistik 26 (1994) H. 1, S. 8-24, veröffentlicht. Sie sind für diesen Beitrag ergänzt und aktualisiert worden.

Germanistik als politische Wissenschaft

Norbert Oellers

Das Thema könnte auch lauten "Germanistik und Politik"; denkbar wäre auch "Germanistik als unpolitische Wissenschaft"; dann würde der Vortrag kein prinzipiell anderer sein. Ich möchte beschreiben, wie sich die Germanistik, seitdem sie sich als Wissenschaft etabliert hat, zu den staatlichen (oder allgemeiner gesagt: zu den gesellschaftlichen) Problemen des Landes, dessen Sprache und Literatur ihre Forschungsgebiete bestimmen, in der Vergangenheit verhalten hat und welche Folgen aus diesem Verhalten erkennbar sind. Die gegenwärtige Situation als das in vielen Jahrzehnten Gewordene soll am Ende ein wenig bedacht werden.

Aus praktischen Gründen beginne ich nicht mit der germanistischen Urgeschichte, also mit Martin Opitz, der 1624 in seinem *Buch von der Deutschen Poeterey* lebhaft dafür plädiert hat anzuerkennen, daß auch Deutschland, wo die "rawe vnd vngeschlachte Lufft" den Musen nicht günstig sei, "zue der Poesie tüchtige ingenia" hervorbringen könne, die in ihrer Muttersprache zu dichten durchaus fähig seien; einstweilen auch nichts von der Herausbildung der Germanistik als einer wissenschaftlichen Disziplin in der ersten Hälfte des 19. Jahrhunderts. Zunächst sei etwas über die zwanziger und dreißiger Jahre dieses Jahrhunderts gesagt, danach erst geht's ins 19. Jahrhundert, schließlich in die Zeit nach dem Zweiten Weltkrieg.

"Die Germanisten schwatzten von Goethes Liebschaften, von Goethes Lebenshaltung, spreizten sich mit unwichtigen Einzelheiten, und draußen bereiteten sich Ereignisse vor, vor denen jedes persönliche Schicksal wesenlos, jede Betonung des Privaten lächerlich wurde." So befand Bertolt Brecht, als er sich an die Germanistik am Vorabend des Nationalsozialismus erinnerte. In der Tat waren die anderthalb Jahrzehnte zwischen Erstem Weltkrieg und Hitler-Zeit in Deutschland eine Zeit der dezidiert unpolitischen Literaturwissenschaft, die Zeit der sogenannten Geistesgeschichte, in der von angesehenen Schriftstellern sowohl wie von Germanisten über Gegensatzpaare wie Geist und Tat, Kultur- und Zivilisation, Kunst und Politik, Dichtung und Literatur viel gesprochen und fast immer eindeutig geurteilt wurde.

Unter denen, die der Weimarer Republik an ihrer Wiege Grabreden hielten, war, wie bekannt, Thomas Mann, der in seinen *Betrachtungen eines Unpolitischen* dekretiert hat, "daß Demokratie, daß Politik selbst dem deutschen Wesen fremd und giftig" seien. "Der Unterschied von Geist und Politik enthält den von Kultur und Zivilisation, von Seele und Gesellschaft, von Freiheit und Stimmrecht, von Kunst und Literatur; und Deutschtum, das ist Kultur, Seele, Freiheit, Kunst und nicht Zivilisation, Gesellschaft, Stimmrecht, Literatur." Nicht zuletzt für die "Betrachtungen eines Unpolitischen", also für seine antirepublikanischen und antidemokratischen Bekenntnisse hat Thomas Mann im August 1919 die Ehrendoktorwürde der Philosophischen Fakultät der Universität Bonn erhalten, auch wenn im Diplom nur der *Buddenbrooks*-Roman als besonders ausgezeichnetes Werk genannt wird. Der Entzug des Doktortitels Mitte Dezember 1936 schloß sich der Ausbürgerung des Republikaners und Demokraten Thomas Mann an, der auf einer 39 Personen umfassenden *Liste von Volksschädlingen* ("Hetzer, die Deutschland ausstößt") stand, die am 2. Dezember in Berlin veröffentlicht worden war.

Was dem anerkanntesten Repräsentanten der deutschen Dichtung recht war – mußte es nicht den Dichtungswissenschaftlern billig sein? (Grünes Holz – dürres Holz; siehe Luk. 23,31.) Einer der profiliertesten Germanisten der zwanziger Jahre (wie auch der folgenden drei Jahrzehnte), Fritz Strich (der mit Thomas Mann verbunden war und, wie dieser, für den Nationalsozialismus nur Abscheu empfand; 1882-1963) – Fritz Strich, ein klassischer Vertreter der Geistesgeschichte (seine Spezialität war die 'Stilgeschichte'), hat 1928, kurz vor seinem Weggang in die Schweiz, gegen den engen Zusammenhang von Dichtung und Literaturwissenschaft auf der einen, Politik und 'praktischem Leben' auf der anderen Seite heftig polemisiert; aus dem "Geiste der Zivilisation" seien in den letzten Jahrzehnten Un-Dichtungen in großer Zahl entstanden: "unschöpferisch, nur reproduzierend und photographierend, beobachtend, schildernd und beschreibend, analysierend und experimentierend und Probleme lösend". Nicht das Leben dürfe Richtschnur der Dichtung sein, sondern diese sei "der notwendigste Ausdruck und die wesenhafteste Sprache des ganzen und ewigen Menschen, und darum ist sie wirklich das höchste Maß des Lebens." Die Geistesgeschichtler, zum großen Teil gebildete Menschen, deutsche Spät- oder Nach-Idealisten, die sich fast ausnahmslos im Studium der klassischen und romantischen deutschen Literatur bewährt hatten (Hermann August Korff gehört zu ihnen und Rudolf Unger und Julius Petersen und Paul Kluckhohn, auch Oskar Walzel), sie alle glaubten Bescheid zu wissen über das 'Wesen' der Dichtung und waren überzeugt, daß diese ausgezeichnet sei durch eine von der Wirklichkeit (der Politik) scharf getrennte Idealität. Sie hingen dem zeitweilig von Schiller genährten Traum an, daß – wenn überhaupt – nur durch weltabgewandte Kunst die Welt zum Guten verändert werden könne. Sie versäumten es, sich als Vermittler zwischen Kunst und Leben wenigstens zu versuchen.

Das hier skizzierte Bild ist holzschnittartig, aber hoffentlich keine Karikatur. Im Vertrauen darauf sei ein weiterer Holzschnitt angefertigt. Als die braune Flut der Deutschen über Deutschland kam, gab es keine Dämme, die diese Flut wirkungsvoll behinderten. Wer sich nicht freudig mitreißen ließ, mußte sorgen, daß er ins Trockene kam, irgendwo in der Welt, oder er mußte seinen Platz am Rande der Strömung, in der Nähe des Festlands suchen. Von den wenigen, die Widerstand leisteten (und zum größeren Teil einen hohen Preis zahlten), ist hier nicht zu sprechen. Die Wissenschaften hatten, als das Demokratie-Experiment der Weimarer Republik scheiterte, keine politischen Argumente gegen das Neue, das nun die politische Stellungnahme erzwang. Es hatte, wie wir wissen, die Stunde der Komplizen und Mitläufer, der Denunzianten und Profiteure geschlagen; viele Germanisten gehörten zu ihnen (wie auch Vertreter aller anderen wissenschaftlichen Disziplinen).

Die Germanistik des Dritten Reichs ist kein Bastard, gezeugt von politischer Unnatur und großmannssüchtiger Kleingeisterei, sondern ein legitimes Kind einer einst angesehenen Mutter (der Geistesgeschichte der zwanziger Jahre) und einem jüngeren gewalttätigen Vater: dem rassenwahnsinnigen Chauvinismus. Das Kind ist nicht die Frucht einer Vergewaltigung. Die Germanistik als politische Wissenschaft wurde, wie die Lage nun einmal war, nicht selten zur Erfüllungsgehilfin des Bösen, auch wenn sie es nicht sein wollte.

Darüber wissen wir ja längst Bescheid: daß Franz Koch in Berlin (auch er ein sehr respektierter Klassik- und Romantik-Forscher) ein besonders rabiater Parteigänger der Nazis war; daß Julius Petersen in Berlin hin- und herlavierte, Hitler den Vollender des von Goethe ersehnten Staates nannte und gleichzeitig Kollegen vor terroristischer Verfolgung zu schützen bemüht war; daß Josef Nadler in Wien triumphierte, weil sein Lebenswerk Bestätigung gefunden hatte ("Glaube, Wille und Ordnung des nationalsozialistischen Werkes sind darauf ausgerichtet, aus dem Volkskörper alle fremdrassischen Lebenszellen auszustoßen"); daß Heinz Kindermann (auch in Wien) "den schöpferischen Vorgang des Dichtens [nur noch] als biologischen Vorgang, als einen Blutkreislauf der Seele und des Geistes verstehen" wollte; daß schon 1934 die altehrwürdige Zeitschrift *Euphorion* ihren Namen in *Dichtung und Volkstum* änderte mit der Begründung, "daß auch die Wissenschaft von der Dichtung immer das Volkstum im Auge halten wird als den Grundwert, der alle ästhetischen, literarhistorischen, geistesgeschichtlichen Werte trägt und nährt." Einfacher läßt sich nicht beschreiben, wie sich die Geistesgeschichte selbst pervertiert hat – mag sein, ohne es selbst zu merken.

Daß sich hinter der anscheinend politischen Haltung vieler Germanisten oft ein beträchtliches Maß politischer Blindheit verbarg, läßt sich leicht denken. Nicht jeder, der seine Vorlesung mit dem "Deutschen Gruß" begann und endete, wußte, daß er einem Verbrecher seine Reverenz erwies. Zu den tumben Toren, den sonderbaren Schwärmern (zu denen nach dem zutreffenden Urteil Philipps II. in Schillers *Don Karlos* der Marquis Posa zählte) gehörte auch der Bonner Literarhistoriker Hans Naumann, der erst nach dem Krieg gewahr wurde, welchen Irrtümern er jahrelang erlegen war. Eine Anekdote (die mir seine Tochter erzählt hat) kann seine politische Uninformiertheit (um nicht zu sagen: Naivität) beleuchten: Hans Naumann hatte noch 1944 einen Ruf auf einen germanistischen Lehrstuhl in Breslau erhalten. Anfang 1945, kurz vor der Evakuierung der Breslauer Bevölkerung (die Stadt war seit Monaten eine belagerte Festung), packte der Gelehrte eines Tages seine Koffer, um in der Ferne mit den Berufungsverhandlungen zu beginnen. Seine Familie mußte ihn darüber aufklären, daß wegen der militärischen Lage an Verhandlungen nicht zu denken sei. Hans Naumann war, auf Grund seines Hangs zur unpolitischen Lebensführung, ein politischer Wissenschaftler besonderer Art. Von seiner Bücherverbrennungsrede am 10. Mai 1933 auf dem Bonner Marktplatz soll hier ebensowenig gesprochen werden wie von seiner Hochschätzung Thomas Manns.

Germanistik als historische (und damit ja wohl auch: politische) Wissenschaft – zu diesem Thema hat sich Walter Benjamin 1931 in einem Essay *Literaturgeschichte und Literaturwissenschaft* geäußert, wobei es ihm vor allem darauf ankam, die Fragwürdigkeit der von ihm so genannten "kulturhistorischen Methode" der jüngsten Vergangenheit ans Licht zu bringen, die sich – im "geilen Drang aufs große Ganze" – mit "synthetischem Gebaren" um jede geschichtliche Erkenntnis gebracht habe. Ein Sumpf breite sich in der Literaturwissenschaft aus, in der "die Hydra der Schulästhetik mit ihren sieben Köpfen: Schöpfertum, Einfühlung, Zeitentbundenheit, Nachschöpfung, Miterleben, Illusion und Kunstgenuß zu Hause" sei. Die zeitgenössischen Germanisten hätten nichts mehr von jener "Haltung, die die frühe Germanistik geadelt hat", womit Benjamin nicht Positivisten wie Wilhelm Scherer und Erich Schmidt meinte, sondern die "Brüder Grimm, die die Sachgehalte nie außerhalb des Wortes zu fassen suchten und nur mit Schauder von 'durchscheinender', 'über sich hinausweisender' literaturwissenschaftlicher Analyse hätten reden hören." "Freilich ist", fährt Benjamin fort, "die Durchdringung von historischer und kritischer Betrachtung keiner Generation seitdem in annähernd ähnlichem Grade gelungen." Hauptaufgabe der Literaturwissenschaft ist ihm die Literaturgeschichte, die zeigen solle, daß "die Literatur ein Organon der Geschichte" (und nicht bloßer Stoff für die Geschichtsschreibung) sei: "Denn es handelt sich ja nicht darum, die Werke des Schrifttums im Zusammenhang ihrer Zeit darzustellen, sondern in der Zeit, da sie entstanden, die Zeit, die sie erkennt – das ist die unsere – zur Darstellung zu bringen." Damit ist dem Historismus positivistischer Fasson ebenso eine Absage erteilt wie dem versteckten Aktualismus der sich selbst feiernden Geistesgeschichte und dem offenen Aktualismus der nur zeitgeschichtlich interessierten Pseudo-Historiker, die sich mehr und mehr im Lager des historischen Materialismus leninistischer Prägung sammelten. Benjamin geht es um nicht mehr und nicht weniger als um die Aktualisierung der Geschichte durch die Geschichtswissenschaft, für deren wichtigste Disziplin er die Literaturgeschichte hält. Dichtung – jede Dichtung – ist für ihn ein gesellschaftlicher Prozeß, der nicht abschließbar und daher immer nur beschreibend auf seinem letzten Stand fixierbar ist. Dichtung – jede einzelne Dichtung – ist ein gesellschaftliches Phänomen, gestern, heute, morgen – und immer anders. Wer's versteht, für den ist die Literaturwissenschaft politisch, ohne 'gemein' zu sein.

Die Hochachtung, die Benjamin der frühen Germanisten-Generation gezollt hat, ist natürlich darin begründet, daß sie sich, in dem angedeuteten Sinn, als eminent politisch verstanden hat. Davon kann hier nur mit wenigen Sätzen gesprochen werden. Es ist hinlänglich bekannt, daß sich die Emanzipation der germanischen (oder germanistischen) Philologie von der um 1800 noch dominierenden Altphilologie unter dem Druck der politischen Verhältnisse vollzog. Zur Zeit der "tiefsten deutschen Erniedrigung" (wie schon Zeitgenossen die Situation beschrieben), als die Deutschen – von 1806 bis 1813 – Napoleon anheimgefallen waren, regte sich der politische Widerstand nicht zuletzt in den Köpfen der geistigen Elite des Volkes, v.a. bei denen, die davon überzeugt waren, daß die Kulturgeschichte Deutschlands – vom Mittelalter bis zur Gegenwart – glanzvoll genug sei, um die politische Misere kompensieren und später mit ihrer Hilfe überwinden zu können. Zu den wichtigsten Zeugnissen deutscher Kultur zählten die in deutscher Sprache überlieferten Dichtungen, die mit den Werken Lessings, Klopstocks, Goethes und Schillers gerade zu unangefochtener Geltung (auch über Deutschland hinaus) gelangt waren. Die Erforschung der deutschen Literatur (des Mittelalters zunächst, der neueren Literatur etwas später), die um 1810 einsetzte, war in erster Linie politisch motiviert, und das politische Ziel wurde lange Zeit nicht aus den Augen verloren.

Nach der Vertreibung der Franzosen und den restaurativ-reaktionären Festlegungen des Wiener Kongresses waren die politischen Probleme des zerrissenen und in seinen Einzelstaaten mehr oder weniger absolutistisch regierten Deutschland kaum geringer geworden, und so gab es Gründe genug, die sich entwickelnde Germanistik als nationale Wissenschaft fortzusetzen und das politische Engagement zu verstärken. Zur Illustration mag ein Beispiel genügen: Jacob und Wilhelm Grimm, zwei der Gründungsväter der Germanistik, zwei der wackeren Göttinger Sieben, die 1837 offen gegen die Obrigkeit rebellierten und dafür ihre Amtsenthebung in Kauf nahmen – Jacob und Wilhelm Grimm traten 1838 mit ihrem Plan der Herausgabe eines *Deutschen Wörterbuchs* an die Öffentlichkeit. "Es soll von Luther bis auf Goethe den unendlichen Reichthum unserer vaterländischen Sprache [...] in sich begreifen", heißt es in einer Ankündigung. Und an der Zielsetzung des Unternehmens haben die Brüder nie einen Zweifel gelassen: Es solle dazu beitragen, das durch die Sprache einheitliche deutsche Volk in einen einheitlichen deutschen Staat (einen großdeutschen Staat) zu überführen. "Was ist ein Volk?" fragte Jacob Grimm 1846 und antwortete: "Der Inbegriff von Menschen, welche dieselbe Sprache reden." Nur durch Sprache könnten einem Volk seine Grenzen gesetzt werden.

Auch wenn die Blütenträume der Grimm-Brüder nicht reiften, so hatten sie mit ihrem Wörterbuch (das übrigens erst in den sechziger Jahren unseres Jahrhunderts – als ein bis zuletzt 'nationales', d.h. politisches Unternehmen – beendet wurde) doch einen gehörigen Anteil an jener politischen Germanistik, von der Rudolf Hildebrand (zwar einer der vorzüglichsten Mitarbeiter des *Deutschen Wörterbuchs*, aber auch einer der radikalsten Nationalisten des Faches) nach 1871 sagen konnte, daß von ihrem Gedeihen und ihrer Wirkung "das wiedererstehen der [deutschen] nation" entscheidend bestimmt worden sei.

Was für die Sprachwissenschaft vor der Reichsgründung gilt, gilt auch für die Literaturwissenschaft. Politisch völlig unterschiedlich denkende Literaturhistoriker wie Wolfgang Menzel, Georg Gervinus und Hermann Hettner schrieben ihre Literaturgeschichten unter derselben Prämisse: daß sie mit ihrer Arbeit einen Beitrag zur politischen Einigung der deutschen Nation leisteten.

Die gewonnene Einheit, so scheint es bei flüchtiger Betrachtung, bedeutete zunächst einmal das Ende der politischen Germanistik. Die naturwissenschaftlich exakt sein wollenden Gelehrten, die sogenannten Positivisten, bemühten sich um Fakten der Vergangenheit – um Liebeserlebnisse Goethes, um die Herkunft Schillers, um Krankheiten und Suizide von Dichtern, aber auch um deren Texte, um Kommata, u-Laute und Strophenformen; um Gesetzmäßigkeiten der Sprachentwicklung, um vermutete Gesetze poetischer

Produktion etc. Ein überaus fruchtbares Zeitalter war es, das positivistische, in dem Materialberge aufgehäuft wurden, die von den Nachfolgenden entsprechend ihrem Interesse und Vermögen genutzt werden konnten. Doch die Scherer, Schmidt & Co. forschten nicht, sine ira et studio, in Elfenbeintürmen, der Wissenschaft hingegeben um der Wissenschaft willen; sie empfanden sich immer auch als öffentliche, als politische Personen, nicht nur als akademische Lehrer, sondern auch als Lehrer der Nation. Ihre Wissenschaftlichkeit benutzten sie als Entréebillet ins politische Leben. Sie waren zum großen Teil konservativ-wilhelminisch, national und nicht selten nationalistisch.

Wilhelm Scherer, Großordinarius in Berlin, versicherte ein übers andere Mal, daß die Reichsgründung von 1870/71 ein welthistorischer Glücksfall sei, der den "deutschen Geist" als "einen absolut menschlichen Werth" ins Bewußtsein aller Völker und Nationen bringen könne. Er verlangte von der Germanistik, daß sie ein "System der nationalen Ethik", eine "nationale Güter- und Pflichtenlehre" begründen solle; diese sei durch eine Erforschung der großen deutschen Dichter (allen voran, immer wieder: Goethe) unschwer zu gewinnen. Sein Nachfolger auf dem Berliner Lehrstuhl eiferte ihm nach: Erich Schmidt war stets bestrebt, das Ansehen Deutschlands in der Welt im Namen Goethes zu mehren; als Präsident der Goethe-Gesellschaft hatte er viele Gelegenheiten, seine Gesinnung zu bekunden: daß an dem Bündnis von Thron (der in Berlin stand) und Altar (der Goethe in Weimar errichtet war) festgehalten werden müsse, um die Größe Deutschlands nicht in Frage zu stellen. Indem eine anscheinend unpolitische Germanistik von dezidiert politischen Germanisten betrieben wurde, bereitete sich das Ende dieser Verbindung vor. Mit dem Zusammenbruch des Zweiten Deutschen Reiches verloren, wie wir wissen, viele Hochschullehrer ihre 'politische Heimat'. In einer neuen wollten und konnten sie sich nicht einrichten. Sie protestierten und agitierten ein wenig; doch den meisten war ihre Wissenschaft, die sie geistesgeschichtlich betrieben, genug. Was aus dieser Germanistik als unpolitischer Wissenschaft wurde, habe ich schon angedeutet.

Als die Nazi-Zeit vorüber war, zogen viele Germanisten (wie Vertreter anderer Disziplinen) den schnellen Schluß, daß die Wissenschaft nur gedeihen könne, wenn sie auf strengste Separation von der Politik bedacht sei; die Vereinnahmung durch die Politik der jüngsten Vergangenheit habe gezeigt, zu welchen Deformationen es kommen müsse, wenn der Geist als Werkzeug der Macht mißbraucht werde. Wer so dachte und redete, unterschlug gewöhnlich das andere: daß viele Wissenschaftler (auch Germanisten) aus Überzeugung dem Unrechtsstaat gedient hatten; ferner: daß mit dem Credo zur unpolitischen Haltung der Anschluß an die zwanziger Jahre gesucht wurde (als ließen sich Löcher in die Geschichte reißen – Zwölfjahrlöcher oder Vierzigjahrlöcher; und dann wird das Geschichtstuch so zusammengezogen, daß es keine Löcher mehr gibt); schließlich: kein Wort davon, daß es notwendig sei, aus aktuellen politischen (nicht nur wissenschaftspolitischen) Gründen die Verfehlungen des Faches historisch 'aufzuarbeiten'.

Die westliche (nicht nur westdeutsche) Literaturwissenschaft hat sich über zwei Jahrzehnte zum großen Teil (in Forschung und Lehre) mit der Literatur beschäftigt, als sei diese 'unmittelbar zu Gott' und als müsse die Wissenschaft es auch sein. Das Interesse an der Geschichte war im wesentlichen ein akademisch-historisches. Kein Zweifel: die Leistungen auf dem Felde der Literatur-Interpretation waren durchaus beachtlich. Aber die Luft in den verschlossenen Gelehrtenstuben verbrauchte sich.

Als Richard Alewyn 1949 aus dem Exil nach Deutschland zurückkehrte, begann er seine erste Vorlesung in Köln – im Goethejahr über Goethe – mit der Bemerkung: "Es gibt wenig, was auf den Neuankömmling in Deutschland einen so bestürzenden Eindruck macht, als die Unbekümmertheit, mit der man sich allerorten schon wieder anschickt, Goethe zu feiern, als ob dies für einen Deutschen die natürlichste Sache der Welt wäre, als ob gar nichts geschehen wäre". Er sprach von dem fatalen Versuch des "Ausweichen[s] aus einer unbequemen Gegenwart in eine schönere Vergangenheit und aus den Verpflichtungen der Wirklichkeit in die unverbindliche Welt der reinen Geistigkeit".

Im selben Goethejahr 1949 feierte Johannes R. Becher, bald Kulturminister der DDR, "Goethe als Befreier" und bemerkte dabei: "Das Reich, das Goethe heißt, wiederzuentdecken ist gleichbedeutend damit, daß wir Goethe, den Befreier, befreien müssen aus den Händen derer, die sein Erbe so schändlich verschwendet und so schamlos mißbraucht haben. Die Schuld an dem Tode von über 50 Millionen Menschen, hingemordet in zwei Weltkriegen, haftet an ihnen, die heute sich nicht laut genug tun können mit der Forderung nach einer freien Persönlichkeit". Womit wir bei der östlichen (nicht nur ostdeutschen) Germanistik nach 1945 wären – einer (wieder) sehr politischen Wissenschaft, einer Kommando-Wissenschaft, die darauf verpflichtet wurde, den Primat der Politik – und das heißt: der kommunistischen Partei – in allen Bereichen des gesellschaftlichen Lebens anzuerkennen. Da hier nicht im einzelnen dargetan werden kann, wohin dies im konkreten Fall geführt hat (auch zu erfreulichen Unbotmäßigkeiten, nebenbei bemerkt), sei nur ans Prinzipielle erinnert. Ein Zitat mag das Material für den Holzschnitt liefern: "Die sozialistische Parteilichkeit", heißt es in dem 1972 in Berlin (Ost) erschienenen Buch *Parteilichkeit und Volksverbundenheit,* "bildet die historisch höchste Stufe der Volksverbundenheit der Kunst; in ihr finden die Interessen und Ideale des Volkes ihren eindeutigen und konzentriertesten Ausdruck. [...] Darum bilden die Theorie und Praxis parteilichen sozialistischen Kunstschaffens die Grundlage und das Kernstück der sozialistischen Volksverbundenheit." Der "literarische Entwicklungsprozeß", heißt es im Kontext, werde "durch die marxistisch-leninistische Partei" geleitet. Aus den Vorgaben für die Literatur ergeben sich die Folgerungen für die Literaturwissenschaft, und auch da, wo diese sich mit der Literatur früherer Zeit auseinandersetzt, darf sie die sozialistische Gegenwart nicht aus dem Blick verlieren. Wie das etwa geht, hat Ulbricht selbst den Wissenschaftlern vorgemacht, als er 1962 die Frage stellte, warum Goethe nicht noch einen "Faust. Teil 3" geschrieben habe. Die Antwort: Goethes Zeit war dafür noch nicht reif. "Erst weit über hundert Jahre, nachdem Goethe die Feder für immer aus der Hand legen mußte, haben die Arbeiter und Bauern, die Angestellten und Handwerker, die Wissenschaftler und Techniker, haben alle Werktätigen der Deutschen Demokratischen Republik begonnen, diesen dritten Teil des 'Faust' mit ihrer Arbeit, mit ihrem Kampf für Frieden und Sozialismus zu schreiben." Es darf nicht unerwähnt bleiben: Schon lange vor dem Ende der DDR konnten manche Literaturwissenschaftler die Parteidoktrinen unterlaufen, indem sie sich um die internationale Reputation ihrer Wissenschaft sorgten – auch eine politische Germanistik.

Was sich in der zweiten Hälfte der sechziger Jahre (und danach) hierzulande in der Germanistik getan hat, betrifft, ob bekannt oder wieder vergessen, die Gegenwart unseres Faches, über die sich besser diskutieren als referieren läßt. Ich will daher nur zusammenfassen, was ich schon einmal öffentlich bemerkt habe, diesen Bemerkungen ein paar Äußerungen hinzufügen und dann zum Schluß kommen: Germanistik, eine politische Wissenschaft heute – wie? warum? und: sollte sie nicht unpolitisch sein? ist sie es nicht auch weitgehend? (Der Elfenbeinturm als Verlockung. Ich stelle mir vor: Täglich 20 Seiten Kollation, vielleicht Transkription schwieriger Handschriften Hölderlins oder Kotzebues oder Brechts, monatelang, jahrelang. Endlich sind alle Kommata am richtigen Platz.)

Dreißig Jahre zurück: Mitte der sechziger Jahre begann die Germanistik unter dem Eindruck des endlich erinnerten nationalistischen Treibens während der Zeit des Dritten Reiches, sich selbst zu kritisieren, v. a. ihr Versagen während der Diktatur, aber auch ihre selbstverordnete Elfenbeinturmexistenz in den beiden Dezennien danach. Auf dem Münchner Germanistentag von 1966, der sich mit dem Thema "Nationalismus in Germanistik und Dichtung" beschäftigte, begann eine Entwicklung, die noch nicht abgeschlossen, vielleicht auch nicht abschließbar ist. Es wurde der Versuch gemacht, sich, wie es hieß, "mit der Vergangenheit des eigenen Faches und mit den 'nationalen' oder auch 'nationalistischen' Traditionen der deutschen Sprach- und Dichtungsgeschichte auseinanderzusetzen". Im Zuge dieser Entwicklung, die durch die Studentenbewegung entscheidende Impulse erhielt, kam es zu einem ungefähren Konsens zwischen Lehrenden und Lernenden über die 'gesellschaftlichen Verpflichtungen' des Faches: Zwar sei dem Versuch der Vereinnahmung der Wissenschaft durch die Politik energisch zu wehren, doch die Wissenschaft dürfe nicht glauben, aus der Welt davonlaufen zu können. Es gab Ansätze zu Einverständnissen etwa darüber: Wird Literatur als historisches Phänomen, das durch den Wechsel der Zeiten hindurch lebendig geblieben ist, ernst genommen, dann gewinnt sie ihre Eigentümlichkeit aus der Veränderung ihrer sozialen Funktion. Mag ihr 'Wesen' auch ein- für allemal 'gültig' sein – an dem ständigen Wechsel der Verhältnisse zwischen Literatur (Dichtung) und Rezipienten ändert sich damit ja nichts grundsätzlich. Die Wissenschaft, die (endlich) solche Verhältnisse untersucht, will der Erscheinungen Flucht nicht Einhalt gebieten; noch viel weniger will sie so tun, als gebe es je einen Halt. Sie eignet sich nicht zur Stabilisierung von Geschichtsbildern, nicht zur Konstruktion von Mythen, nicht zur nationalen Identitätsfindung. Die Literaturwissenschaft kann den zuweilen geäußerten Wunsch nach 'positiven Wertsetzungen' und 'Sinnstiftungen' in 'Fragen der Nation' nicht (mehr) erfüllen, wenn sie sich nicht aufs neue dem Ideologieverdacht aussetzen möchte. Sie hat ganz andere, nicht weniger politische Aufgaben zu erfüllen.

Kein Zweifel: Die Germanistik der vergangenen Jahrzehnte war 'politischer' als die früherer Zeiten. Sie war (und ist) es nicht durch Dekret der politisch Mächtigen, sondern, wie schon einmal, an ihrem Beginn, aus freien Stücken und erklärtermaßen als versuchte Einmischung in Bestehendes, das als veränderungsbedürftig eingeschätzt wird. Was gibt sie damit auf? Ihre Autonomie? Ihre Wissenschaftlichkeit? Die 'reine Lehre'? Oder: Die eingegangene Verpflichtung der vorurteilsfreien Berichterstattung über Ergebnisse der Forschung im Tagaus/Tagein-Betrieb der universitären Ausbildung?

Zunächst zwei Seitenansichten: Am 11. Januar 1970, einem Sonntag, war der Kölner Soziologe Leopold v. Wiese gestorben. Vier Tage später sagte Benno v. Wiese, sein Sohn, zu den um ihn versammelten Assistenten vorwurfsvoll: "Das haben Sie nun davon. Jetzt ist mein Vater auch gestorben." Wovon 'hatten' wir den Tod des 93jährigen? Davon, daß wir – allesamt keine Revoluzzer, aber Befürworter von Veränderungen – die Unversität Leopold v. Wieses und seines Sohnes nicht öffentlich verteidigten. "Mein Vater ist am Untergang der deutschen Universität gestorben", klagte der Sohn und fügte hinzu: "wie vor kurzem auch Karl Barth und Karl Jaspers." Letztere, beide Schweizer, waren bei ihrem Tod 82 bzw. 86 Jahre alt. Die drei, die, wie Benno v. Wiese uns vorwarf, an der Studentenbewegung gestorben waren, sind zusammen über 260 Jahre alt geworden. Die Absurdität der Szene erklärt sich aus der tiefen Sorge des Betroffenen, die Studentenbewegung, die nicht zuletzt die Politisierung der Wissenschaften zum Ziel hatte, werde die deutschen Universitäten bis zur Unkenntlichkeit verändern und das Ethos wissenschaftlicher Arbeit unterminieren. Aus gehörigem Abstand läßt sich wohl sagen: Ohne die Studentenbewegung wäre die deutsche Universität vermutlich in eine viel größere Gefahr des Scheiterns durch Selbstaufgabe gekommen; diese hätte auch darin bestehen können, daß sich die Politik – wieder einmal – der politisch Ohnmächtigen stärker angenommen hätte, als diesen um ihres Lebens willen hätte zuträglich sein können. Im übrigen sei noch bemerkt, daß sich auch Benno v. Wiese der Entwicklung nicht völlig entzog; seine letzten Arbeiten belegen, daß er, ein wichtiger Repräsentant der geistesgeschichtlich und werkimmanent verfahrenden Germanistik, zunehmend die Literaturgeschichte als Sozialgeschichte ansah und sie 'von unten her' zu verstehen sich bemühte.

Zweite Seitenansicht: Ende der sechziger Jahre traf ich häufig im Weimarer Goethe- und Schiller-Archiv mit einem italienischen Kollegen zusammen, der mit unendlicher Hingabe und Akribie Handschriften transkribierte und kollationierte, um die Werke 'seines' Autors in mustergültiger Edition vorzubereiten. Es war Mazzino Montinari, der an seiner großen kritischen Nietzsche-Ausgabe arbeitete – erklärtermaßen aus politischen Gründen. Montinari, Mitglied der Kommunistischen Partei Italiens, ein Jünger Antonio Gramscis, verfolgte mit seiner Arbeit nicht zuletzt den Zweck, Nietzsche vom ordinären Präfaschismus-Verdacht zu reinigen, und das konnte nur geschehen, wenn sein Werk endlich veröffentlicht wurde, wie es überliefert ist. (Kein *Wille zur Macht* also, um nur ein Beispiel zu nennen.) Montinari zahlte für seine politische, auch wissenschaftspolitische Rastlosigkeit einen hohen Preis: An einem Novembermorgen des Jahres 1986 fiel er tot um, 58jährig. (Wie oft hatte er mich – wie ich ihn – gefragt: nach Buchstaben, nach Lesarten.)

Die literaturwissenschaftliche Landschaft der Gegenwart ist erfreulich und zugleich zum Erschrecken vielfältig, auch so unübersichtlich, daß die Öffentlichkeit, allen voran die Wissenschaftsjournalistik, schier verzweifelt und nicht selten resigniert. Der Ruf nach dem guten Alten, dem Übersichtlichen, wird immer lauter; "zurück zu Staiger" forderte vor nicht langer Zeit allen Ernstes ein Berufsschreiber in der ZEIT. Im alexandrinischen Zeitalter des sogenannten Methodenpluralismus, des "Anything goes" einer falsch verstandenen 'Postmoderne' überstürzen sich die Ansichten über Literatur im allgemeinen, über einzelne Werke im besonderen: miteinander, gegeneinander, durcheinander, gleichviel. Es wird gedacht, geschrieben, publiziert; in der Regel auch, dem Gedachten, Geschriebenen und Publizierten entsprechend, gelehrt. Weniger wird gelesen. Viel Unterholz bedeckt die Landschaft, gewiß, aber es blüht und grünt auch allerorten, was freilich nur dem erkennbar ist, der die Augen aufmacht, d.h. der liest. George Steiner, der hochangesehene Literaturwissenschaftler in Cambridge, hat vor ein paar Jahren kategorisch festgestellt, 90% des von der Germanistik Produzierten sei "grauer Morast". Er hat, so darf vermutet werden, dies gesagt, um deutlich zu machen, daß er zur verbleibenden 10%-Minorität gehört.

Da wir bei Zahlen sind, möchte ich noch einige statistische Befunde zum besten geben, die Joachim Teusch, Physiker an der Kernforschungsanlage in Jülich, 1991 auf einem Symposion mitgeteilt hat: Alle zehn Jahre verdoppelt sich die Zahl der wissenschaftlichen Arbeiten. (Um bei der Germanistik zu bleiben: Vorausgesetzt, im Jahr 1970 wären 1000 Aufsätze und Abhandlungen erschienen, dann wären es 1980 2000 und 1990 4000 gewesen; im Jahre 2000 ist demzufolge mit 8000 zu rechnen.) Etwa 10% der Arbeiten, so Teusch, würden von den Fachkollegen im Laufe von fünf Jahren nach der Veröffentlichung rezipiert (also: 100 germanistische Aufsätze 1970, 800 im Jahre 2000). Die Menge des gar nicht erst Beachteten nimmt also rapide zu.

Doch damit nicht genug: Die Frage "Was bleibt?", d.h. "Welche Arbeiten überdauern ihre Zeit?", beantwortete der Fachmann so: Man ziehe die 3. Wurzel aus der Zahl des Erschienenen, dann bekommt man die Zahl des Bleibenden. Von 1000 Arbeiten werden also 10, von 8000 Arbeiten 20 Aussichten auf ein längeres Leben haben; 990 bzw. 7980 werden dem Vergessen anheimfallen. Spielereien, gewiß, freilich sehr ernste.

Das Geschmacksurteil George Steiners und die Berechnungen Joachim Teuschs sollten keinen Germanisten abhalten zu publizieren, was vermutlich nie von Fachkollegen gelesen wird. Denn das Denken, Schreiben und Veröffentlichen ist um vieles besser als – vieles andere. Und die Aussicht, die Germanisten würden mithelfen, dem englischen Propheten Cyril Northcote Parkinson ein Schnippchen zu schlagen, der angenommen hat, der Bürokratismus werde sich so ausdehnen, daß er eines Tages die ganze Welt 'ausfülle', so daß diese an ihm zugrundegehen werde – diese Aussicht ist ja so übel nicht.

Germanistik – eine politische Wissenschaft? Die Frage ist nicht befriedigend zu beantworten mit Allerweltsweisheiten wie dieser: da die Germanistik, wie jede Geisteswissenschaft, im wesentlichen eine Geschichts-, eine Gesellschaftswissenschaft (auch eine Kommunikations-, Diskussions- und Orientierungswissenschaft) ist, da sie außerdem den Auftrag hat, Tausende von Studenten Jahr für Jahr so auszubilden, daß diese nicht völlig unvorbereitet ins Berufsleben kommen, ist sie, die Germanistik, wie selbstverständlich politisch. Eine Tautologie, über die kein noch so kurzer Vortrag gehalten werden muß. Befriedigender mag die Antwort auf die Frage nach der Besonderheit der Germanistik (hierzulande) sein: Sie hat die wichtige Aufgabe, die Zeugnisse der deutschen Sprache und Literatur zu sammeln, zu sichten, zu reflektieren und zu interpretieren, um die Geschichte dieses Landes verständlicher zu machen, damit, wie es Heine gesagt hat, der heutige Tag als Resultat des gestrigen begriffen werden kann – von dem, der den Tag begreifen will. Das kann um so überzeugender und letztlich um so wirkungsvoller geschehen, je weniger sich der Wissenschaftler bei seiner Arbeit von der aktuellen Politik, in die auf dem Marktplatz und in Parteiversammlungen eingegriffen werden kann und auch eingegriffen werden sollte, bestimmen läßt. Der politisch denkende und handelnde Germanist darf, wenn er die Welt verändern will, nicht den Umweg über seine Wissenschaft, die ihre von der Politik völlig unabhängigen Spielregeln hat, einschlagen wollen; er wäre dann kaum ernst zu nehmen. Freilich sollte ihm auch bewußt sein, daß er, weil er nicht in einem Elfenbeinturm lebt, auch in keinem Elfenbeinturm arbeiten kann. Er sollte es also auch nicht wollen. Sind nicht alle Elfenbeintürme unseres Faches in den letzten Jahrzehnten geschleift worden? Ist es nicht eine schöne Aussicht, sich durch die Feststellung 'richtiger' Texte, zu denen auch die Lesarten gehören, durch die Beschreibung und Deutung sprachlicher/literarischer Befunde von der unordentlichen Wirklichkeit, die von der Politik inszeniert und verwaltet wird, abheben zu können? Nur – das meint wohl die 11. Feuerbach-These von Karl Marx – wenn die Welt interpretiert ist (durch Philosophen und Philologen), kann sie auch, am besten durch Philosophen, Philologen und Künstler, verändert werden zum Besseren. Umwege sind dabei einstweilen – und vermutlich immer – das eigentliche Terrain der Wissenschaftler, die auf der Hut sein müssen, damit sie nicht von Rattenfängern, die das Gelobte Land versprechen, in einen Berg geführt und dort eingesperrt werden; dann könnten sie nicht einmal mehr Kompensationswissenschaftler sein.

Das geduldige, von der Raserei rundum nicht kommandierte, das sorgfältige Arbeiten im Stillen und am Kleinen – mit welcher Methode auch immer – ist eine vornehme Aufgabe der Wissenschaften, die ihre politische Aufgabe ernst nehmen.

Über die politische Bedeutung der Helena-Szene (im zweiten Teil von Goethes *Faust*) für das vereinigte Deutschland nachzudenken und zu schreiben, kann reizvoll und sinnvoll sein (anything goes), aber wichtiger für die Germanistik ist vielleicht die Besorgung des weniger spektakulären Geschäfts – des sorgfältigen Bibliographierens etwa, um nur ein in der Regel wenig geschätztes Geschäft zu nennen. Da ich schon am Anfang meiner Bemerkungen auf den großen politischen Germanisten Walter Benjamin zurückgegriffen habe, will ich ihm auch, aus Achtung, das vorletzte Wort geben: "Die Bibliographie ist eine [Hilfswissenschaft]", hat er gesagt. "Und zwar steigt deren Wichtigkeit mit dem Steigen der Buchproduktion. Nun gibt es Weniges, was für die kritische Lage der Wissenschaft so durchaus charakteristisch ist wie der Umstand, daß dieser steigenden Wichtigkeit ihre sinkende Beachtung seit Jahren parallel geht. [...] Die Bibliographie ist sicher nicht der geistige Teil einer Wissenschaft. Jedoch sie spielt in ihrer Physiologie eine zentrale Rolle, ist nicht ihr Nervengeflecht, aber das System ihrer Gefäße. Mit Bibliographie ist die Wissenschaft groß geworden, und eines Tages wird sich zeigen, daß sogar ihre heutige Krise bibliographischer Art ist."

Das letzte Wort: Alle Hilfswissenschaften der Germanistik, nicht zuletzt die Bibliographie, befinden sich heutzutage in einem keineswegs beklagenswerten Zustand. Daß ihre Hilfen zu wenig in Anspruch genommen werden – vor allem von denen, die mit ihrer Wissenschaft explizit Politik machen wollen –, ist eine Crux, die der Germanistik als einer politischen Wissenschaft im umfassenderen Sinne sehr hinderlich im Wege steht. Ob die Not hellsichtig macht, bleibt abzuwarten. Denkbar ist immerhin, daß die Gesellschaft irgendwann gar keine Literatur, keine Germanistik, überhaupt keine Geisteswissenschaft mehr braucht, weil das Von-Tag-zu-Tag-Leben auch ohne sie, mit Bildern aus der Klinik statt ihrer, gesichert ist; ob im Schwarzwald oder in München oder in Berlin.

Literaturwissenschaft und ökologisches Bewußtsein

Eine mühsame Verflechtung

Jost Hermand

Da ich auch literaturtheoretische Probleme – wie alle Probleme – nur entwicklungsgeschichtlich behandeln kann, muß ich bei einem Thema wie "Literaturwissenschaft und ökologisches Bewußtsein" zwangsläufig etwas zurückgreifen und kann nicht einfach von meinem gegenwärtigen Bewußtseinsstand ausgehen. Schließlich war der Weg vieler Vertreter meiner Generation zu einem kollektiven Verantwortungsgefühl, das auch die Schonung der Natur in sich einschließt, ein besonders langwieriger. Ich möchte daher mit der Frage beginnen: Was bedeutete es für einen jungen Menschen wie mich, in den frühen fünfziger Jahren, genauer gesagt zwischen 1950 und 1955, an einer elitären Provinzuniversität wie Marburg an der Lahn Germanistik, Geschichte, Philosophie und Kunstwissenschaft zu studieren, als dort geistig und politisch – nach der kurzen, aber tiefeingreifenden Phase des Nationalsozialismus – wieder einmal der Zustand der oft beschworenen "machtgeschützten Innerlichkeit" herrschte?[1] Wir Studierenden gehörten zu jenen 3,1 Prozent, die damals die westdeutschen Universitäten bezogen, und interessierten uns als Germanisten – unter dem Einfluß der Poetiken Emil Staigers und Wolfgang Kaysers – nur für die höchsten Formen der Literatur, also die Werke Goethes, Hölderlins, Kafkas, Trakls, Benns usw. Dagegen verachteten wir alle sogenannten Massenmedien, sprachen nie über Politik, standen unseren Professoren weitgehend kritiklos gegenüber und promovierten mit dem nötigen Fleiß im 8. oder 9. Semester.

Meine Hauptlehrer waren Fritz Wagner in der Geschichte, bei dem ich Seminare über den Fürsten Metternich belegte, sowie Friedrich Sengle in der Germanistik, der uns zur Lektüre der Biedermeierzeit anhielt. Und keiner von uns Studenten merkte, welches ideologische Programm dahintersteckte, nämlich die Adenauersche Restaurationsperiode mit dem auratischen Schein der Metternichschen Restaurationsperiode zu umgeben. Und wir ahnten auch nicht, daß viele unserer akademischen Lehrer ehemalige Nationalsozialisten waren und deshalb jede Auseinandersetzung mit Problemen des 20. Jahrhun-

---

1 Vgl. mein Buch: Als Pimpf in Polen. Die Erweiterte Kinderlandverschickung 1940-1945. Frankfurt a.M. 1993, S. 110-114.

derts als "unwissenschaftlich" ablehnten. Aus diesem Grunde zwang mich Sengle, mein Dissertationsprojekt über die Farbsymbolik in den Gedichten Georg Trakls aufzugeben und statt dessen über *Die literarische Formenwelt des Biedermeiers* zu promovieren, wobei er es ungern sah, daß ich hierbei auch Ausflüge in die Bereiche der mir durch die Kunstgeschichte vertrauten Biedermeiermalerei unternahm.

Daß in diesen Jahren fast alle westdeutschen Universitätsgermanisten sowohl der Beschäftigung mit der jüngsten Vergangenheit als auch dem sozialen Auftrag ihres Faches peinlichst aus dem Wege gingen, versteht sich nach dem Ebengesagten wohl von selbst. Dazu lag das Dritte Reich noch nicht weit genug zurück. Was auf literaturtheoretischer Ebene dominierte, war deshalb – neben einer unpolitischen Fundamentalontologie im Sinne Martin Heideggers sowie einer ästhetisierenden Formgeschichte der Literatur – das Beharren auf dem ewig-einen Status quo der durch nichts in Frage zu stellenden Kunstautonomie, das heißt jenem "Olymp des schönen Scheins", der sich angeblich weit über die Niederungen gesellschaftspolitischer Vorgänge erhebe und nur wenigen "Erwählten" zugänglich sei.[2] Der Umgang mit germanistischer Sekundärliteratur beschränkte sich demzufolge fast ausschließlich auf exquisite Formanalysen oder ein subjektives Angemutetsein. Und wir ließen es gut damit sein, ohne uns der Einseitigkeit unseres Tuns bewußt zu werden.

Nach dem Studium standen die Promovierten mit 24 bzw. 25 Jahren plötzlich draußen vor der Tür. Es gab in der damaligen Bundesrepublik fast keine Stipendien oder Assistentenstellen. Was es gab, waren lediglich Studienreferendariate, denn Lehrer wurden immer noch sehr gesucht. Weil jedoch der Lehrberuf für mich – wegen eines starken Sprachfehlers – zu diesem Zeitpunkt noch nicht in Frage kam, griff ich im Februar 1956 nach dem einzigen akademischen Strohhalm, der sich mir bot: nämlich dem Angebot des bereits emeritierten, sechsundsiebzigjährigen Marburger Kunsthistorikers Richard Hamann,[3] der seit 1947 Leiter des Kunsthistorischen Instituts der Humboldt-Universität war und durch Zufall meine epochenanalytisch angelegte Dissertation gelesen hatte, mit ihm für den Ostberliner Akademie-Verlag eine fünfbändige Kulturgeschichte des Wilhelminischen Zeitalters zu schreiben, deren Niederschrift ihm – wegen seines hohen Alters – nicht mehr

---

2 Vgl. Jost Hermand: Geschichte der Germanistik. Reinbek 1994, S. 121-130.
3 Über Richard Hamanns wissenschaftliche und politische Ansichten vgl. Peter H. Feist: Beiträge Richard Hamanns zur Methodik der Kunstgeschichte. Berlin 1980.

gelingen wollte. Da mich der Akademie-Verlag nur in Ostgeld bezahlen konnte, zog ich – auf seinen Wunsch hin – sofort nach Ostberlin um und begann einen Tag später an dem Band *Naturalismus* zu arbeiten, den ich im Frühjahr 1957 abschloß.

Die antifaschistische Gesinnung Hamanns, die Aufführungen des Berliner Ensembles, die Lektüre von Werken wie *Das Prinzip Hoffnung* (1953) von Ernst Bloch und *Die Zerstörung der Vernunft. Der Weg des Irrationalismus von Schelling zu Hitler* (1955) von Georg Lukács sowie die Arbeit an dem *Naturalismus*-Band und die damit verbundene Fragestellung einer proletarischen Milieuschilderung: alles elektrisierte mich nach den adenauerschbiedermeierlichen Jahren in Marburg und gab mir einen Sinn für gesellschaftliche Probleme, wie er bei mir und meinen Marburger Studienfreunden bis dahin nicht einmal in Ansätzen vorhanden war. Plötzlich waren es nicht mehr angeblich weltabgewandte, kunstautonome Dichtungen, sondern Epochenumbrüche, ideologische Polarisierungen, schichtenspezifische Verhaltensweisen und politische Entscheidungen, die mich bewegten, wenn auch noch immer unter weitgehender Nichtbeachtung realpolitischer Verfahrensweisen. Daher konnte das *Naturalismus*-Buch, das in eklatanter Weise gegen die Lukács'sche Formel "Naturalismus gleich rohe, ungeformte Wirlichkeit ergo keine Kunst" verstieß, nach zwei negativen Parteigutachten nur durch den mutigen Einspruch Hans Mayers erscheinen, der damals von Leipzig aus an den Akademie-Verlag schrieb: "In was für einem Staat leben wir denn, in dem Bücher vor ihrem Erscheinen, statt nach ihrem Erscheinen kritisiert werden."[4] Doch diese mich aufwühlende Schreibexistenz, in der ich viele meiner bisherigen subjektiven Autonomiekonzepte einer scharfen Kritik unterzog, währte nur zwei Jahre. Als Hamann Anfang 1958 von Wilhelm Girnus, dem allgewaltigen Staatssekretär für Hochschulfragen, auf höchst ungnädige Weise gestürzt wurde, erhielt auch ich den blauen Brief der Bezirksleitung der SED in Berlin-Königswusterhausen, doch gefälligst binnen achtundvierzig Stunden die DDR zu verlassen.

Als ich kurz darauf wieder in Marburg saß und weiter an den Bänden *Impressionismus* und *Stilkunst um 1900* arbeitete (wofür mir Ludolf Koven, der Leiter des Akademie-Verlags, unter der Hand Westgeldvorschüsse zukommen ließ), stieß ich überall auf verschlossene Türen oder kalte Schultern. Während der *Naturalismus*-Band in der DDR zum Teil mit den zwar nicht

---

4 Zur Situation Hans Mayers in der DDR zu diesem Zeitpunkt vgl.: Geschichte der Germanistik (wie Anm. 2), S. 137.

mehr eingestandenen, aber immer noch wirksamen Kriterien Lukács' abgelehnt wurde, wurde er in der ehemaligen BRD wegen seines angeblichen "SED-Jargons", das heißt seiner Tendenz ins "Kollektive" angegriffen. So undifferenziert verliefen damals die Fronten des Kalten Krieges.

Demzufolge war auch in dem anderen deutschen Staat für mich kein Bleiben, und ich ergriff zum zweiten Mal einen akademischen Strohhalm, der mir eine neue Existenzmöglichkeit bot, nämlich das Angebot, in den USA eine Assistenzprofessur für German Language and Literature an der University of Wisconsin in Madison zu übernehmen. Als ich nach einigem Suchen jenes seltsam-unbekannte Madison auf dem Atlas tatsächlich gefunden hatte, entschloß ich mich, diese Offerte anzunehmen – und ging im Herbst 1958 mit der nötigen Green Card als Auswanderer in eine Art Exil. Hier kam ich an ein Institut, dessen Mitglieder zwischen 1933 und 1941 zum Teil mit dem Nationalsozialismus sympathisiert hatten, sowie in einen Staat, in dem Joseph McCarthy, "the Senator of Wisconsin", bei den Reaktionären noch immer als eine Art Säulenheiliger galt. Doch in Fächern wie Geschichte und Soziologie wehte an dieser Universität, seit dem 1954 erfolgten Sturz McCarthys, bereits ein anderer, eher linker Wind, der 1959 zur Gründung der vielbeachteten Zeitschrift *Studies on the Left* führte, die sich zu Walter Benjamin, Ernst Bloch, Wilhelm Reich, Georg Lukács und später Herbert Marcuse bekannte und die deutsche Wissenschaftsgeschichte in faschistische und linksjüdische Strömungen einteilte.[5] In engem Kontakt zu deutschen Exiljuden bzw. ihren Söhnen und Töchtern, darunter George L. Mosse,[6] geriet ich so 1959 in Madison zum zweiten Mal in einen linkspolitischen, an überindividuellen Leitvorstellungen ausgerichteten Sog, der im Laufe der sechziger Jahre schnell zu einer wirkungsmächtigen Strömung anwuchs und mich geradezu täglich mit der unbewältigten Vergangenheit Deutschlands und ihren wissenschaftstheoretischen Verfehlungen konfrontierte. Trotz aller Schwere des Vertriebenseins gab mir das ein starkes ideologisches Zugehörigkeitsgefühl. Während mir die orthodoxen Juden mit ihrer zum Teil faschistoiden Kollektivschuldthese, das heißt dem Vorwurf: "Auch du bist schuld am Tod meiner Eltern in Auschwitz", höchst kritisch gegenüberstanden, begrüßte

---

5 Vgl. hierzu: History and the New Left. Madison, Wisconsin, 1950-1970. Hrsg. von Paul Buhle. Philadelphia 1990, S. 129, 233-240, und meinen Aufsatz: Madison, Wisconsin 1959-1973. Der Einfluß der deutschen Exilanten auf die Entstehung der Neuen Linken. In: Kulturtransfer im Exil. Exilforschung. Ein internationales Jahrbuch 13 (1995), S. 52-67.
6 Vgl. Jost Hermand: Deutsche Juden jenseits des Judaismus. Der Fall Gerhard / Israel / George L. Mosse. In: Jahrbuch für Antisemitismusforschung 3 (1994), S. 178-193.

mich die Mehrheit der liberalen, linksliberalen und linken Juden jeglicher Couleur sofort als einen der ihren.[7]

Das wissenschaftliche Ergebnis dieser inneren Umorientierungsvorgänge war das immer stärkere Interesse, das ich – nach meiner Dissertation über das Biedermeier sowie den Bänden *Naturalismus, Impressionismus* und *Stilkunst um 1900* – in den frühen sechziger Jahren für die politische und sozialhistorische Fundierung epochengeschichtlicher Darstellungen entwikkelte. Das erste Produkt dieser Selbstreflexionen war das 1965 erschienene Metzlersche Realienbüchlein *Literaturwissenschaft und Kunstwissenschaft. Methodische Wechselbeziehungen seit 1900*, das die Grundlage für mein 1966/67 geschriebenes Buch *Synthetisches Interpretieren. Zur Methodik der Literaturwissenschaft* bildete. Da ich seit zehn Jahren im fernabliegenden Wisconsin unterrichtete (meist vierzehn bis sechzehn Stunden die Woche) und kaum in die Bundesrepublik gekommen war, war ich damals mit der dortigen Wissenschaftsszenerie nicht in dem Maße vertraut, wie ich das heute bin. Ohne große Kenntnisse von Theodor W. Adorno, Wolfgang Abendroth, Jürgen Habermas, Wolfgang Fritz Haug oder Oskar Negt schrieb ich diese Programmschrift, die im ersten Teil auch eine skizzenhaft angedeutete Geschichte der Germanistik enthielt, noch weitgehend als gläubiger Linkshegelianer, das heißt voller Vertrauen auf eine "Dialektik der allgemeinen Kulturbewegung", wie ich das damals in Anlehnung an Gottfried Keller nannte, wobei ich meine epochengeschichtliche Sehweise mit der Forderung nach einer verstärkten Interdisziplinarität verband.[8] Daher war ich baß erstaunt, daß dieses Buch in der Bundesrepublik – deren akademisches Klima ich im Vergleich zu dem kritischen Geist an der Universität of Wisconsin für absolut "reaktionär" hielt – im Jahre 1968, als es erstmals bei dem als "progressiv" geltenden Nymphenburger Verlag erschien, ein so positives Echo hatte, ja in schneller Folge in fünf Auflagen herauskommen konnte.

Dort hatte sich nämlich inzwischen die mir unbekannte Achtundsechziger Bewegung formiert, die innerhalb der Literaturwissenschaft sowohl mit meiner Ablehnung rein kunstautonomer Gesichtspunkte, meiner scharfen Verurteilung der nationalsozialistischen Germanistik, meinen Aufrufen zu einer verstärkten Solidarität als auch meiner Forderung nach neuen geschichtsphilosophischen Synthesen sympathisierte. Und so wurde ich plötzlich –

---

7 Vgl. das Vorwort meines Bandes: Judentum und deutsche Kultur. Beispiele einer schmerzhaften Symbiose. Köln 1996, S. 7-11.
8 Vgl. Synthetisches Interpretieren. Zur Methodik der Literaturwissenschaft. München 1968, S. 218-246.

neben meinen kulturgeschichtlichen Monographien zur Deutschen Kunst und Kultur von der Gründerzeit bis zum Expressionismus beim Ostberliner Akademie-Verlag, die bis 1967 auf vier angewachsen waren – auch ein westdeutscher Autor, was mir bei dem damaligen linksliberalen Klima die Chance bot, mit Unterstützung von Verlagen wie Suhrkamp, Reclam, Metzler und Athenäum auch mit anderen Werken in die aktuelle gesellschafts- und wissenschaftspolitische Diskussion dieses Landes einzugreifen. Dabei wurde ich von linken wie rechten Rezensenten oft mit den westdeutschen Achtundsechzigern in einen Topf geworfen, obwohl ich eigentlich ein Fünfundfünfziger bzw. ein Neunundfünfziger war, der seine politische Sozialisation sowie sein gesamtgesellschaftliches Verantwortungsgefühl zuerst den alten linksorientierten Repräsentanten der Kultur der Weimarer Republik in Ostberlin und dann den jüdisch-antifaschistischen Kollegen in Madison verdankte. Die konkreten Nachwehen der westdeutschen Achtungsechziger Bewegung, die für mich weitgehend ein Lektüreerlebnis war, erfuhr ich erst 1975, als ich mit fünfundvierzig Jahren in der Rostlaube der Westberliner Freien Universität als US-amerikanischer Gastprofessor zum ersten Mal vor deutschen Studenten und Studentinnen stand, deren Sprache und Mentalität mir anfangs recht fremd erschienen, die ich aber im Laufe der folgenden Monate – mein Leben und Wirken in den Vereinigten Staaten weiterhin als Exil betrachtend – allmählich zu verstehen begann.

Allerdings bildete das Jahr 1975 nicht nur in meinem Leben, sondern auch in dem anderer Germanisten und Germanistinnen eine Art ideologischer Wasserscheide. Mit dem Abflauen der APO-ähnlichen Studentenrebellion, und zwar in der Bundesrepublik wie auch den USA, ließ nämlich das gesellschaftspolitische Engagement innerhalb dieser Disziplin merklich nach und machte einer Fülle neuer Theoriebildungen Platz, die in ihren besseren Varianten unter dem Motto "The Personal is the Political" standen, während sie in ihren subjektiv-anarchisch orientierten Strömungen nicht davor zurückschreckten, ins Ahistorische, Solipsistische, wenn nicht gar Parasitäre zu tendieren. Kein Wunder daher, daß ich dem Schlußabschnitt meines 1971 erschienenen Buchs *Pop International*, das sich mit diesem Trend kritisch auseinandersetzte, voller Erbitterung die emphatische Überschrift "Linkes Entsetzen" gab.[9] Neue Hoffnungen auf einen ideologischen Umschwung ergaben sich für basisorientierte oder zumindest kollektiv denkende Litera-

---

9 Vgl. Pop International. Eine kritische Analyse. Frankfurt a.M. 1971, S. 148-160, und Geschichte der Germanistik (wie Anm. 2), S. 198-203.

turwissenschaftler wie mich und meinesgleichen erst mit der Entstehung jener Neuen sozialen Bewegungen, die sich in den mittsiebziger Jahren in den USA und der ehemaligen Bundesrepublik zu formieren begannen. Vor allem im Bereich der feministisch oder homoerotisch orientierten Gruppen entwickelte sich damals – neben einem deutlichen Interesse an der Geschichte ihrer eigenen Bewegungen – ein höchst kritischer, ja geradezu widerständiger Geist. Sie beschränkten sich nicht nur auf die Entdeckung bisher vergessener oder bewußt verdrängter Autoren und Autorinnen, sondern zögerten keineswegs, auch die patriarchalischen oder einseitig heterosexuellen Sehweisen der älteren Germanistik in Frage zu stellen oder gar einer massiven Kritik zu unterziehen. Und damit brachten sie, wie auch die sich gleichzeitig entwickelnde deutsch-jüdische Literaturgeschichtsbetrachtung, im Sinne von Hans Mayers Programmschrift *Außenseiter* (1975), wieder neue gesellschaftskritische Perspektiven in die westliche Literaturwissenschaft ein, die sich nach der kurzlebigen Phase der Achtundsechziger von den als riskant geltenden soziopolitischen Implikationen ihres Tuns weitgehend abgewandt hatte.

Nur eine Gruppe innerhalb dieser Neuen sozialen Bewegungen, die mir – in enger Fühlungnahme mit den Anhängern der Wisconsin Environmental Decade sowie einigen westdeutschen Grünen – aufgrund ihres gesamtgesellschaftlichen Verantwortungsbewußtseins besonders wichtig erschien, bildete in dieser Hinsicht eine Ausnahme, und das war die ökologisch orientierte. Während die geschlechtsspezifischen oder minderheitsorientierten Sehweisen innerhalb der amerikanischen und dann der westdeutschen Literaturwissenschaft relativ schnell zu allgemein anerkannten Diskursen aufstiegen und sich im Laufe der achtziger Jahre mit einer Fülle semiotisch-struktureller, poststrukturalistischer, psychoanalytisch-lacanisierender, postmoderner und kommunikationstheoretischer Gesichtspunkte verbanden, blieb der ökologiebewußte oder "grüne" Diskurs im Bereich der geistes- und kulturwissenschaftlichen Aktivitäten eher am Rande. Die meisten Vertreter und Vertreterinnen dieser Disziplinen – nicht gewohnt, in gesamtgesellschaftlichen Kategorien zu denken, oder zutiefst enttäuscht über den schmählichen Ausgang der Achtundsechziger Bewegung – fanden diesen Diskurs, falls er auf wissenschaftlichen Tagungen oder in Einzelvorträgen angeschnitten wurde, lange Zeit als ausgesprochen "vulgär", wie sie es nannten. Ja, viele sehen in ihm bis heute etwas eindeutig Populärwissenschaftliches, dem zwar im Bereich der Illustrierten und des Fernsehens der gebührende Platz eingeräumt werden solle, das aber nicht in den Aufgabenbereich der hehren Literaturwissenschaft gehöre.

Wie läßt sich eine solche Haltung erklären? Schließlich hätten sich auch die Geistes-und Kulturwissenschaftler schon in dem 1971 erschienenen und weltweit diskutierten Buch *Die Grenzen des Wachstums* von Dennis L. Meadows darüber informieren können, wie rapide sich die industrielle Ausplünderung der natürlichen Rohstoffe der Erde vollzieht und wie katastrophal die damit verbundene Verschmutzung von Wasser, Luft und Erde ist, die bereits in etwa vierzig Jahren den sogenannten Punkt der Irreversibilität erreicht haben dürfte. Außerdem erfahren sie ständig neue Fakten über die Ausdünnung der Ozonschicht, die Folgen der allmählichen Erderwärmung, die Abnahme der Wälder, das Verschwinden der Artenvielfalt, die Zunahme der Wüsten- und Steppengebiete sowie die geradezu astronomische Bevölkerungsvermehrung. Und doch, obwohl all das im Rahmen der massenmedial vermittelten "Bad News" von vielen durchaus wahrgenommen wird und in hochindustrialisierten Ländern, wie den USA sowie den west- und mitteleuropäischen Staaten, zur Gründung einer Reihe ökologiebewußter Organisationen und sogar politischer Parteien geführt hat, ist in den Geistes- und Kulturwissenschaften keine der Größe der damit verbundenen Probleme entsprechende Überlebensdebatte in Gang gekommen. Und dabei hatten verantwortungsbewußtere Professoren und Dozenten gerade von diesen Fächern, die sich so viel auf ihre ästhetische Sensibilität einbilden, zumindest ein irritiertes Zurückzucken vor den sich bereits heute andeutenden Symptomen auf uns zukommender ökologischer Katastrophen erwartet. Ja, ein Literaturwissenschaftler wie ich glaubte um 1980, daß wenigstens die Germanistik in Forschung und Lehre etwas genauer auf diese Probleme eingehen würde, zumal die "Natur" seit altersher ein beliebter Gegenstand dieser Disziplin ist. Doch nichts oder wenig dergleichen geschah – obwohl schon damals eine steigende Verdreckung, Verseuchung, Verstraßung, Verlärmung, Verschilderung, Verdrahtung und Vermüllung einsetzte, welche die empfindsamen Seelen des 18. Jahrhunderts sicher zum Wahnsinn getrieben hätte und für die der bereits wesentlich sachlicher denkende Goethe im Rahmen seiner "grünen Weltfrömmigkeit" – den genial formulierten Begriff "Zernichtung" verwendete.[10]

Wie ist es eigentlich zu dieser allgemeinen Abstumpfung gekommen, welche sich selbst bei vielen Literaturwissenschaftlern und -wissenschaftlerinnen, die sich fast ausschließlich auf feinsinnig-kritische Weise mit den

---

10 Vgl. meinen Aufsatz: Freiheit in der Bindung. Goethes grüne Weltfrömmigkeit. In Jost Hermand: Im Wettlauf mit der Zeit. Anstöße zu einer ökologiebewußten Ästhetik. Berlin 1991, S. 29-51.

höheren Kulturleistungen der Menschheit beschäftigen und denen die Technik noch bis vor kurzem ein verabscheuenswertes Anathema war, beobachten läßt? Wer die Wohletablierten unter ihnen reden hört, könnte fast glauben, sie lebten noch immer im Bereich jener nach außen abgeschirmten Sekurität, die Thomas Mann bereits für die kulturelle Elite des Wilhelminischen Zeitalters bezeichnend fand. Mit allen Privilegien einer finanziellen Absicherung und akademischen Lehrfreiheit ausgestattet, haben sie sich seit den sogenannten tollen Jahren um 1970 wieder mehrheitlich auf sich selbst zurückgezogen, mißtrauen jeder Form eines ideologischen Engagements sowie einer kollektiven Verantwortlichkeit und fühlen sich seit 1989 durch das Debakel der DDR nochmals in ihren Affekten gegen eine gesellschaftsverbundene Literatur und Kunst bestätigt. Heute, wo sie im Westteil der BRD nach dem angeblich "langen Marsch durch die Institutionen" endlich oben sind, schweigen sie sich daher weitgehend über jene soziopolitischen Probleme aus, die sie einstmals erst analysieren und dann lösen wollten.

Aber dies ist nicht nur ein innerdeutsches Phänomen, bedingt durch die politische Teilung, das Scheitern des sozialistischen Experiments in der DDR sowie den traurigen Verlauf der Achtundsechziger Bewegung. Schließlich haben sich diese Vorgänge in den Vereinigten Staaten in relativ ähnlicher Form abgespielt, wo auf die sogenannten Wild Sixties in den Geistes- und Kulturwissenschaften die wesentlich gedämpfteren Erwartungen der siebziger und achtziger Jahre folgten, die letztendlich in eine utopielose Ermattungsphase mündeten, welche bis heute anhält. Auch hier ist auf den gängigen Kongressen, wie den MLA Conventions oder den Treffen der German Studies Association, weitgehend von Individualproblemen oder schichtenspezifischen Fragen die Rede, während die Diskussion über die Civil Rights Movement, die Peace Movement oder die Ecology Movement fast völlig verstummt ist. Es wäre deshalb nicht richtig, für diesen Rückgang an überindividuellen Engagementformen nur innerdeutsche Probleme verantwortlich zu machen. Daran sind viel allgemeinere Prozesse beteiligt, die mit den zutiefst gewandelten Lebensformen aller hochindustrialisierten Länder zusammenhängen, in denen sich durch die rapide Zunahme der industriellen Automation, die sich verschlechternden Berufsaussichten sowie die angebliche Unabweislichkeit der herannahenden ökologischen Katastrophen deutliche Apathiegefühle verbreiten.

Und diese skeptische Haltung griff auch auf die Studierenden dieser Länder über. Daher sehen sich gesamtgesellschaftlich denkende Literatur- und Kulturhistoriker, wie ich, seit den späten siebziger Jahren nicht nur in der Bundesrepublik, sondern auch in den Vereinigten Staaten einer Studentenschaft gegenüber, die sich immer stärker gegen ideologische Konzepte "sperrt", die über ihren eigenen Lebenszusammenhang ins Kollektive hinausgreifen. Aufgewachsen in einer massenmedial überformten Konsumgesellschaft, das heißt einer Welt der elektronischen "Zerstreuung" im doppelten Sinne des Wortes, erlebnishungrig, aber "cool", abgestoßen von dem nichtssagenden Phrasenschwall der großen Alt- oder Konsensusparteien, desorientiert innerhalb des allgemeinen Werteverfalls und zugleich bedroht von der nicht abnehmenden Arbeitslosigkeit, fühlen sich vor allem die "deutschen" Studenten und Studentinnen, wie man heute wohl sagen muß, parteipolitisch weitgehend ortlos. Noch am ehesten werden sie von den "Grünen" angezogen, die nicht auf dem Lande, sondern in den Universitätsstädten ihre meisten Wähler und Wählerinnen finden. Und auch in den USA wird der Earth Day, angeregt durch Gaylord Nelson, einen früheren Senator aus Wisconsin, hauptsächlich in den Campusstädten beachtet. Aber selbst das hat kaum zu politischen oder wissenschaftstheoretischen Konsequenzen geführt. Dafür ist – wegen der marktwirtschaftlichen Freizügigkeits- und Subjektivitätsgewinnung – das Desinteresse an kollektiven Engagementsformen immer noch zu stark. Falls sich deshalb in der allgemeinen Zerstreuung der *Neuen Unübersichtlichkeit*, wie Jürgen Habermas das genannt hat, überhaupt irgendwelche mit gemeinsamen Merkmalen versehenen Strömungen ausmachen lassen, wird ihnen – wie bei der Postmoderne, dem Postmaterialismus, dem Postfeminismus, dem Posthumanismus usw. – meist ein verräterisches "Post" vorangestellt, um damit auf den postengagierten oder postutopischen Zustand der momentanen Situation hinzuweisen, in der es zwar noch einen postmodernen "Zeitgeist" gibt, der sich jedoch lediglich in einer "babylonisch-hybriden" Beliebigkeit manifestiert.[11]

All dies soll keineswegs hochmütig oder gar zynisch klingen, sondern versucht nur, der gegenwärtigen Realität so illusionslos wie nur möglich ins Auge zu schauen und dennoch die Hoffnung auf neue Formen einer möglichen Veränderung der Verhältnisse wachzuhalten. Und zwar müßten Literaturwissenschaftler und -wissenschaftlerinnen, die sich einer solchen Zukunftsorientierung verschreiben, endlich wieder in einem kommunitaristischen Sinne die gesamtgesellschaftliche Situation ihrer Zeit ins Auge fassen. Schließlich ist ein Einsatz für eine größere ökologische Bewußtheit nur dann sinnvoll, wenn er über die verschiedenen Partikularbereiche der heutigen

---

11 Vgl. Zeitgeist in Babel. The Postmodernist Controversy. Hrsg. von Ingeborg Hoesterey. Bloomington 1991.

Arbeitsteiligkeit hinausreicht und auf einer möglichst breiten Ebene wirksam wird. Was sollten sie demnach tun, um – angesichts der allgemeinen Bedrohung der natürlichen Lebensgrundlagen – überhaupt noch als Lehrende politisch ernst genommen zu werden, statt als staatlich ordinierte Professoren und Dozenten den ideologisch verwirrten Geisteswissenschaftsstudenten und -studentinnen lediglich – à la Odo Marquard – die nötigen ästhetischen Kompensationen oder psychischen Entlastungshilfen zu bieten?[12]

Einiges könnten sie im Hinblick auf die hier angeschnittenen Probleme schon bewirken! Da wären erst einmal die privaten Bemühungen innerhalb der Aufklärung von Freunden und Bekannten, der Kindererziehung, der Organisation von Bürgerinitiativen, der finanziellen Unterstützung von Gruppen wie Greenpeace, der Einführung "grüner" Sektionen auf wissenschaftlichen Tagungen sowie ein im eigenen Auftreten vorgelebter neuer Umgang mit der Natur, mit anderen Worten: all jene Haltungen eines naturschonenden Ethos, die auch bei anderen Menschen, welche noch in der marktwirtschaftlich angeheizten Konsum- und Profilsucht befangen sind, einen allmählichen Gesinnungswandel auslösen könnten. In solchen Aktionen müßten sich die um das ökologische Gleichgewicht ihrer Region sowie der gesamten Biosphäre besorgten Professoren und Professorinnen, die – dem Wortsinn nach – eigentlich "Bekennende" sein sollten, in Zukunft wesentlich aufmüpfiger verhalten als bisher, um sich der relativ großen Freiheit und finanziellen Absicherung, welche ihnen der Staat gewährt, würdig zu erweisen.

Doch welche Möglichkeiten haben sie dafür innerhalb der heutigen Kultur- und Medienindustrie, die zwar viele warnende Stimmen, selbst ökologische Katastrophenmeldungen, sofort mit "pluralistischem" Eifer aufgreift, aber meist nur ihren Sensationswert herausstellt und sie zugleich in ein grausig-unterhaltsames Mosaik anderer Horrorstories – wie Großbrände, Ausländerkrawalle, Jugendverbrechen oder Kriegsereignisse – einfügt, wodurch das Bild eines globalen Gewaltszenarios entsteht, das eher entmutigend, ja lähmend wirkt, als zum Widerstand herauszufordern? Werden sie nicht bei solchen Bemühungen zwangsläufig an jene frankfurtistische Maxime erinnert, daß es "nichts Richtiges im Falschen gibt" (Theodor W. Adorno) und ihr ökologisches Engagement den von ihnen Angegriffenen lediglich die Chance bietet, sich mit dem Feigenblättchen der Liberalität zu schmücken? Ja, erniedrigen sich nicht selbst aufrechte

---

12 Vgl. Geschichte der Germanistik (wie Anm. 2), S. 233.

"Bekenner" dadurch zu Alibigenossen einer Meinungsindustrie, gegen die sie an sich Sturm zu laufen versuchen?[13]

All das läßt sich nicht leugnen. Dennoch dürften die Aktiveren innerhalb solcher ökologiebewußten Gruppen nicht aufgeben. Sie bilden zwar nur eine "kleine, aber hoffentlich radikale Minderheit", um eine Sprachprägung der Achtundsechzigerzeit aufzugreifen, die sich jedoch weiterhin unverdrossen bemühen sollte, auch mit ihren Mitteln, nämlich denen des privaten Engagements, der akademischen Lehre und des geschriebenen Worts, jene Grass Root Revolution in Gang zu halten, welche Anfang der achtziger Jahre recht hoffnungsvolle Züge hatte,[14] aber seitdem wieder merklich abgeflaut ist. Sie müßten deshalb nicht nur jene Realos unterstützen, die unter Hintansetzung wahrhaft naturbewahrender Programme hauptsächlich für den "ökologisch abgesicherten Industriestandort Deutschland" eintreten (Joschka Fischer), sondern auch jene Fundis, die noch immer an den systemkritischen Gesinnungen der frühen Hauptvertreter und -vertreterinnen der Grünen (Petra Kelly, Joseph Beuys, Rudolf Bahro) festzuhalten versuchen. Nur so könnte sich innerhalb dieser Gruppen – im Zusammenwirken mit ökologiebewußten Schriftstellern und Wissenschaftlern anderer Disziplinen – eine Avant- oder Biogarde herausbilden, die sich eine effektive Naturbewahrungskampagne zum Ziel setzt.

Wissenschaftliche Zielgruppen waren zu Anfang stets winzige Minderheiten, welche zwar durchweg am gewaltsamen Gegendruck der herrschenden Mächte gescheitert sind, aber deren Ideen dennoch, trotz aller Niederlagen, auf irgendeine Weise in das gesamtgesellschaftliche Bewußtsein eingegangen sind und dort zum Teil bis heute weiterwirken.[15] Lassen wir uns daher von den Propheten der Postmoderne nicht einreden, daß die Zeiten einer ästhetischen und wissenschaftlichen Systemkritik vorüber sind. Warum sollte es heute keine gegen den gesellschaftlichen Status quo rebellierenden Avantgarden mehr geben? Nur weil dieses Wort inzwischen auf die Ebene

---

13 Vgl. meine Aufsätze: "Können Dichter die Welt verändern?" Literarische Proteste gegen den industriellen Fortschrittswahn. In: Berliner LeseZeichen (1995) H. 3, S. 10-20, und: Beyond the Parameters of the Cold War. The Greening of a New Identity. In: Postmodern Pluralism and Concepts of Plurality. Hrsg. von Jost Hermand. New York 1995, S. 67-82.
14 Vgl. Jost Hermand: Die Graswurzelrevolution. Utopie und Wirklichkeit grüner Politik. In: Öko-Kunst? Zur Ästhetik der Grünen. Hrsg. von Jost Hermand und Hubert Müller. Berlin 1989, S. 8-23.
15 Vgl. meinen Aufsatz: Das Konzept "Avantgarde". In: Faschismus und Avantgarde. Hrsg. von Reinhold Grimm und Jost Hermand. Königstein 1980, S. 1-19.

der Marketing-Strategien abgesunken ist, wo nach wie vor von "avantgardistischen Automodellen" oder einer "revolutionären Zahnpasta" die Rede ist? So schnell läßt sich dieser Begriff nicht ins Kommerzielle und damit Profitanheizende verhunzen. Im Gegensatz zu solchen Tendenzen sollten wir unter Avantgardisten und Avantgardistinnen innerhalb der Literaturwissenschaft vor allem jene Gruppen verstehen, welche sich mit den zentralen, das heißt auch den ökologiebewußten Ideen unserer Zeit in nachdrücklicher, vielleicht sogar bewußt vereinfachter Form an jene Bevölkerungsschichten zu wenden versuchen, von denen sie sich noch am ehesten den Willen zu einer Veränderung der gegebenen Situation erhoffen.

Zu einer derartigen Literaturwissenschaft, die sich bemüht, wieder zu den sozialen Voraussetzungen ihres Tuns zurückzukehren, gehören seit eh und je zwei Kernpunkte: die Kritik und die Utopie. Beide Begriffe sind höchst facettenreich und bedürfen deshalb einer kurzen Erläuterung. Unter "Kritik" verstehe ich kein unverbindliches Nörgeln, Meckern oder ähnliches. Äußerungen solcher Art brauchen keineswegs gesellschaftskritisch, sondern können ebensogut egozentrisch sein. Der Wert einer kritischen Haltung liegt letztlich nicht im Phänomen der Kritik an sich, wie manche liberalen Spötter behaupten, sondern einzig und allein in der weltanschaulichen Qualität der in ihr zum Ausdruck kommenden Gesinnung. Und damit wären wir bereits bei der Utopie, die hinter jeder kritischen Infragestellung stehen muß. Kritik ohne das widerspenstige Telos des Anderen, Besseren kann das heutige marktwirtschaftliche System ohne weiteres ertragen.[16] Genau betrachtet, lebt es in manchem geradezu von ihr, und zwar nicht nur, um sich das erwähnte Feigenblättchen der Freiheit umzuhängen, sondern auch, um eine nörgelnde Stimmung der Standpunktlosigkeit und damit gesellschaftlichen Desorientierung zu verbreiten. Man sage also nichts gegen wissenschaftlich fundierte Utopien. Falls sie solidaritätsstiftende Impulse enthalten, sind sie vielleicht die einzigen ideologischen Korrektive, die uns wieder aus der systemimmanenten Misere herausführen könnten. Freilich sollten bei allen naturbewahrenden Utopiebildungen sowohl das ältere Sozialismus-Modell als auch das immer noch dominierende Kapitalismus-Modell endgültig ausgedient haben,[17] die als Leitvorstellungen des ökologisch noch weitgehend ahnungslosen 19. Jahrhunderts auf einem technischen Fortschrittswahn beruhen, des-

---

16 Vgl. Robert Paul Wolff, Barrington Moore und Herbert Marcuse: Kritik der reinen Toleranz. Frankfurt a.M. 1966.
17 Die Herausforderungen des Wachstums. Zur Lage der Menschheit am Ende des Jahrtausends. Hrsg. vom Club of Rome. Bern 1990.

sen einziges Ziel darin bestand (und noch immer zu bestehen scheint), in den hochindustrialisierten Ländern der sogenannten Ersten Welt an die Stelle der rücksichtslosen Selbstrealisierung der Herrschenden des feudalistischen Zeitalters lediglich das Prinzip der rücksichtslosen Selbstrealisierung aller Klassen zu setzen.

Als solche Erkenntnisse im Laufe der späten siebziger und frühen achtziger Jahre in das Bewußtsein der weiterhin an gesamtgesellschaftlichen Konzepten Festhaltenden eindrangen, versuchten auch einige Literaturwissenschaftler, zusammen mit Feministinnen und Hochrüstungsgegnern, aus dem engeren Kreis der universitären Disziplinarität auszubrechen und wieder Fragen aufzuwerfen, die nicht nur einen fachbezogenen oder bestenfalls tagespolitischen, sondern auch einen wesentlich weitgespannteren, ins Ökokritische tendierenden Charakter hatten. Dementsprechend begannen selbst manche der alt- oder neulinken Germanisten und Germanistinnen, die in der Dialektik von Naturausbeutung und industriellem Fortschritt bisher nur einen Nebenwiderspruch innerhalb der ideologischen Auseinandersetzungen gesehen hatten, sich zu diesem Zeitpunkt immer intensiver mit der Frage auseinanderzusetzen, welche Gefahren einem ausschließlich humanozentrischen Weltbild und der damit verbundenen "faustischen" Menschenauffassung zugrunde liegen.

Die sich daraus ergebenden Umdenkprozesse waren für diese Gruppe zum Teil nicht einfach. Schließlich mußte sie – im Hinblick auf ihren neuen Bewußtseinsstand – viele ihrer bisherigen Vorstellungen einer zukünftigen Gesellschaft, die jedem Menschen ein Höchstmaß an Bedürfniserfüllung und damit individueller Selbstrealisierung ermöglicht, Schritt für Schritt aufgeben und durch wesentlich bescheidenere, das heißt naturverträglichere Zukunftserwartungen ersetzen. Allerdings gingen ihre Anhänger und Anhängerinnen dabei nicht so weit, sich wie die Hippies kurzerhand aufs Land zu verkrümeln und dort Formen des "einfachen Lebens" zu erproben. Noch deutlicher distanzierten sie sich von jenen Bünden oder Orden, welche die ökologische Krise vornehmlich dazu benutzten, um unter den ideologisch Verunsicherten neue Glaubensgenossen oder -genossinnen für ihre religiös-sektiererischen, national-konservativen oder gar arisch-grünen Ideen zu gewinnen. Im Gegensatz zu solchen Haltungen hielten einige der zu Umdenkprozessen bereiten Linken – aufgrund ihres an sozialverpflichteten Vorstellungen orientierten Weltbildes, für das sie sich in den fünfziger oder sechziger Jahren entschieden hatten – auch in der Folgezeit weiterhin an ihrer Hoffnung auf eine von der Basis ausgehende Veränderung der ökonomischen, politischen und sozialen Verhältnisse fest, nur daß sie diese Hoffnung jetzt nicht mehr mit einer Revolutionierung der Arbeiterklasse verbanden, sondern sich bemühten, ihr ökologische bzw. ökosozialistische Vorstellungen unterzulegen.

Ich selbst habe diesen nur mühsam in Gang zu setzenden und immer wieder auf neue Widerstände stoßenden Trend zu einem größeren ökologischen Bewußtsein – in den Vereinigten Staaten und in der Bundesrepublik – vor allem mit Monographien, Sammelbänden und Tagungsprotokollen *wie Natur und Natürlichkeit. Stationen des Grünen in der deutschen Literatur* (1981), *Orte. Irgendwo. Formen utopischen Denkens* (1981), *From the Greeks to the Greens. Images of the Simple Life* (1989), *Öko-Kunst? Zur Ästhetik der Grünen* (1989), *Grüne Utopien in Deutschland. Zur Geschichte des ökologischen Bewußtseins* (1991), *Im Wettlauf mit der Zeit. Anstöße zu einer ökologiebewußten Ästhetik* (1991) und *Mit den Bäumen sterben die Menschen. Zur Kulturgeschichte der Ökologie* (1993) zu unterstützen versucht. Und es gab bald auch andere, die sich – von der Philosophie, Kulturwissenschaft, Gartengeschichte, Geographie und Biologie herkommend – im Rahmen der Kultur- und Geisteswissenschaften für solche Belange einsetzten und sogar zu gemeinsamen Aktionen entschlossen. Dafür spricht unter anderem der weithin beachtete Kongreß *The Forest*, den Kenneth Calhoon und Karla L. Schultz 1992 in Oregon veranstalteten und an dem neben amerikanischen Kulturwissenschaftlern, Germanisten und Naturschützern auch Vertreter der deutschen Grünen teilnahmen. Ähnliche Kongresse fanden in den folgenden Jahren im Kasseler Naturfreunde-Archiv, im Dumbarton-Oaks-Institut in Washington D.C. und im Dessauer Bauhaus statt, die sich mit der Geschichte des ökologischen Bewußtseins, aber auch mit aktuellen Fragen des Naturschutzes beschäftigten. Von den Germanisten und Germanistinnen, die sich an Tagungen dieser Art beteiligten, seien in diesem Zusammenhang lediglich Gabrielle Bersier, Stephen Brockmann, Wolfgang Haedecke, Martin Kagel, Wassili Lepanto, Peter Matussek, Peter Morris-Keitel, Michael Niedermeier, Andrew Reaves, William Rollins, Helmut Schneider, Ulf Schramm, Egon Schwarz, Jochen Vogt und Reinhilde Wiegmann genannt, die sich nicht scheuten, mit temperamentvoll vorgetragenen Beiträgen in die von den Naturwissenschaftlern in Gang gesetzte Überlebensdebatte einzugreifen. Ja, einige versuchten sogar im Sinne der Parole "Theoria cum praxi", an den lokalen Wahlprogrammen der deutschen Grünen oder amerikanischen Naturschutzorganisationen mitzuarbeiten.

Auf diesem Felde sollte auch die herkömmliche Literaturwissenschaft in Zukunft ruhig etwas engagierter auftreten und jenen Publikationen mehr Beachtung schenken, die sich für eine größere Naturschonung und damit Überlebenschance des Menschen sowie aller anderen Lebewesen auf Erden einsetzen. Darunter verstehe ich Werke, in denen die Menschen die Natur nicht mehr als eine beliebige, auswechselbare "Umwelt" ihrer Selbstverwirklichung, sondern im Sinne des Buches *Das Prinzip der Verantwortung* (1979) von Hans Jonas als eine zu respektierende "Mitwelt" betrachten. Als Hauptbeispiele einer solchen Gesinnung könnte eine so verfahrende Literaturwissenschaft im Bereich der anglo-amerikanischen Literatur – neben der Bekenntnisschrift *Walden, or Life in the Woods* (1854) von Henry David Thoreau – auf ökologiebewußte Utopieromane wie *News from Nowhere* (1890) von William Morris oder *Ecotopia* (1979) und *Ecotopia Emerging* (1981) von Ernest Callenbach verweisen. Aber auch in der deutschen Literatur herrscht kein Mangel an Schriften dieser Art, und zwar von den *Idyllen* (1756) Salomon Geßners, den rousseauistisch gefärbten Naturstaatsutopien *Reise eines Erdbewohners in den Mars* (1790) von Carl Ignaz Geiger, *Lehre vom richtigen Verhältnisse zu den Schöpfungswerken* (1792) von Franz Heinrich Ziegenhagen und *Hans Kiekindiewelts Reisen in alle vier Weltteile* (1795) von Georg Friedrich Rebmann, einigen Schriften des alten Goethe wie *Wilhelm Meisters Wanderjahre* (1821) und *Faust II* (1832), den *Ansichten der Natur* (1806) von Alexander von Humboldt, Karl Leberecht Immermanns *Die Epigonen* (1836), Wilhelm Raabes *Pfisters Mühle* (1884), Theodort Hertzkas *Entrückt in die Zukunft* (1895), den Lebensreformmanifesten der Jahrhundertwende von Leopold Hellers *Selbsthilfe* (1895) bis zu dem Roman *Die Befreiung* (1912) von Hermann Atlas, den Siedlungsutopien der frühen Weimarer Republik, den ökologischen Warnutopien der fünfziger Jahre wie *Vineta. Ein Gegenwartsroman aus zukünftiger Sicht* (1959) von Hans-Albrecht Moser und *Der Tanz mit dem Teufel* (1958) von Günther Schwab bis hin zu den letzten Werken von Heinrich Böll und Günter Grass, in denen allerdings das Utopische nur noch in dystopischer Spiegelverkehrung sichtbar wird.

Damit ist nicht gemeint, daß sich die Literaturwissenschaft in Zukunft lediglich mit grünen Utopien beschäftigen soll, in welchen dem humanozentrischen Denken ein biozentrisches Denken oder zumindest eine Synthese beider entgegengesetzt wird, um endlich wieder positive Leitbilder einer neuen weltanschaulichen Orientierung an die Hand zu bekommen. Selbst bei einer solchen Perspektive müßte ihr Feld wesentlich weiter bleiben. So wie die Friedensforscher vor allem die Friedensutopien, aber auch die Brutalität in den Kriegsromanen der militanten Oberschichten, und die Feministinnen vor allem die vergessenen Werke schreibender Frauen, aber auch die arrogante Herrenperspektive innerhalb der von Männern geschriebenen Literatur herausgestellt haben, müßte eine Literaturwissenschaft, die sich auf die

Überlebensdebatte einläßt, zwar auch die grünen Utopien, aber zugleich den gesamten Korpus der anderen Literatur ins Auge fassen. Allerdings sollte sich dieser Strang der Germanistik hierbei auf eine wesentlich konkretere Weise mit dem jeweiligen Produktionsstand einer bestimmten Gesellschaft und der in ihr stattfindenden Naturausnutzung auseinandersetzen,[18] als das bei einer rein textbezogenen Literaturwissenschaft üblich ist. Und dies wird nicht ohne eine Teilrezeption eines materialistischen Geschichtsverständnisses gehen, das zwar im Bereich allzu pauschal gesehener Klassenvoraussetzungen von Literatur durch den Einbruch mentalitäts- und institutionsgeschichtlicher sowie poststrukturalistisch-dezentrierender Sehweisen etwas von seinem früheren Ansehen eingebüßt hat,[19] aber damit nicht im Prinzip widerlegt ist.

Auf diesem Sektor ständen demnach der Literaturwissenschaft, in der sich auf einigen Gebieten allmählich Erscheinungen der Austrocknung bemerkbar machen, noch viele Möglichkeiten einer "eingreifenden" Denkweise offen. Statt sich in ästhetisierende Reservate formalistischer Spitzfindigkeiten, kompensatorische Entlastungsräume oder theorieüberfrachtete Randzonen der Schwerverständlichkeit zurückzuziehen, wodurch eine beträchtliche Anzahl ihrer Monographien für Disziplinen wie die Geschichtswissenschaft und die Soziologie relativ uninteressant geworden ist, sollte sie wieder zum Zentrum ihrer gesellschaftlichen Verpflichtung, nämlich ihrer Nutzanwendung zurückfinden, wie ich das jüngst im letzten Kapitel meiner *Geschichte der Germanistik* (1994) ebenso programmatisch – ja vielleicht sogar noch überpointierter – dargestellt habe, als ich das hier tue.[20]

Und zwar könnte die Germanistik diese engagierte Ernsthaftigkeit vor allem in Hinblick auf die allseits bedrohte Natur unter Beweis stellen, welche sie nur allzu lange – ob nun bei der Betrachtung der Empfindsamkeit, der Romantik, des Jugendstils oder des Expressionimus – lediglich als einen Vorwand menschlicher Erlebnisausweitungen oder pantheistischer Entgrenzungen in ihre Reflexionen einbezogen hat. Statt dessen sollte sie die Natur – in einem ganz konkreten Sinn – endlich als die Hauptgrundlage allen Lebens auf Erden betrachten, wie das der Kulturphilosoph Hartmut Böhme 1992 auf dem Augsburger Germanistentag gefordert hat, wo er seine Kollegen und

---

[18] Vgl. hierzu auch die Ausführungen zu den "modes of production" in Fredric Jameson: Postmodernism or The Cultural Logic of Late Capitalism. Durham 1991, S. 260-278.
[19] Vgl. Neue Literaturtheorien. Eine Einführung. Hrsg. von Klaus-Michael Bogdal. Opladen 1990.
[20] Geschichte der Germanistik (wie Anm. 2), S. 240-242.

Kolleginnen mit dem Satz schockierte, daß es keine Germanistik mehr geben dürfe, die sich nicht ständig bewußt wäre, daß wir heutzutage in einer Welt des enthistorisierenden "Szientifizierungsdrucks" von seiten der Naturwissenschaften, der "Suizid-Programme" der neuen Technologien sowie der "Verschwendungs- und Ausplünderungswirtschaft zu Lasten der Dritten Welt und vor allem der Natur" leben. Falls die Germanistik vor solchen Problemen die Augen schlösse, behauptete er dort mit bewundernswerter Entschiedenheit, verdiente sie ihren Abschied.[21]

Wir alle täten gut daran, in unserer weltanschaulichen und methodologischen Orientierung nicht wieder hinter eine solche Forderung zurückzufallen. Wie die engagierten Biologen, Forstwissenschaftler, Mitwelthistoriker und Anhänger des Club of Rome sollten auch die Literaturwissenschaftler und -wissenschaftlerinnen den ökologischen Diskurs in den kommenden Jahren als einen ihrer Hauptdiskurse aufgreifen, um so an der Herausbildung einer rot-grünen Ethik mitzuwirken, die weniger auf Leitvorstellungen der Ichhaftigkeit, der Differenz, der Selbstverwirklichung als auf den Tugenden eines gesamtgesellschaftlichen Gewissens beruht. Daß es hierbei zu erbitterten Auseinandersetzungen kommen wird, sollte sie nicht beirren. Denn naturschonend und damit "wachstumsfeindlich" eingestellt zu sein, ist nun einmal in sämtlichen hochindustrialisierten Gesellschaften, die mit aller Macht nur dem Fetisch der pausenlosen Akzelerierung der ökonomischen Zuwachsrate huldigen, ein besonders grober Verstoß gegen die herrschende Konsumgesinnung. Schließlich sehen viele Propagandisten marktwirtschaftlicher Freizügigkeitskonzepte, die selbst angesichts der herannahenden ökologischen Katastrophen nicht von ihrem industriellen Fortschrittswahn ablassen wollen, in der massenmedial aufgeputschten Verbrauchermentalität nach wie vor einen unveräußerlichen Ausdruck demokratischer Grundrechte.[22] Besonders exponierte Vertreter einer solchen Haltung wie Richard Herzinger und Hannes Stein zögerten darum letztes Jahr nicht, jeden Ansatz zu einer naturbewahrenden Gesinnung, der über rein kosmetische Maßnahmen hinausgeht, sofort als "grünen Totalitarismus" fragwürdiger "Apokalyptiker", "Endzeit-Propheten" oder "Antiwestler", wenn nicht gar als Nachwirkung

---

21 Hartmut Böhme: Germanistik in der Herausforderung durch den technischen und ökonomischen Wandel. In: Kultureller Wandel und die Germanistik in der Bundesrepublik. Hrsg. von Johannes Janota. Tübingen 1993, Bd. 1, S. 30-33.
22 Besonders heftig waren diesbezügliche Reaktionen auf meine Öko-Thesen bei den Tagungen "Der Technikdiskurs in der Hitler-Stalin-Ära, 1924-1989" (1993) in Bremen und "Materialistische Literaturtheorie" (1994) in Freiburg.

"nazistischer", an Himmler erinnernder Parolen anzuprangern,[23] um sich auf diese Weise als besonders systemkonform zu profilieren.

Doch trotz solcher massiven Angriffe, die sicher nicht nachlassen werden, sollte sich der harte Kern der grünen Germanistik in Hinblick auf die geschundene Natur weiterhin zu systemkritischen, das heißt rot-grünen oder gar ökosozialistischen Planungskonzepten bekennen. Was nämlich heutzutage in Anbetracht der planlosen Verwirtschaftung aller natürlichen Rohstoffe dringend not täte, wäre nicht mehr ökonomische Freizügigkeit, sondern mehr Planung, viel mehr Planung sogar – allerdings eine andere Art von Planung, als sie gegenwärtig im Rahmen der staatlich subventionierten und kartellartig gehätschelten Marktwirtschaft üblich ist.[24] Und zu dieser Planung sollten vor allem naturerhaltende und bevölkerungsreduzierende Maßnahmen gehören. Im Sinne eines ernst gemeinten Solidarpakts mit der Natur müßten immer mehr Menschen zu der Einsicht gebracht werden, daß ihr Baum auch mein Baum und ihr Baby auch mein Baby ist. Es sollte deshalb das Ziel aller ökologiebewußten Parteien und Organisationen sowie der mit ihnen sympathisierenden Wissenschaftler und Wissenschaftlerinnen sein, diesen Bewußtseinsprozeß so weit voranzutreiben, daß sich hierfür in der Gesamtgesellschaft ein demokratischer Konsensus bildet, der sich aus dem Literarischen und Akademischen ins Politische umsetzen ließe.

Solche "grünen" Gebote haben weder etwas mit apokalyptischen Visionen noch mit einer uneingestandenen Vorliebe für totalitäre Regime zu tun, sondern sind eher Forderungen des Common sense. Heute ließen sich die nötigen naturerhaltenden Maßnahmen vielleicht noch mit gesetzgeberischer Vernunft durchführen. Falls dagegen immer mehr Länder weiterhin rücksichtslos drauflos wirtschaften, wird in vierzig bis fünfzig Jahren einmal viel "Gewalt" nötig sein, um angesichts der schwindenden Rohstoffe und der maßlos angewachsenen Bevölkerungszahl einen Rückfall in die Barberei zu verhindern. Wer also im Hier und Jetzt keine wirksamen Vorbeugungsmaßnahmen trifft, macht sich schon heute an den zukünftigen ökologischen Katastrophen schuldig, denen einmal – angesichts des nackten Überlebenswillens

---

23 Vgl. den vehementen Angriff auf mich in Richard Herzinger und Hannes Stein: Endzeit-Propheten oder Die Offensive der Antiwestler. Reinbek 1995, S. 82-85, wo ich mit Hans Jonas, Wolfgang Harich, Rudolf Bahro und Jörg Haider als "grüner Totalitarist" angeprangert werde.
24 Vgl. die Gedanken zum "Primat der Ökologie" bei Michael Schneider: Das Ende eines Jahrhundertmythos. Eine Bilanz des Sozialismus. Köln 1992, S. 370-379, und Ernst Ulrich von Weizsäcker: Doppelter Wohlstand, halber Naturverbrauch. In: Universitas 50 (1995) Nr. 11, S. 1036-1043.

– alle geistigen und kulturellen Aktivitäten zum Opfer fallen könnten. Hoffen wir, daß nicht alle Menschen so kurzsichtig sind wie die gnadenlosen Beschleuniger der industriellen Akzelerationsgeschwindigkeit. Ansonsten hätte unser Tun, auch unser germanistisches, schon heute keine Daseinsberechtigung mehr.

ZIELSTUDIUM Magister

Möglichkeiten eines effektiveren Studiums
der Neueren deutschen Literaturwissenschaft

Bernd Balzer

Der Druck einer Rede schafft zumeist Probleme; im vorliegenden Fall besondere:
Ich war eingeladen, innerhalb der Vorlesungsreihe "Böcke und Gärtner" mein Konzept eines ZIELSTUDIUMS Magister vorzustellen. Der Eröffnungsvortrag der Reihe mit Jost Hermands Plädoyer für eine ideologiegeleitete Literaturwissenschaft veranlaßte mich jedoch, meinem Vortrag eine Replik voranzustellen. Über 1 1/2 Jahre danach nun hat sich dieser extemporierte Vorspann als "dauerhafter" erwiesen als das Studienmodell, das inzwischen schon im Versuch eines Probelaufs gescheitert ist. Da ich überdies das ZIELSTUDIUM bereits an anderer Stelle beschrieben habe[1], werde ich meinen Vortragstext für diesen Teil ersetzen durch einen Verlaufsbericht, der das konkretisierte Modell vorstellt, aber auch das Scheitern und seine möglichen Gründe berücksichtigt.

Zu dem bewußt polemischen ersten Teil hat mich zwar der Text von Jost Hermands Vortrag motiviert; er setzt sich jedoch über die Person hinaus mit einer Tendenz unseres Faches auseinander, die dort bekanntlich eine sehr viel breitere Basis besitzt. Ich habe ihn daher nur an wenigen Stellen überarbeitet.

Das jüngste Kind der FU ist, so ist es im *FU:N*[2] nachzulesen: der botanische Garten – der rätselhaft scheinende Titel dieser Vortragsreihe kann somit als entschlüsselt gelten: Seit dem 1. Januar ist das Bestiarium der Freien Universität Berlin um die Gärtner bereichert, und der zitierte Bericht gab unter dem Datum des 11. Januar zudem den thematischen – und sprachlichen – Hintergrund ab, vor dem die Verbindung von Gärtnern und Böcken plausibel erscheint und zugleich der 1. Vortrag am 16.1.1995 seine Konturen erlangt: Ich verweise nur auf die Zwischenüberschriften: "Alle Wege führen

---

1 Entrümpeln oder Möblieren? Überlegungen zur Reform des Germanistikstudiums (nicht nur) an der FU Berlin. In: Jahrbuch für Internationale Germanistik 26 (1994) H. 1, S. 39-56.
2 Hrsg. von der Presse- und Informationsstelle der Freien Universität Berlin.

ins Paradies" – "alles ein bißchen größer", und, als wichtigster Gedanke: "Wer die Ordnung liebt, sucht das System."

Auch wir sind ein vergleichbares Biotop, und Jost Hermand hat es auf besondere Weise zu systematisieren unternommen, die freilich nicht ohne Kontext ist.

Ansichten einer künftigen Germanistik,
Neue Ansichten einer künftigen Germanistik und nun auch noch:
Neueste Ansichten einer künftigen Germanistik

Diese sich steigernde Reihe – wenn die Klimax nicht nur der Chronologie geschuldet ist – enthält eine noble Verpflichtung:

Die *Ansichten einer künftigen Germanistik* gipfelten im Rhedaer Memorandum von 1969, das reformerische Thesen enthielt wie diese: "An die Stelle der einzelnen Philologien Germanistik, Anglistik, Romanistik usw. treten die allgemeinen Studienfächer Linguistik und Literaturwissenschaft. Sie sind zugleich Schulfächer".[3]

In den *Neuen Ansichten* mußte sich der Herausgeber bereits gegenüber Perversionen der Reform absetzen, z.B. einer "bestimmten Sorte von linguistischer und materialistischer Literaturwissenschaft", die sich "ein geschlossenes, normatives System zulegt, das nach zementierten Kategorien mit schöner Eindeutigkeit in akademischem Barras-Ton bestimmen kann: paßt oder paßt nicht. Das Beste wäre," so schließt er, "diese Germanistik schriebe sich ihre Literatur selbst."[4]

Noch ehe dieser Ordnungsruf im Sinne der Reform in den *Neuen Ansichten* veröffentlicht werden konnte, brach gerade die Katastrophe über das Fach herein, die Kolbe hier noch abzuweisen suchte: 1970 nämlich fanden sich die von ihm so kritisierten Positionen zusammen in einer Loccumer Veranstaltung, in der sie dem Rheadaer Memorandum in nachgerade ritualisierter Form feierlich abschworen.[5]

Quo vadis Germanistik? also fragt sich im Blick auf unser Unternehmen – setzt sich Kolbes Linie in den Neuesten Ansichten fort, oder muß sich eine neueste Germanistik wieder ihre Literatur selber schreiben?

Germanistik, Literaturwissenschaft zumal, hat auf Herausforderungen schon immer – und immer wieder – dergestalt reagiert, daß sie sich zur "Als-Wissenschaft" erklärte:

---

[3] Ansichten einer künftigen Germanistik. Hrsg. v. Jürgen Kolbe. München ²1969, S. 219.
[4] Neue Ansichten einer künftigen Germanistik. Hrsg. v. Jürgen Kolbe. München 1973, S. 9.
[5] Vgl. Literatur in Studium und Schule. Hrsg. v. Olaf Schwencke. Loccum 1970 (= Loccumer Kolloquien 1), S. 162 ff.

- Literaturwissenschaft als Sozialwissenschaft
- Literaturwissenschaft als Medienwissenschaft
- Literaturwissenschaft als Teil einer allgemeinen Literaturwissenschaft oder Komparatistik
- Literaturwissenschaft als... als ... als...[6]

Hier scheint das Programm unseres Unternehmens noch eine Steigerung vozuhaben:
- Germanistik als radikale Philologie (Witte), als Medienwissenschaft (Kittler), als Kulturwissenschaft (Böhme), als politische Wissenschaft (Oellers).

Man wird freilich abwarten müssen, was sich hinter den Formeln verbirgt.

Die bisherigen Erfahrung jedenfalls ergeben ein eindeutiges Muster: Das "als" zielte nicht so sehr auf Kooperation mit Nachbardisziplinen, auf Interdisziplinarität, sondern vielmehr darauf, innerhalb der Germanistik die benannte andere Disziplin zu ihrem eigentlichen Wesen zu bringen, zu veredeln sozusagen. Wenn schon nicht die Welt am deutschen Wesen, so konnte doch wenigstens der Chor "nachgeordneter" Wissenschaften am germanistischen Wesen genesen.

Als in den heute so verklärten siebziger Jahren an der Freien Universität Berlin eine Professur für sozialwissenschaftliche Hermeneutik eingerichtet wurde, verzichtete der Fachbereichsrat ausdrücklich darauf, einen Soziologen daran zu beteiligen mit der in der Kommission nachgelieferten Begründung, die Soziologie könne da nicht hilfreich sein, es gelte mit dieser Stelle ja erst die eigentliche Soziologie ins Leben zu rufen.

Als die Germanistik sich als Sozialgeschichte mit sozialistischem Vorzeichen neuschuf – und damit auch die Sozialgeschichte neu, d.h. so recht eigentlich überhaupt erst, zu begründen beanspruchte – jonglierte man rasch virtuos mit dem neuen Vokabular von Ware-Geld-Beziehung, konstant-fixem Kapital, Vorbereitungs- und Hauptphase der Industriellen Revolution und reagierte auf Irritationen durch historische Tatsachen mit dem Hegelschen

---

6 Das hat sogar Klaus R. Scherpe, der an der Verfestigung ideologisierter Positionen in den siebziger und achtziger Jahren nicht geringen Anteil hat, nach der "Wende" ähnlich gesehen: "Literaturgeschichte wurde und wird auch verstanden *als* Bildungsgeschichte, *als* Nationalgeschichte, *als* Rezeptionsgeschichte, *als* Ideen- und Geistesgeschichte. Das Problem liegt in dem 'als'" – in der Tat! Klaus R. Scherpe: Literaturgeschichte im sozialen und kulturellen Zusammenhang. Eine Revision und ein Prospekt. In: Zeitschrift für Germanistik N.F. I (1991), S. 257-269, hier S. 258.

Diktum: um so schlimmer für die Tatsachen und auf Kritik mit Drohgebärden. Als die Germanistik sich als Friedenswissenschaft zu verstehen begann – und damit auch die Friedensforschung vom Kopf auf die Füße stellte, sammelte sich gerade hierorts der waffentechnische, vor allem ballistische Sachverstand, und es wurden die wahren – aggressiven – Eigenschaften der Pershing II mit denen der defensiven sowjetischen Mittelstreckenraketen verglichen und was der gleichen Dilettantismen mehr waren.

Die Germanistik in Gestalt der diversen "Als-Wissenschaften" war zu einer Sukzession von Als-ob-Wissenschaften verkommen.

Die Organisatoren dieser Vortragsreihe haben über den schlechten Ruf der Germanistik zutreffend berichtet und geklagt und damit in den Jammerchor des Deutschen Germanistenverbandes eingestimmt. Darf man sich wirklich beschweren?

Aber: ohne Idee, ohne Utopie gehe es doch schließlich nicht, haben wir gerade wieder von Jost Hermand ins Stammbuch geschrieben bekommen.

In der Tat, ohne Zielvorstellungen geht es nicht.

Demokratie verwirklichen? Selbstverständlich!

Schonender Umgang mit der Erde und ihren Resourcen – aber natürlich und das dringend!

Reformvorstellungen, Veränderungskonzepte, innovative Ideen – dreimal ja!

Das fiktive Experiment in Gestalt der literarischen oder philosophischen Utopie – aber gewiß doch!

Doch der Himmel – oder besser: unsere Vernunft und Erfahrung – bewahre uns davor, einen utopischen Entwurf oder gar eine Ideologie zur konkreten Handlungsrichtlinie zu machen – und das vor allem dann nicht, wenn sie mit dem Anspruch wissenschaftlicher Wahrheit auftreten! Schließlich hat dieser Anspruch bislang noch stets ungefähr so viel Rationalität aufgewiesen, wie die Beschwörung beispielsweise klinischer Tests in der Haarwuchsmittelwerbung.

Vom primären Charakter der Wünsche sprach Hans Magnus Enzensberger in einem *Zeit*-Interview[7], in dem er sich gegen einen bestimmten Umgang mit Utopien wandte: "Die Utopie", formulierte er, "ist ein Rezept, das den Wunsch in ein Schema preßt." Er hat recht!

---

7 Die Zeit vom 20. 1. 95.

Die politische Demokratie ist ein Verfahren zur gewaltlosen Ablösung schlechter Regierungen – Utopie dagegen war die Vorstellung von der demokratischen Schule; der Versuch ihrer Verwirklichung hat zum Glück nur Biografien verbogen, wenigstens nicht Menschenleben gekostet.

Ohne Ideologie sei aber Kritik nicht möglich – so Jost Hermand. Nein! Mit aller Entschiedenheit: nein! Es muß im Gegenteil heißen: Durch Ideologie wird Kritik pervers, gelegentlich mörderisch!

Die Kritik gegen das militärische Eingreifen der Amerikaner in Vietnam und Kambodscha gründete zunächst auf den Prinzipien der Selbstbestimmung der Völker, der Nicht-Einmischung, der Gerechtigkeit. Und diese Kritik war berechtigt; auch ich habe demonstriert – bis zu dem Zeitpunkt, an dem die Kritik sich verbündete mit einer Ideologie und der Utopie eines sozialistischen Südostasiens, als die Kritik an den Amerikanern vom Ruf Ho-Ho-Ho-Che-Min überbrüllt wurde. Spätestens seit dem massenhaften Auftreten vietnamesischer boat people und allerspätestens angesichts der gespenstischen Schädelstätten in Kambodscha – buchstäblich "Pyramiden aus Menschenköpfen" – mußte jedem klar werden, wie sehr die Kritik hier durch die Ideologie pervertiert worden war. Und zugleich hätte deutlich werden müssen, wie blind Ideologen und Utopisten sind: Nur eine verschwindende Minderheit der hochgelobten 68er begann zu reflektieren – warum auch? "Die Praxis hat ja noch nie eine Idee widerlegt!" (s.u.!). "Vorwärts" war die Devise, "Mao-Tse-Tung" wurde in den Siebzigern der neue Kampfruf, und "Kulturrevolution" – das endete zusammen mit dem Jahrzehnt – um welchen Preis! Noch kurzlebiger war der ideologische Kampfruf "Es lebe Genosse Enver Hodxa". Als dann nach und nach ein realsozialistisches Utopia nach dem anderen vor die Hunde ging bis auf das traurige Trio Li Peng, Fidel Castro und Kim Il Sung, da kam es bei den meisten Utopisten noch immer nicht zur kritischen Selbstbefragung, sondern nur zur Suche nach einer neuen Utopie – oder der Rückwendung zur alten.

Ich wage die These, daß die klägliche Rolle, die Intellektuelle im letzten Jahrzehnt vor allem in Deutschland spielten, der verblendeten Verpflichtung auf Utopien und Ideologien geschuldet ist. Womit überhaupt nichts gegen ein Prinzip Hoffnung gesagt ist.

Freiheit, Gleichheit, Brüderlichkeit – das sind Prinzipien zwischenmenschlicher Verkehrsformen, ihre schließlich weltweite Gültigkeit ein Ziel, eine Hoffnung – keine Utopie, schon gar keine Ideologie.

Der Sozialismus hat sich auf Gleichheit konzentriert, sagt Jost Hermand – ich will das so stehenlassen, obwohl ich mir das schöne Orwell-Wort "All animals are equal, but some are more equal than the others" nur schwer aus

dem Kopf schlagen kann. Der Sozialismus sei auf Gleichheit konzentriert und der Kapitalismus mehr auf Freiheit. Da fehlt die Brüderlichkeit. Aber die hat man natürlich nicht übersehen, sondern nur unterschiedlich interpretiert: Soll ich meines Bruders Hüter sein? – Der Kapitalismus.
Und willst du nicht mein Bruder sein, so schlag ich dir den Schädel ein! – Der Sozialismus.

In der Tat, "Wer Ordnung liebt, sucht das System" – so wird der Gärtner zum Bock, ohne seinen Garten verlassen zu müssen, und wer sich der gesetzten Ordnung dieses Paradieses nicht fügt, muß – zu seinem und aller Welt Bestem, versteht sich – ausgejätet werden.

Die Inquisition wollte die Seele des Ketzers retten, Auschwitz sollte der Reinheit des Volkskörpers dienen, in der Lubljanka sollte der Abtrünnige zur Vernunft und Einsicht in die Wahrheit gebracht werden, genauso in Bautzen. Wieso lacht man über Mielkes Wort, "Ich liebe euch doch alle". Das war "heiliger" Ernst. Der Besitz der Wahrheit verpflichtet dazu zu missionieren, durch Überzeugung zunächst, natürlich – aber wenn das nicht ausreicht?

Jost Hermand hat die Marschrichtung klar markiert: Grün werden, Grün wählen, Grüne an die Macht bringen, und für diesen Tag X vorarbeiten, so daß dann nicht nur die zaghaften "Realos", sondern die Fundis, die mit der wirklichen Utopie, freie Bahn bekommen. Überzeugen, überzeugende Literatur behandeln – aber, so versuche ich wörtlich zu zitieren – freiwillig läßt sich in den Konsumgesellschaften Europas, Amerikas, Japans eine Änderung des menschlichen Verhaltens nicht herbeiführen. Damit schloß der Satz – nach meinem Verständnis blieb er unvollständig: Denn zu der Einleitung "und bist du nicht willig..." gibt es nur eine logische Fortsetzung.

Die großen Ideologien und Utopien – das wurde in der Diskussion als "einfache Erklärung" für den Gegensatz von Anspruch und Wirklichkeit angeboten – würden durch Praxis nicht dementiert –, so haben schon Theologen und Astrologen jeglicher Couleur räsoniert. Es gibt eine ebenso einfache und noch ältere Replik: "An ihren Früchten sollt ihr sie erkennen". Aber es ist gar nicht nötig, die Bibel zu strapazieren. Vielleicht tut es auch ein Gegenstand unseres Faches: Es war Büchner, der Mercier im *Danton* sagen läßt:

"Nicht wahr, Lacroix? Die Gleichheit schwingt ihre Sichel über allen Häuptern, die Lava der Revolution fließt, die Guillotine republikanisiert! Da klatschen die Galerien und die Römer reiben sich die Hände, aber sie hören nicht, daß jedes dieser Worte das Röcheln eines Opfers ist. Geht einmal Euren Phrasen nach, bis zu dem Punkt wo sie verkörpert werden.

Blickt um Euch, das alles habt ihr gesprochen, es ist ein mimische Übersetzung Eurer Worte. Diese Elenden, ihre Henker und die Guillotine sind

Eure lebendig gewordnen Reden. Ihr bautet eure Systeme, wie Bajazet seine Pyramiden, aus Menschenköpfen." (III,3)

In Kambodscha hat sich diese Geschichte wiederholt, weil – wir wissen es nun – Ideologien und Utopien nicht durch die Praxis widerlegt werden können. Zum Glück sind nirgendwo deutsche Literaturwissenschaftler an der Macht!

Doch das ist nicht der einzige Punkt, an dem die ideologische Fundierung von Wissenschaft sich als fragwürdig erweist – der andere ist die offensichtliche Austauschbarkeit der utopischen Systeme. Gestern: Proletarier aller Länder vereinigt euch, heute: Vegetarier aller Länder vereinigt euch.

Jost Hermand hat dies an seiner eigenen Biografie exemplifziert. Und es gibt Literaturwissenschaftler, die noch mehr Paradigmenwechsel hinter sich haben.

Nun könnte das durchaus ihr Privatvergnügen sein, und ich lasse mir selbst auch von niemandem meine politischen oder weltanschaulichen Positionen vorschreiben – jedoch: Noch stets wurde jedes neue Paradigma als eine Art Heilslehre nicht nur angeboten, sondern der Versuch gemacht, sie der unmittelbaren und weiteren Umwelt aufzunötigen. Jost Hermands Vortrag war ein Beispiel dafür – zahlreiche andere sind bekannt, die sich zudem statt geschliffener Rhetorik des von Jürgen Kolbe zu Recht so benannten "Barras-Tones befleißigten": Mehrfach in den vergangenen knapp dreißig Jahren ist man uns mit dem Ruf, die Welt brennt, nur wir wissen, wie man sie löscht, ins Haus gestürzt und hat uns beschimpft, wenn wir nicht alles aus der Hand fallen ließen, um den Rettern zu folgen. Natürlich können sich alle auf Brechts Gleichnis des Buddha vom brennenden Haus berufen, und überdies rät ja sogar die Polizei, "Feuer" zu schreien statt "Hilfe" im Moment erlebter Bedrohung. Es fragt sich jedoch, ob Brechts Aufruf zum Handeln gegen den Faschismus auf jede beliebige andere Situation anzuwenden ist, und auch der Ruf "Feuer" nutzt sich bei zu großer Häufigkeit bekanntlich ab.

Einige Beispiele: 1967 war nur durch die Besetzung der Germanistischen Bibliothek und ein sozialistisches Studium der bevorstehende Notstand durch die Notstandsgesetzgebung zu verhindern.

1974 sollte das Bündnis mit der Partei der Arbeiterklasse gesucht werden, um den "historischen Gehalt der gegenwärtigen Epoche, das ist der weltweite Übergang vom Kapitalismus zum Sozialismus",[8] zu gewährleisten,

---

8 Westberliner Projekt: Grundkurs 18. Jahrhundert. Hrsg. v. Gert Mattenklott und Klaus Scherpe. Kronberg 1974 (= Literatur im historischen Prozeß 4/1), S. 46.

und damit der Logik des historischen Prozesses zu seiner Durchsetzung zu verhelfen.

Anfang der achtziger Jahre hieß es, wer nicht auf einseitige Abrüstung des Westens setze, sei entweder "böswillig oder ein Idiot".[9] Das war der "Barras-Ton" in aller Klangschönheit.

Die Geschichte oder die Praxis (was auch sonst!) haben alle diese Positionen inzwischen dementiert, und ihre Protagonisten haben längst mehrfach die Stellung gewechselt. Das hat sie aber keineswegs daran gehindert, die jeweils neu erlangte Position mit dem gleichen blindwütigen Wahrheitsanspruch und der gleichen brachialen Heilsgewißheit zu vertreten wie die vorige oder die vorvorige. Theologen werden eben selten Agnostiker, sie konvertieren lieber.[10]

Jetzt ist also wieder einmal ein Glaubenskrieg angesagt. Keine Zeit, zu differenzieren und über Wege aus der Ökokatastrophe nachzudenken: Aut – aut, entweder – oder, grün oder tot. Und so gibt es nur dies: Grüne wählen, Fundis stärken, Gemüse essen.

Und auch der nächste Paradigmawechsel kündigt sich schon an: Die Veganer schreiten in Bremen mit dem Ruf "Schlachter stirb" zum Kampf gegen die "Ökobourgeoisie" – gemeint ist ein grünes Establishment –, und ich bin sicher, so wie auf die sozialistische Germanistik die Ökogermanistik folgte, wird diese von der Veganergermanistik abgelöst werden.

Die Verbindung zum Fach wird dann wohl auch – wie noch stets – über die Revision des Kanons hergestellt: 1968 brachte uns Neukrantz und Bredel statt Heine und Fontane; die Ökogermanistik konnte sich immerhin durch Prutzens Roman *Das Engelchen* und Raabes Erzählung *Pfisters Mühle* fachlich legitimieren. Den Veganern wird nicht mal *Deutschland ein Wintermärchen* bleiben, trotz der "Zuckererbsen"; denn das Plädoyer für "Schönheit und Lust", die Präferenz für Gänsebraten und das "Ich könnte Eichen zerbrechen" machen auch Heine zur Bedrohung für die Umwelt.

Die zugespitzte Argumentation und die polemischen Formulierungen nach einer "Abkühlungsphase" von mehr als einem Jahr werden möglicherweise Anstoß erregen; die vielfach zu beobachtende selbstgefällige Reakti-

---

9 Ulf Schramm auf einer Diskussion über den Nachrüstungsbeschluß der Nato.
10 Klaus Scherpes "Revision" von 1991 (siehe Anm. 6) stellt (partiell!) eine Ausnahme dar: Zwar verklärt er sein und Gert Mattenklotts Konzept einer Literaturgeschichte als Sozialgeschichte zu einer "der wichtigsten Innovationen der deutschen Literaturwissenschaft der letzten Jahrzehnte" (S. 258), aber er verzichtet wenigstens verbal darauf, "sogleich ein lösendes Konzept zu etablieren" (S. 259).

onslosigkeit[11] gegenüber kritischen Fragen dämpft jedoch eirenische Impulse, und im übrigen beanspruche ich für meinen Zorn das gleiche Recht auf Ausdauer wie die Ideologen für ihre Programme. Am 20.10.1995 formulierte Jost Hermand in einer Sendung des SFB:

"Es wäre höchste Zeit, auch im germanistischen Diskurs, der sich so oft gesamtgesellschaftlich relevanter Tendenzen angenommen hat, wieder *ideologische Leitvorstellungen auf die Tagesordnung zu setzen* [Hervorhebung von mir, B.B.], welche durch die Zurücknahme allzu krasser Selbstverwirklichungsvorstellungen zu einer Dämpfung der technologisch-ökonomischen Expansionsraserei beitragen könnte. Allerdings würde dazu eine Haltung gehören, die wieder ein kritisches, auf gesellschaftliche Wirksamkeit bedachtes Verantwortungsgefühl entwickelt."[12]

Auch der Autor der Sendung fand nur durch Ironie zur passenden Replik: "Nach der deutsch-nationalen und der marxistischen nun also eine grüne Germanistik? Dann hätte sie wieder einen Sinn gefunden. Die Germanistik könnte mit neuer Kraft ausüben, was ihr schon immer am besten lag: der Dienst am Wahren, Schönen und Guten."

Wissenschaft ist nach meinem Verständnis der Versuch, die Wirklichkeit zu erkennen, und hat sich dabei dem Primat des Zweifels und gerade nicht einer "ideologischen Leitvorstellung" zu unterwerfen. Literatur ist ein Bereich dieser Wirklichkeit, zu deren Erkenntnis besondere Kompetenz zu erwerben schon deshalb lohnt, weil Widerständigkeit das Moment ist, was alle Literatur – jenseits von Propaganda und Hofberichterstattung versteht sich – einigt. Widerstand gegen Herrschaft, Widerstand aber auch gegen die Anmaßung selbsternannter Propheten. Eine Skizze von Möglichkeiten ist das, keine Utopie, keine Ideologie, nicht mal ein System.

Doch ist ja eigentlich der Kompetenzerwerb, das Studium, Gegenstand meines Themas.

"Wie soll sich", so fragte die letzte Teilnehmerin an der Diskussion nach dem ersten Vortrag, "all das, was hier gesagt und diskutiert worden ist, auf mich und mein germanistisches Studium auswirken?" *Darauf* gilt es zu antworten. Und über Aspekte des Studiums der Neueren deutschen Literatur

---

11 Vgl. dazu auch Joachim Lehmann: DDR-Forschung als Therapie. Vom historischen Materialisten zum DDR-Forscher. In: 1945-1995. Fünfzig Jahre deutschsprachige Literatur in Aspekten. Hrsg. von Gerhard Knapp und Gerd Labroisse. Amsterdam, Atlante 1996 (= Amsterdamer Beiträge zur neueren Germanistik Bd. 38/39), S. 629.
12 Sender Freies Berlin. Wissenschaft. Hörfunk. Kulturtermin. Autor: Werner Huber, Sendung am 20. 10. 1995, Manuskript S. 15.

will ich referieren – unter einem hierorts häufig für besonders schrecklich erachteten Aspekt: Der Effizienz.

Effizienz ist hier freilich nur verstanden als – ohne Leerlauf, Sackgassen oder Reibungsverluste.

Ich stelle ein Organisationsmodell vor, das sich entgegen meinen Erwartungen hier und jetzt nicht realisieren, das sich nicht einmal ausprobieren ließ, von dem ich jedoch immer noch glaube, daß es einige der von vielen beklagten Probleme im Studium des Faches beseitigen könnte.

Das ZIELSTUDIUM sollte ein Versuch sein, fachinterne Probleme bei der Planung und Durchführung des Studiums zu minimieren.

I. Prämissen

Das Konzept beruht auf folgenden Beobachtungen:

a. Das Magisterstudium der Germanistik dauert an der FU Berlin nicht nur länger als an vergleichbaren Universitäten, es gab hier auch seit ca. einem Jahrzehnt keinen Magisterabschluß auch nur in der Nähe der Regelstudienzeit.

b. Das Germanistikstudium ist gemessen an den geforderten Voraussetzungen und Leistungen innerhalb der Regelstudienzeit abschließbar, wie die im Fachbereich entwickelten Musterstudienverlaufspläne zeigen.

c. Verzögerungen im Studium entstehen nach übereinstimmenden Erkenntnissen der an Reformüberlegungen Beteiligten nicht während des Grundstudiums (Zwischenprüfungen werden überwiegend "pünktlich" abgelegt), sie entstehen während des Hauptstudiums, genauer: Nach Absolvierung der Pflichtteile des Hauptstudiums: es wird eine Art "Zweiten Studiums" der Orientierung und (ggf.) Examensvorbereitung angeschlossen.

d. Von den Studierenden, aber auch in der Öffentlichkeit, wurden vor allem mangelnde Betreuung, Unübersichtlichkeit der Studiengänge und Prüfungsanforderungen und Vernachlässigung der Lehraufgaben durch die Professoren für dieses Phänomen verantwortlich gemacht.

Wir[13] nahmen daher an,

– daß es auch an der FU einen gewissen Anteil von Germanistik-Studenten geben müsse, die an einem zügigen Studium interessiert oder die aus unterschiedlichen Gründen dazu genötigt sind,

---

13 An der Planung des Konzepts waren neben mir Günter Holtz und Peter Sprengel beteiligt.

– daß diese vor allem unter denjenigen zu finden wären, die ihr Grundstudium gerade abgeschlossen haben und noch an die Praxis zügigen Arbeitsforschritts gewöhnt sind,
– daß ein Angebot zur Behebung der öffentlich beanstandeten Mängel des Studienbetriebs den Interessen dieser Studenten engegenkommen würde und
– daß dementsprechend 8 bis 10% der Studierenden des beginnenden Hauptstudiums als Zielgruppe dieses Angebots infrage kommen könnten.

Eine Erhebung über die "Erwartungen der Studierenden hinsichtlich der Dauer ihres Studiums"[14], die ich unter den Teilnehmern der obligatorischen Studienberatungen für Studienanfänger sowie für Absolventen des Grundstudiums zu Beginn des Wintersemesters 1995/96 unternommen und zum Sommersemester 1996 wiederholt habe, hat ergeben, daß diese Annahmen nicht unrealistisch waren:

Von den Teilnehmern (1. Ziffer: 1995/96, 2. Ziffer in Klammern: 1996), 110 (73) Studienanfängern für die Magisterstudiengänge der Deutschen Philologie und 173 (68) Absolventen der Zwischenprüfungen in den Magisterfächern und dem Lehramtsfach Deutsch[15] erhielt ich auf die Frage "Nach wieviel Studiensemestern glauben Sie Ihr Studium mit dem Examen abschließen zu können?" folgende Angaben:

	Studienanfänger		Absolventen der Zwischenprüfung	
	1995/96	1996	1995/96	1996
8 Sem.	= 40	= 3	= 15	= 7
9 Sem.	= 17	= 13	= 23	= 5
10 Sem.	= 36	= 48	= 43	= 15
11 Sem.	= 2	= 3	= 26	= 22
12 Sem.	= 2	= 5	= 23	= 6
13 Sem.	= 0	= 0	= 4	= 4
14 Sem.	= 2	= 1	= 13	= 5
15 Sem.	= 0	= 0	= 8	= 1

---

14 So die Formulierung in der Überschrift des Fragebogens.
15 An der 2. obligatorischen Studienberatung nehmen Lehramts- und Magisterstudenten gemeinsam teil.

| 16 Sem. | = 0 | = 0 | = 3 | = 2 |
| 17 u. mehr | = 11 | = 0 | = 15 | = 1 |

Obwohl ich diese Erhebung fortsetzen will und eine Auswertung hinsichtlich einer ganzen Reihe von Aspekten noch nicht erfolgen konnte, ist diesen Zahlen unmittelbar zu entnehmen, daß die Mehrzahl der Studienanfänger ihr Studium mit dem 10. Semester zu beendigen gedenkt und daß die Erfahrungen mit dem Studienbetrieb während des Grundstudiums an diesen Erwartungen nichts wesentliches ändert.[16]

Außerdem fällt der krasse Unterschied zwischen diesen Erwartungen und der Mehrzahl der wirklichen Studienverläufe ins Auge.

II. Das Konzept

Auf diese Prämissen bezogen, gründete das ZIELSTUDIUM MAGISTER auf zwei tragenden Elementen
1. Sollte durch die Mentorenrolle der beteiligten Professoren die Betreuung der Studierenden entscheidend verbessert werden, indem – vergleichbar dem angelsächsischen Tutorsystem – den Teilnehmern ein Betreuer gegenüberstehen sollte, der
   – über den je individuellen Studiengang- und Verlauf informiert sein und gezielt Ratschläge geben würde,
   – auch unabhängig von den allgemeinen Sprechstunden erreichbar wäre,
   – als gleichsam "garantierter" Abschlußprüfer zur Verfügung stünde.
Darüber hinaus hätte die Bildung von Mentorengruppen von bis zu 15 Teilnehmern kooperatives Arbeiten erleichtert und – so war die Hoffnung – die bewußt nicht vorgesehene institutionalisierte Verbindlichkeit durch gruppendynamischen Zusammenhalt ausgleichen können.

---

16 Problematisch ist dabei, daß diese Befragung *nach* dem Scheitern des Modellversuchs erfolgte und daher die Möglichkeit nicht auszuschließen ist, daß gerade nach dem SS 1995 ein grundlegender Wandel in der Lebensplanung der Studierenden eingetreten ist. Eine Erhebung des Instituts für Schulpädagogik und Bildungssoziologie der FU hat im Oktober 1995 eine empirische Untersuchung zur Akzeptanz von Kurzstudiengängen abgeschlossen und das Ergebnis auf die Formel gebracht: "Lieber kurz und knackig als langwierig und schlaff" (unter diesem Titel herausgegeben von Peter Hübner). Dies könnte auf eine entsprechende Entwicklung deuten. Für abschließende Aussagen sind aber weitere Erhebungen notwendig.

2. Hatten wir durch inhaltliche und zeitliche Abstimmung unserer Lehrveranstaltungen über einen Zeitraum von 5 Semestern *innerhalb* des umfassenden Lehrangebots des Fachbereichs gleichsam ein "curriculares Skelett" für das Hauptstudium im Fach "Neuere deutsche Literatur" markiert, das den Beteiligten
– mehrere Varianten sinnvoller Studiengänge bis zu einer erfolgreichen Abschlußprüfung anbot,
– zugleich offen war für ganz unterschiedliche Ausfüllungen und Ergänzungen,
– bei einem mäßigen Belastungsprofil (durchschnittlich 6 Semesterwochenstunden und 2 Leistungsnachweise im 1. Hauptfach, 14 SWS für alle Studienfächer zusammen) einen Weg zum Magisterexamen innerhalb von 5 Semestern ermöglichte.[17]

III. Der Verlauf des Versuchs

Ein zustimmender Beschluß des Fachbereichsrates im Mai 1994 ermöglichte einen ersten Probelauf für das Wintersemester 1994/95.

Auf der für die erste Semesterwoche im Oktober angesetzten Informationsveranstaltung erschienen sechs Studenten, von denen fünf die für das ZIELSTUDIUM nötigen Voraussetzungen erfüllten.

Nachzügler tauchten auch in den Tagen und Wochen danach nicht auf.

Wir mußten bei dieser geringen Zahl von Interessenten den ersten Versuch als gescheitert betrachten, boten diesen jedoch an, ihre Absicht eines zügigen Studiums zwar nicht im Rahmen eines Modellversuchs ZIELSTUDIUM, aber doch durch individuelle Förderung und Beratung verwirklichen zu helfen. Im übrigen versprachen wir einen zweiten Versuch im kommenden Semester, nachdem wir darauf hingewiesen worden waren, daß möglicherweise unsere Ankündigungen nicht alle Interessenten erreicht hätten.

Das Angebot eines "individual tutoring" nahm im WS 1994/95 trotz anfangs einhellig bekundeten Interesses niemand wahr.

Wir schrieben die Festlegung unserer Lehrveranstaltungen um ein weiteres Semester fort und kündigten das ZIELSTUDIUM zum Sommersemester 1995 erneut an. Dabei setzten wir die begrenzende Semesterzahl für die

---

17 Siehe hierzu die am Schluß abgedruckte Ankündigung des ZIELSTUDIUMS im *Kommentierten Vorlesungsverzeichnis* des Fachbereichs Germanistik.

Teilnahme auf das 6. herauf, um die fünf Teilnahmewilligen des 1. Versuchs nicht auszuschließen.

Außerdem bezogen wir die nunmehr neu geschaffene Möglichkeit eines "Freiversuchs" (eine zusätzliche Wiederholungsmöglichkeit für das Magisterexamen, sowie die Chance der Wiederholung zwecks Notenverbesserung bei der Meldung zum Examen spätestens nach dem 9. Semester) in die Planung des Konzepts und die "Werbung" dafür mit ein.

Neben Flugblättern, Veröffentlichung im *Kommentierten Vorlesungsverzeichnis* des Fachbereichs und im Vorlesungsverzeichnis der FU, auffälligerer Plakatierung und zusätzlicher Sprechstunden stellten wir in sämtlichen neugermanistischen Grundkursen C, die zumeist der Zwischenprüfung unmittelbar vorausgehen, das ZIELSTUDIUM vor.

Zur Informationsveranstaltung kamen diesmal zwölf Interessenten, von denen acht die Voraussetzungen für unser Konzept mitbrachten. Eine von diesen war schon beim ersten Versuch dabei.

Auch das war keine ausreichende Basis für die Verwirklichung unseres Konzepts.

Wir boten auch diesmal den einzelnen Interessenten die individuelle Betreuung zur Realisierung eines Hauptstudiums innerhalb von 5 Semestern an. Trotz der mehrfach bekundeten Absicht, dieses Angebot nutzen zu wollen, hat niemand davon Gebrauch gemacht.

IV. Ursachen des Scheiterns

Für die Gründe des Fehlschlags bin ich überwiegend auf Vermutungen angewiesen. Es gibt aber Annahmen, die plausibel erscheinen:

Das ZIELSTUDIUM wurde schon nach ersten Vorüberlegungen durch die Ausbildungskommission des FB Germanistik in einem förmlichen Beschluß abgelehnt, weil es "für eine untypische Gruppe von Studierenden und eine unrealistische Studiensituation konzipiert" sei (9.12.1993).

Ein Jahr später beteiligte sich die "Zeitung ohne Eigenschaften", eine Publikation der Fachschaftsinitiative Germanistik, an der Diskussion:

"Das Experiment 'Zielstudium Magister' ist das Produktivste, was von seiten der Professoren zur Studienzeitverkürzung bislang an diesem Fachbereich vorgestellt wurde; der Vorschlag [...] stellt ein Angebot für Studierende dar, die sich für die Formulierung ihrer Fragen [...] einen Mentor wünschen, so wie ich auch. Nur: Wie viele Mentanden ist der Mentor Balzer bereit aufzunehmen? Er antwortet mit 15. Der Fachbereich hat aber 8000 Studierende. Es bräuchte aber 533 Lehrkräfte für Balzers Idee."[18]

Hier wurde ein Erfolg des ZIELSTUDIUMS als möglich, gar wahrscheinlich erachtet, freilich nicht als wünschenswert, weshalb implizit auf den antielitären Impuls seit der 68er Bewegung bezuggenommen wurde.

Das durchaus nachvollziehbare Interesse älterer Semester, die eigene Erfahrung eines langen Studiums als Normalfall erhalten zu sehen, drückt sich am gleichen Ort auch unverblümt aus:

"Doch halt, da kommt ein innerer Impuls [...]. Warum diese Hektik? Warum sich beeinflussen lassen von politischem Druck, der mittels einer 'harten' Zwangsexmatrikulation durchgesetzt werden soll", und es folgt das Szondi-Zitat "was *nicht* aufhören soll meiner Ansicht nach, ist die Bummelei, die dem Willen, dem Charakter, den biographischen Wechselfällen des Studenten entspricht".[19]

Das Argument zeigt den Realitätsverlust engagierter älterer Studenten (der sich ähnlich auch bei 35jährigen Doktoranden oder 40jährigen Habilitanden findet): Der Regelfall bei den üblichen späten Examina ist bekanntlich nicht der Studierende, der die Zeit zur Verbesserung seiner Kompetenz über die Minimalanforderung hinaus genutzt hat (also z.B. der bejahrte Doktorand), sondern es ist das 15. Semester, dessen Leistungsnachweise gerade dem geforderten Minimum entsprechen, die sogar häufig nur mit sehr viel gutem Willen seitens des Prüfungsausschusses als den Anforderungen entsprechend akzeptiert werden können.

Solange aber die Debatte über die Studiendauer hierorts ausschließlich vom apologetischen Bedürfnis sehr hoher Semester bestimmt wird, kann sich der Erwartungshorizont der Studienanfänger zwar ändern, was die oben zitierten Umfrageergebnisse dokumentieren. Für die Entscheidung zum Studienabschluß wird sich ein fataler genius loci wohl weiterhin auswirken: Durchschnittliche Studiendauer und Mediane am Fachbereich Germanistik der FU liegen seit langem – und immer noch – zwischen 15 und 16 Semester[20]. Gegen alle Versuche, hier eine Änderung zu erreichen, wird von den Studentenvertretungen geradezu reflexhaft polemisiert – von der Kampagne gegen die "Zwangsberatung" bis hin zu dem abstrusen Vorwurf, das ZIEL-

---

18 *ZOE* Nr. 6 v. 29.3.95, S. 9.
19 *ZOE* Nr. 6, S. 10
20 So die Angaben in den offziellen Statistiken der Universität.

STUDIUM verletze die freiheitlich demokratische Grundordnung[21] – es gehört schon ungewöhnliches Selbstbewußtsein dazu, sich gegen solche opinio communis zu einem frühen Studienabschluß zu entscheiden.

Begeisterte Anhänger des ZIELSTUDIUM-Konzeptes waren in vielen Diskussionen die Studierenden, die den genannten "Regelfall" des Examenskandidaten repräsentieren: Auf den Trümmern einer durch Desorientierung beeinträchtigten Studienbiografie steht der Einsicht – "das hätte mir früher angeboten werden sollen!" – offenbar weniger im Wege.

Die Konkurrenz der Universitäten im Bereich Berlins und Brandenburgs könnte auch den "genuis loci" an der FU verändern. Es wäre möglich, den Versuch unter verbesserten Bedingungen zu wiederholen.

---

21 ZOE Nr. 8, Dezember 1995, S. 16: "Fast möchte man behaupten, Herr Balzer stehe nicht auf dem Boden der FDGO, so undemokratisch, wie er hier verfahren wollte."

Anhang
Ankündigung des Zielstudiums im Kommentierten Vorlesungsverzeichnis des FB Germanistik

ZIELSTUDIUM MAGISTEREXAMEN

Neuere deutsche Literatur

Die Professoren Balzer, Holtz und Sprengel haben einen Teil ihrer Lehrveranstaltungen über fünf Semester inhaltlich und zeitlich so aufeinander und auf die geltende Prüfungsordnung abgestimmt, daß sämtliche von der Prüfungsordnung geforderten und für ein sinnvolles Studium notwendigen Elemente innerhalb dieses Zeitraums angeboten werden und dabei noch zahlreiche Variationsmöglichkeiten enthalten sind.

Das Lehrangebot dieses ersten Zielstudiums besteht aus folgenden Bestandteilen:

Semester	koordiniertes Lehrangebot					
SS 95	V: Literatur d. Bürgerlichen Realismus (Ba)	HS: Novelle v. Kleist bis Walser (Ba)	HS: Goethes Italienische Reise (Sp)	PS: Der junge Brecht (Sp)	Examenscolloquium (Ba)	Austauschsemester Holtz
WS 95/96	V: Naturwissenschaft und Dichtung um 1900 (Sp)	V: Von der Aufklärung z. Realis-mus. Phasen d. Gesch. d. dt. Dramas (Ho)	HS: H. Heine. Werk u. Werkrezeption in Deutschland (Ho)	HS: Rezeptionsästhetik (Ba)	HS: Heinrich und Thomas Mann (Sp)	PS: Vormärz (Ba) ---------- Examenscolloquium (Ho)
SS 96	V: Literatur in der 1. Hälfte d. 19. Jahrhunderts (Ba)	HS: Arthur Schnitzler (Sp)	HS: Franz Kafka (Sp)	HS: Bürgerliches Trauerspiel (Ba)	Examenscolloquium (Ba)	Forschungssemester Holtz
WS 1996/97	V: Drama und Theatermoderne (1890-1930) (Sp)	HS: Gerhart Hauptmann (Sp)	HS: Uwe Johnson (Ho)	PS: Expressionistische Lyrik (Ho)		Forschungssemester Balzer

ZIELSTUDIUM Magister   143

SS 97	V: Was haben wir an einem Gedicht? (Ho)	V: Dt. Literatur der Nachkriegszeit (Ba)	HS: Experimentelle Prosa zw. Jahrhundertwende u. Expressionismus (Sp)	HS: Fontane (Ho)	HS: Roman der Fünfziger Jahre (Ba)	Examenscolloquium (Sp)

Diese Auswahl aus dem umfassenden Lehrprogramm des Faches ergibt sich aus den Forschungs- und Lehrschwerpunkten der beteiligten Dozenten, sie definiert damit nicht etwa einen "Kernbereich" Neuerer deutscher Literaturwissenschaft. Das Programm wird bis zum SS 1997 in dieser Form durchgeführt werden, wenn sich zu Beginn genügend Teilnehmer finden.

Ziel dieses Angebotes ist es:

1.: Studierenden, die ihr Studium ohne größeren Zeitverzug zu einem Abschlußexamen bringen wollen oder müssen, die notwendigen Voraussetzungen dafür zu schaffen.

2.: Die neue Möglichkeit des FREIVERSUCHS bei der Magisterprüfung auch praktisch realisierbar zu machen.

Für ein Magisterexamen mit dem Hauptfach Neuere deutsche Literatur sind innerhalb des Hauptstudiums drei Hauptseminare und mindestens 20 SWS neugermanistische Lehrveranstaltungen vorgeschrieben. Dieser Lehrplan deckt trotz der Reduktion im Stoffbereich mehr als dieses Pflichtdeputat ab, ermöglicht also alternative Schwerpunkte.

Daneben steht den Teilnehmenden natürlich das gesamte Lehrangebot des Fachbereichs weiterhin offen.

Für Studierende, die das Zielstudium in ihrem 5. Fachsemester aufnehmen, ergibt sich z.B. der folgende Studienverlauf:

SS 95	Vorlesung	Hauptseminar	Coll. (oder: WS 95/96)	ca. 6 SWS für 2.(+3.) Fach
				und 2 SWS NDL n. eig. Wahl

ggf. Zwischenprüfung im 2. od. 3. Fach

WS 95/96	Vorlesung	Hauptseminar	Pros. (oder: SS 96)	ca. 4 SWS für 2.(+3.) Fach
				und 4 SWS NDL n. eig. Wahl

SS 96	Vorlesung	Hauptseminar	Coll. (s. WS 94/95)	ca. 6 SWS für 2.(+3.) Fach und 2 SWS NDL n. eig. Wahl
WS 96/97	Vorlesung	HS (geht über die Pflichtzahl hinaus, z. Vorbereitung auf die MA-Arbeit sinnvoll!)	Pros. (s. SS 95)	ca. 6 SWS für 2.(+3.) Fach und 2 SWS NDL n. eig. Wahl
SS 97	MAGISTERARBEIT – Besuch von Vorlesung, Pros. zur Vertiefung der Prüfungsschwerpunkte			
Sept. – Okt.: 1997 ABSCHLUSS DER MAGISTERPRÜFUNG (Klausuren, mdl. Prüfung)				

Planbarkeit, gleichwohl Flexibilität und ein gesichertes Lehrangebot bilden den einen tragenden Aspekt dieses Modells.

Um darüber hinaus die Orientierung auch innerhalb des Lehrangebots und im Hinblick auf die jeweiligen Zweit- und Nebenfächer zu erleichtern und bei den je individuellen Studiengängen Orientierung zu sichern, stellen sich die drei teilnehmenden Dozenten jeweils 15 Studenten als Mentoren, d.h. als ständige Ansprechpartner, während des gesamten Hauptstudiums und der Examensphase zur Verfügung.

Wir sichern schon zu Beginn des Versuches den 45 Teilnehmern zu, ihre Abschlußprüfung als Erstprüfer und -gutachter zu übernehmen.

VORAUSSETZUNGEN FÜR DIE TEILNEHMER
– Magisterstudiengang mit dem 1. Hauptfach Neuere deutsche Literatur
– Zwischenprüfung im Fach Neuere deutsche Literatur
– mindestens 3, höchstens 6 Fachsemester NDL
– Magisterexamen ist am FB Germanistik der FU vorgesehen
– persönliche Anmeldung

Zur Anmeldung ist auf einer Informationsveranstaltung Gelegenheit geboten.

Von der Nicht-Spezialität der Literatur und ihren Folgen für die Literaturwissenschaft

Jürgen Link

Niemand wird bestreiten wollen, daß jener Phänomenbereich, den wir "Literatur" zu nennen gewohnt sind, weder universell noch auch sehr alt ist. Vielmehr handelt es sich um eine ausschließlich okzidentale Gegebenheit, die sich erst gegen Ende des 18. Jahrhunderts herausbildete, gekennzeichnet durch eine zuvor niemals bestehende "Autonomie" gegenüber einer sehr viel weniger spezifischen Diskurslandschaft aus Religion, Populärphilosophie, "Moral" und allerhand "interessanten" Wissensformen sowie einer allgemeinen "Publizistik". Die neue "Autonomie" wurde seit Beginn der Romantik (im umfassenden, 'europäischen' Sinne des Wortes, der die Weimarer "Klassik" der Germanisten einschließt) und vor allem durch Goethe, Schiller und die erste Generation der deutschen Romantiker mittels einer Rhetorik der "Unabhängigkeit" der Literatur von anderen Wissensformen proklamiert, der eine "autoreflexive" Schreibpraxis entsprach, die erstmals in Richtung "l'art pour l'art" tendierte.

Man hat versucht, diese Wende zur "Autonomie" soziologisch zu erklären, und zwar nach mindestens zwei verschiedenen Ansätzen: Entweder sah man darin die Entstehung einer "bürgerlichen Institution"[1], die demnach zu einem auf die Hegemonie einer neuen herrschenden Klasse gegründeten historischen Gesellschaftstyp gehören würde und die in ambivalenter Weise konkret auf die Anfänge einer kapitalistischen Massenkultur geantwortet hätte, gegen die sie sich polemisch abgegrenzt und mit der sie gleichzeitig doch bestimmte Basisideologeme der neuen Hegemonie (man denke etwa an die "liberalen" Implikationen ihrer "Individualitäts"-Konzepte) geteilt hätte. Oder man erblickte in der Proklamation der "Autonomie" einen zusätzlichen Schritt in jenem längst weit fortgeschrittenen Prozeß der Spezialisierung, durch den sich eine traditionale, vormoderne Gesellschaft auf "stratifizierter" Grundlage in eine moderne Gesellschaft auf der Basis von "funktionaler Ausdifferenzierung" verwandelt habe. Nach diesem, in Fortführung der durkheimschen Theorie der Arbeitsteilung und der Systemtheorie von Parsons

---

1 Vgl. Peter Bürger: Institution Kunst als literatursoziologische Kategorie. In: Romanistische Zeitschrift für Literaturgeschichte (1977) H. 1, S. 50ff.; Christa Bürger: Der Ursprung der bürgerlichen Institution Kunst im höfischen Weimar. Literatursoziologische Untersuchungen zum klassischen Goethe. Frankfurt/Main 1977.

und seinen Nachfolgern erarbeiteten Erklärungsmodell tendiert das "System" der modernen Gesellschaft dazu, sich auf der Grundlage seiner wichtigsten "Funktionen" in einen wachsenden Fächer von "Teilsystemen" auszudifferenzieren, von denen jedes auf einem spezifischen "Kommunikationsmedium" beruht (wie z.B. das Teilsystem Wirtschaft auf dem Geld) und eine spezifische Funktion bedient. Aus dieser Sicht würde die moderne Literatur (bzw. die moderne "Kunst" unter Einschluß der Literatur) also einfach ein spezifisches Teilsystem im Fächer der funktionalen Ausdifferenzierung bilden. Dabei werden alle Eigenschaften, die den literarischen Diskurs von anderen Diskursen abzuheben scheinen, sowie all seine "autopoietischen" Strukturen betont. Es ist für meine weiteren Überlegungen nicht notwendig, mich auf die Kontroverse um die Frage einzulassen, worin genau eigentlich das spezifische "Kommunikationsmedium" der modernen Literatur (bzw. "Kunst") bestehe: geht es dabei um eine Kombination zwischen einem allgemeinen "Medium" der "Kunst", dessen operative Definition allerdings eher prekär anmutet[2], und dem (evidenten, aber unspezifischen) "Medium" der Sprache? Oder muß man vielmehr im "Werk" als Einheit von "Medium" und "Form" das "Kommunikationsmedium" der Literatur sehen[3]? Diese Kontroverse könnte ein erstes Symptom gewisser Schwierigkeiten der These vom autonomen Teilsystem darstellen, die sich hauptsächlich aus dem Problem ergeben, einen theoretisch 'starken' Zusammenhang zwischen dem evidenten soziologischen Faktum der "gesonderten" Institutionalisierung einer bestimmten Literatur in der Moderne auf der einen Seite und den "literarischen" *Strukturen* sowie (vor allem *Subjektivitäts-)Effekten* auf der anderen zu formulieren.

Hinzu kommt ein zweites Symptom solcher Schwierigkeiten: Aus der Sicht der These vom autonomen Teilsystem zeigt sich in einem mehr oder weniger großen Bereich der modernen Literatur, z.B. bei allen Avantgarden des 20. Jahrhunderts, eine Tendenz zur "Entdifferenzierung"[4]. Nun kann man versuchen, mit dieser Tendenz mittels der These vom "Scheitern der Avant-

---

2 Niklas Luhmann: Die Kunst der Gesellschaft. Frankfurt/Main 1995, S. 191: "Das Medium der Kunst ist demnach für alle Kunstarten die Gesamtheit der Möglichkeiten, die Formgrenzen (Unterscheidungen) von innen nach außen zu kreuzen und auf der anderen Seite Bezeichnungen zu finden, die passen, aber durch eigene Formgrenzen ein weiteres Kreuzen anregen." Ich muß gestehen, daß mir die These, als Medium der Wirtschaft diene das Geld, irgendwie operativer erscheinen will.
3 Gerhard Plumpe: Epochen moderner Literatur. Ein systemtheoretischer Entwurf. Opladen 1995, S. 48 und passim.
4 Plumpe, S. 177ff.

garden" fertigzuwerden, aber begleitet diese Tendenz zur "Entdifferenzierung", wenn man genauer hinsieht, nicht fast die gesamte moderne Literatur (außer das l'art pour l'art im engen Sinne)? Beruht z.B. der realistische Roman nicht entscheidend auf der Integration von allerhand außerliterarischem modernem Wissen (von populärliterarischen Genres wie der Science Fiction u.ä. zu schweigen)? Beruht nicht darüber hinaus sogar die Romantik weitgehend auf einem Programm der Kombination und Integration außerliterarischer Diskurse und Wissensbestände[5]? Auf solche Fragen antwortet die These vom autonomen Teilsystem mit dem Hinweis, daß die literarischen Texte in der Rezeption von ihrer "literarischen Funktion" sozusagen 'entwendet' werden könnten: Sie könnten dadurch in andere Teilsysteme (wie z.B. Religion, Philosophie, Populärwissenschaften, Politik, Moral) oder in eine unspezifische "entdifferenzierte" Grauzone hinein umfunktioniert werden.

Wie dem auch sei, so erlauben es die Erträge wie die Probleme dieser soziologischen Ansätze, die die Spezialisierung der modernen Literatur betonen, die Fragestellung der folgenden Überlegungen besser zu exponieren: Bis zu welchem Grade ist die spezielle Institutionalisierung der Literatur seit 1800 effektiv? Bis zu welchem Grade erfaßt sie die Strata, die Genres und vor allem die Strukturen der Literatur? Kann das fundamentale Faktum, daß "literarische" *Strukturen* irreduzibel plural und auf der Basis eines heterogenen diskursiven Materials "montiert" erscheinen, ihrer soziokulturellen *Funktion* wirklich äußerlich bleiben?

Ich kann im folgenden die Möglichkeiten einer Literaturanalyse als Interdiskursanalyse nur sehr exemplarisch und stark verkürzt skizzieren. Ich werde mich dabei auf einen thematischen Komplex beziehen, den man als "Faszinations"-Thema bezeichnen könnte, und zwar auf das moderne technische Fahrzeug und insbesondere das Auto. Schon Walter Benjamin war im Rahmen seines Projekts eines großen Werks über die Pariser Passagen auf solche Faszinationsthemen der Moderne aufmerksam geworden: Passagen, Verkehr, Waren, Modeartikel, künstliche Beleuchtung, Bahnhöfe, Eisenbahn usw. Worauf beruht genau die Faszination solcher modernen "Kollektivsymbole", wie ich sie zu nennen vorgeschlagen habe, die so etwas wie Knotenpunkte des "kollektiven Unbewußten" im 19. und 20. Jahrhundert darstellen? Es will mir scheinen, daß einer der wichtigsten Gründe darin liegt, daß es sich bei solchen Kollektivsymbolen sowohl um 'Drehscheiben' interdiskur-

---

5 Vgl. dazu etwa Walter Moser: Romantisme et crises de la modernité. Poésie et encyclopédie dans le Brouillon de Novalis. Longueil (Québec) 1989.

siver Kombination und Integration wie auch um imaginäre Modelle ersten Ranges für subjektive Applikation ("Identifikation" u.ä.) handelt. Als Fahr-Maschine repräsentiert das Auto z.b. einen komplexen homöostatischen und kybernetischen Apparat, der in ambivalenter Weise gleichzeitig als Simulakrum des Organismus wie auch als sein "mechanischer" Gegensatz funktioniert. Als Maschine konnotiert das Auto eine Reihe von modernen wissenschaftlichen und technologischen Wissensmengen wie z.b. die Thermodynamik. In seiner Eigenschaft als Fahrzeug funktioniert es als Symbol einer kybernetischen Subjektivität, die sich in einem komplexen Verkehrsnetz zu "orientieren" weiß. In Antithese zu kollektiven Fahrzeugen wie Eisenbahnzügen, Flugzeugen, Omnibussen, U-Bahnen usw. symbolisiert das Auto ferner eine strikt individuelle Subjektivität, woraus sich z.b., wie ich gleich darstellen werde, das typische Motiv eines Kampfes zwischen Mann und Frau um die Beherrschung des Lenkrads bzw. ganz allgemein eines Kampfes zwischen Mann und Frau im Auto ergibt. Diese gesamte symbolische Funktion ist wesentlich interdiskursiv, insofern sie mehrere Spezialdiskurse berührt. Es wäre nicht schwer zu zeigen, daß die Auto-Symbolik in etwa jedem dritten psychologischen, soziologischen, kulturwissenschaftlichen und sogar aktualphilosophischen Text begegnet. Hier einige Beispiele aus verschiedenen Spezialdiskursen:

So heißt es etwa in dem berühmten Buch *The Limits to Growth* über die besonderen Risiken, die sich aus der wachsenden Geschwindigkeit ökologischer Trends ergeben: "Delays in a dynamic system have serious effects only if the system itself is undergoing rapid changes. Perhaps a simple exemple will clarify that statement. When you drive a car there is a very short, unavoidable delay between your perception of the road in front of you and your reaction to it. There is a longer delay between your action on the accelerator or brakes and the car's response to that actions. You have learned to deal with these delays. You know that, because of the delays, it is unsafe to drive too fast. If you do, you will certainly experience the overshoot and collapse mode, sooner or later. [...] The only safe way to handle the extended delay would be to slow down. [...] In exactly the same way, the delays in the feedback loops of the world system would be no problem if the system were growing very slowly or not at all."[6]

Die Ökologie ist nicht der einzige Wissensbereich, der mittels des Autosymbols subjektiviert wird; in Handbüchern der Psychologie und Psychotherapie ist dieses Bild noch mehr verbreitet:

---

[6] Donella and Dennis Meadows et al.: The Limits to Growth. New York 1972, S. 144.

"Our potentiality for understanding and communicating with other people depends on our ability to construe another person's constructs or ways of understanding the world. [...] On a simple level, Kelly points out that the elementary task of driving a car successfully in traffic entails anticipating what other drivers are going to do, even though one might not always choose to imitate them. (etc.)"[7]

Wenn man auch nur diese zwei Beispiele, die ich aus Hunderten ausgewählt habe, vergleicht, kann man schlecht die weitgehende Ähnlichkeit der 'Auto-Subjektivität' übersehen, die verschiedenste Diskurse durchquert wie ein Schaschlikspieß. Im Zentrum der meisten Beispiele steckt so etwas wie der kybernetische Orientierungs- und Interaktionskomplex innerhalb eines Funktionsbereichs von "Normalität". Die Einheit zwischen Subjekt und Auto, die bei dem Komplex des 'High-Tech-Vehikel-Körpers' bis zur völligen Fusion geht, wird z.B. im halb psychologischen, halb philosophischen Diskurs von Karl Jaspers betont:

"Unser Eigenraum, eigentlich der Raum unseres anatomischen Körpers, erstreckt sich so weit, wie diese Empfindung des Mit-uns-eins-seins. So gehört das Auto, das ich lenke, wenn ich es ganz beherrsche, zum Eigenraum und ist wie ein erweiterter Körper, in dem ich mit meinem Empfinden überall anwesend bin."[8]

Es schiene mir wenig überzeugend, diese interdiskursive Funktion gewaltsam auf eine Spezialisierungslogik reduzieren zu wollen – etwa durch die Behauptung, die Verwendung des Kollektivsymbols Auto in einem psychologischen Diskurs habe mit seiner Verwendung in einem ökonomischen oder literarischen Diskurs nichts zu tun. Ich würde statt dessen vorschlagen, sämtliche Okkurrenzen des Symbols, auch quer über die Grenzen zwischen "Teilsystemen" hinweg, im Zusammenhang als ein identisches Strukturelement zu analysieren, das überall, wo es begegnet, hauptsächlich eine identische Basis-Funktion bedient, und zwar die 'Übersetzung' (Transformation) eines elementaren "Orientierungs-Wissens" der Moderne vom kybernetischen Typ in Subjektivität – und das mittels eines Lusteffekts, einer "Faszination".

Man kann nun diese 'Übersetzungs'-Funktion zwischen einem allgemeinen kybernetischen Wissen und der Subjektivität noch näher als "Normalisierungs"-Funktion kennzeichnen. Das Auto symbolisiert dann in dieser Sicht das Hin und Her zwischen dem "normalen" Funktionieren der moder-

---

[7] Barbara Engler: Personality Theories. An Introduction. Boston et al. 1979, S. 395.
[8] Karl Jaspers: Allgemeine Psychopathologie. 7. Aufl. Berlin 1959, S. 75.

nen Subjektivität (angemessene Geschwindigkeit, richtige Spur, richtige Richtung, "normales" Verhalten beim Überholen usw.) und einem "gestörten", "abweichenden", "anormalen". Bereits auf der Ebene der mehr oder weniger spontanen interdiskursiven Proliferation taucht dabei jener höchst symptomatische und höchst bedeutende "Faszinationstyp" moderner Narrationen auf, den ich als "(nicht) normale Fahrt"[9] im Auto zu bezeichnen vorschlage. Dieser Narrationstyp unterscheidet sich von Abenteuerfahrten verschiedenster Art durch seine strikt "entzauberte" (Max Weber) und "normale" Ausgangssituation im regelmäßigen inner- und zwischenstädtischen Verkehr, besonders Pendelverkehr.

Unter den zahlreichen möglichen Beispielen für literarische Versionen dieser (nicht) normalen Auto-Fahrt (die sich unter Einbeziehung des Films noch stark vermehren würden) möchte ich nur die zwei folgenden auswählen: Zunächst die Episode der Autofahrt zu viert am Schluß von Célines *Voyage au bout de la nuit*. Zwei Paare, der Erzähler Bardamu mit seiner Freundin und der Kriminelle Robinson mit seiner Ex-Verlobten, die dieser 'abhaltern' möchte, die sich aber "hysterisch" an ihn klammert, finden sich auf der Rückkehr von einer Kirmes zusammen in einem Taxi eingeschlossen. Zur Situation gehört noch, daß der Arzt und Psychiater Bardamu, der ohne Wissen Robinsons ebenfalls bereits mit dessen "hysterischer" Braut geschlafen hatte, den Kirmesbesuch als Vorspiel zu Gruppensex ("partouze") geplant hatte – wofür die Aussichten zu diesem Zeitpunkt wegen der 'ungebremsten' Leidenschaft und Eifersucht der jungen Frau allerdings bereits denkbar schlecht sind. Wir haben es also mit einer hoch explosiven Mischung aller Arten von Normalität ("Liebe", "Freundschaft", Dreieck, Viereck, Ehekrach) und aller Arten von (bekanntlich ebenso paradox "normaler") Anormalität wie Kriminalität und "Hysterie" zu tun – und all das im Vehikel par excellence der normalen Modernität oder der modernen Normalität, dem Auto. Wenn die Kollektivsymbolik es nahelegt, die modernen Individuen als symbolische Fahrer ihrer Autos aufzufassen, ginge es also bei Céline um eine Art 'inneren' Autorennens am Rande einer fürchterlichen Kollision:

"Le taxi allait à nouveau tout à fait doucement à cause des camions, partout échelonnés devant nous. Ça l'agaçait lui justement d'être embrassé et il l'a repoussée assez brutalement faut le dire. Bien sûr, c'était pas aimable comme geste, surtout que ça se passait devant nous autres. / Quand nous arrivâmes au bout de l'Avenue de Clichy, à la Porte, la nuit était tombée déjà,

---

9 Ich habe diesen Faszinationstyp theoretisch und historisch ausführlicher analysiert in J.L.: Versuch über den Normalismus. Wie Normalität produziert wird. Opladen 1996.

les boutiques s'allumaient. Sous le pont du chemin de fer, qui résonne toujours si fort, je l'entends moi quand même qui lui redemandait encore: 'Tu veux pas m'embrasser Léon?' Elle repiquait. Lui il répondait toujours pas."[10]

Die modernen Katastrophen werden nicht umsonst als "Verkehrsunfälle"[11] bezeichnet: Wenn die Individuen des 20. Jahrhunderts ihre jeweilige "Lebensbahn" am Steuer ihres jeweiligen symbolischen Autos verfolgen, dürften zwei Individuen im gleichen Auto vielleicht bereits zu viel sein, während vier mit derartig vertrackten Beziehungen schon mit annähernder Sicherheit die Prognose einer Kollision nahelegen. Die tragische Blindheit des erzählenden Arztes, der die Gesetze der Normalität und Anormalität ja schon von Berufs wegen gut zu kennen glaubt, entspringt aus dem für ihn undurchdringlichen Abgrund von Faszination, die Robinson auf ihn ausübt. Er glaubt sogar, daß das Auto den 'Unfall' eher verhindern könnte: "Je me demandais même pendant un petit instant si on n'allait pas se provoquer, se tabasser, mais on n'avait pas la place d'abord pour se battre, à quatre comme on était dans le taxi. Ça me rassurait. C'était trop étroit."[12]

Das sagt der Erzähler nur einen Augenblick, bevor seine Ex-Verlobte Robinson mit Pistolenschüssen tötet. In einem Bereich, wo die Normalität herrscht, wie er treffend vom Auto symbolisiert wird, heißt Anormalität nicht mehr als die Überschreitung einer Grenze, ausgelöst vielleicht durch eine kleine Abweichung von der normalen Richtung oder der normalen Geschwindigkeit, ihrerseits wiederum ausgelöst durch einen kleineren oder größeren Unfall im Gehirn oder in der Psyche, kurz gesagt in der Subjektivität. Das hätte ein Arzt wissen sollen.

Die Kunst Célines besteht darin, sein großes Epos mit einem Ehekrach im Auto enden zu lassen, im Grunde einem 'stinknormalen' Ereignis, das aber – auf "konzentrierte", "verdichtete", "polysemische" Art und Weise – ein komplexes interdiskursives Wissen über die Normalität (aus Medizin, Psychiatrie, Psychologie, Technologie, Kybernetik usw.) für die subjektive, "identifikatorische" Applikation der Leser und Leserinnen anbietet. Mindestens an solchen Stellen scheint eine fundamentale Funktion der Literatur also darin zu bestehen, per "Faszination" ein interdiskursives Wissen in Subjektivität zu transformieren, wobei die "Faszination" stets ein "ästhetisches" Element, das mit imaginär evozierter und provozierter sinnlicher oder quasi-sinnlicher Lust zu tun hat, wie auch ein Element von "Amüse-

---

10 Louis-Ferdinand Céline: Voyage au bout de la nuit. Ed. Livre de poche. Paris 1952, S. 483.
11 Bzw. als "Betriebsunfälle": Vgl. Fritz Stern: War der Kriegsausbruch nur ein Betriebsunfall? In: Der Spiegel Nr. 43/1964.
12 Céline: Voyage (wie Anm. 10), S. 485.

ment" einschließt, ohne sich aber darauf reduzieren zu lassen (sonst gäbe es keinen Unterschied z.B. zu einem Sport-Kampf usw.).

Mein zweites Beispiel: Die Erzählung *Drachenblut* von Christoph Hein. Es handelt sich um den Bericht über Ereignisse, die um 1980 in der damaligen DDR situiert werden. Ich-Erzählerin ist eine Ärztin, die allein in einem anonymen Plattenhochhaus wohnt, wo sie zufällig einen Mann kennenlernt, mit dem sie sexuell verkehrt und Autofahrten unternimmt. Der Mann, der gern mit hoher Geschwindigkeit fährt und mehrfach nur knapp schwere Unfälle vermeidet, wird schließlich wegen eines absurden Streits mit Jugendlichen in einer Vorortskneipe von diesen ohne Vorwarnung totgeschlagen. Der Ton der Erzählung gleicht in seinem extrem distanzierten Gestus demjenigen des *Étranger* von Camus (Untertitel: "Der fremde Freund").

Wie Céline benutzt auch Hein das Auto als Modell einer "monadischen", fensterlosen Subjektivität. In einem System der "Normalität", auf das sich die Erzählerin explizit und affirmativ bezieht, kann niemand das Lenkrad seiner Vehikel-Person ohne das Risiko einer Katastrophe mit jemand anderem teilen. Der absurde gewaltsame Tod ist also ein "Verkehrsunfall", und die Absurdität dieses Unfalls entspricht der Unmöglichkeit von Auto-Subjekten, anders als durch Kollision miteinander zu kommunizieren – anders gesagt der Unmöglichkeit der Liebe unter Auto-Subjekten:

"An der Autobahnauffahrt wären wir fast mit einem entgegenkommenden Wagen zusammengestoßen. Henry fuhr schnell, und der andere Wagen kam plötzlich aus der Kurve geschossen. Wir waren auf der Gegenspur. Die Scheinwerfer des anderen Wagens sah ich direkt auf mich zukommen. Ich schrie auf. Das andere Auto hupte laut und durchdringend. Ich griff ins Steuer, um den Wagen zur Seite zu lenken. Das andere Fahrzeug bremste und drehte sich. Henry schlug mir mit dem Handrücken ins Gesicht. Dann sauste unser Wagen an dem anderen vorbei."[13]

Diese Episode ist von zentraler Bedeutung: Sie zeigt die Unmöglichkeit der Liebe im Auto, da ja zu den Voraussetzungen von Liebe im modernen Sinn, d.h. Liebe als "Leidenschaft" ("Liebe als Passion") vollständiges gegenseitiges Vertrauen gehören soll – bis zum Wagnis des gemeinsamen Todes. Es ist klar, daß solche Voraussetzungen nichts mit Verkehrsregeln (einschließlich Verkehrsverhaltensregeln) zu tun haben. Hein zeigt mit seiner Episode die Äquivalenz in der Absurdität zwischen einem "normalen" Unfalltod und einem solchen hypothetischen Tod aus Liebe – mit oder ohne

---

13 Christoph Hein: Drachenblut oder Der fremde Freund. Frankfurt/Main 1989, S. 131. Die 1. Aufl. erschien in der DDR unter dem Titel: Der fremde Freund. Berlin/Weimar 1982.

Fehler des Fahrers. Hat der Mann die Frau aus Frustration über ihren 'Mangel an Liebe' geschlagen oder einfach, um nicht die Herrschaft über das Steuer zu verlieren, die der Fahrer in einer solchen Situation selbstverständlich aus rein technischen Gründen des Überlebens nicht aufgeben darf? Das bleibt unentscheidbar. Sicher ist lediglich, daß jedenfalls das Auto "Liebe als Passion" ausschließt.

Wenn die hier vorgeschlagene These über die Interdiskursivität etwas für sich haben sollte, müßte daraus die Wette folgen, daß viele zeitgenössische Diskurse, einschließlich von Spezialdiskursen und einschließlich der Systemtheorie selbst, nicht bloß die Kollektivsymbolik des Autos, sondern womöglich die faszinierende Episode des Kampfes zwischen Mann und Frau um das Lenkrad reproduzieren werden. Hier nun eine der zentralen Stellen aus *Liebe als Passion* von Niklas Luhmann:

"Die Ehen werden im Himmel geschlossen, im Auto gehen sie auseinander. Denn derjenige, der am Steuer sitzt, richtet sich nach der Situation und fährt, wie er meint, auf Grund seines besten Könnens; aber der, der mitfährt und ihn beobachtet, fühlt sich durch die Fahrweise behandelt, führt sie auf Eigenschaften des Fahrers zurück. Er kann nur in einer Weise handeln, nämlich kommentieren und kritisieren; und es ist wenig wahrscheinlich, daß er dabei die Zustimmung des Fahrers findet. [...] Bei Intimbeziehungen wird jedoch genau diese Situation zum Test auf die Frage: handelt er so, daß er meine (und nicht seine) Welt zu Grunde legt? Und wie könnte man davon absehen, bei Zweifeln den Versuch einer kommunikativen Klärung zu unternehmen, wenn man andernfalls mit resigniertem Schweigen sich und dem anderen sagen würde, daß man den Test nicht riskiert? / Dies Beispiel mag uns als Leitfaden dienen auf der Suche nach Generalisierungen. Es lehrt zunächst, daß ein sehr hohes Maß an gemeinsamem und als gemeinsam gewußtem Situationswissen, also auch ein hohes Maß an kultureller Vorprägung vorausgesetzt werden muß, das weder mit Individualität noch mit Liebe etwas zu tun hat, aber sich dazu eignet, Nuancen des Verhaltens attributionsfähig zu profilieren. (Er 'schneidet die Kurven', obwohl er weiß, daß ich das nicht mag; sie 'fährt auf der Autobahn stur links', obwohl sie weiß, wie pedantisch ich immer auf die Vorschriften achte.)"[14]

Nach den Kriterien von "Medium" und "Kode" des "Teilsystems Wissenschaft", zu dem dieser Abschnitt nach der Theorie seines Autors zu zählen wäre, müßte gefragt werden, ob er "wahr" oder "falsch" ist. Aber ist die

---

14 Niklas Luhmann: Liebe als Passion. Zur Codierung von Intimität. Frankfurt/Main 1982, S. 42f.

Passage nicht einfach (im Wortsinne) zu schön, als daß wir uns mit diesem "Kode" allein begnügen könnten? Sind wir demnach 'in die Literatur abgewichen'? Sagen wir lieber, daß wir es mit einem Musterfall von Interdiskurs zu tun haben, und folgern wir daraus, daß es sich beim Interdiskurs absolut nicht um ein bloßes "Ornament" handelt, von dem man den Text genauso gut auch einfach 'befreien' könnte. Ganz im Gegenteil müßte man die interdiskursiven Elemente eines nichtliterarischen Textes oft wohl eher zu den ganz und gar unverzichtbaren 'strategischen' Elementen zählen. Handelt es sich also um "Interpenetration" der Teilsysteme bzw. um "Entdifferenzierung"? Zweifellos – vom Ort der Spezialitäten aus betrachtet. Die Hypothese über den Interdiskurs schlägt demgegenüber eine Änderung des Blickpunkts vor und regt an, das interdiskursive Ensemble als eine fundamentale und primäre Komponente sui generis innerhalb eines jeden modernen soziokulturellen Systems aufzufassen. Es läßt sich dann annehmen, daß eine 'starke' strukturelle 'Solidarität' zwischen dem soziologischen Abschnitt Luhmanns und dem literarischen Abschnitt Heins herrscht, daß wir es mit zwei Elementen einer einzigen interdiskursiven Achse zu tun haben, die ihrerseits zu einem nicht zu unterschätzenden interdiskursiven Netz der Moderne gehört: zum Komplex der "Normalität". Dieser Komplex überdeterminiert eine Reihe von Spezialdiskursen, darunter die Soziologie, und prägt ihnen partiell eine höchst bedeutsame 'transversale' Logik der "Entdifferenzierung" auf, die wiederum eine besondere Subjektivierungsmacht ausübt – und zwar gerade mittels ihrer Kopräsenz in verschiedenen Diskursen und sogar in verschiedenen "Teilsystemen". Bei der Rekonstruktion einer solchen interdiskursiven Achse spielt die Literatur oft eine 'strategische' Rolle, weil die Möglichkeiten der Achse für die Subjektapplikation ("Identifikation" usw.) gerade von der Literatur besonders entwickelt und sozusagen 'bis an die äußerste Grenze getrieben' werden. Deshalb wird man Luhmann an dieser Stelle besser lesen, wenn man ihn mit Céline und Hein liest.

Als vorläufiges Resümee ließe sich demnach zunächst sagen, daß in "modernen" Gesellschaften mit "funktionaler Ausdifferenzierung" und Diskursspezialisierung eine fundamentale und unersetzliche Funktion zu existieren scheint, die (in wie extrem selektiver Form immer) bestimmte Wissensmengen des sich ständig erweiternden Fächers von Spezialitäten derartig synthetisiert, daß sie von Subjektivitäten aufgenommen und assimiliert werden können. Ich habe diesen Prozeß selektiver Synthese als Spiel des "Interdiskurses" und den Prozeß dieser Assimilation in Subjektivitäten als (Subjekt-)"Applikation" bezeichnet. Die entsprechende Funktion wird zunächst in mehr oder weniger spontaner Weise durch das gesamte Gewimmel interdiskursiver (z.B. symbolischer) Parzellen in allen Diskursen bedient. Sie wird darüber hinaus und vor allem durch eigens elaborierte und institutionalisierte "Interdiskurse" wie Populärreligion, "Ideologien", Populärwissenschaft, mediopolitischen Diskurs usw. bedient, die nach je eigener Systematik auf der Basis des 'wimmelnden' und 'frei flottierenden' interdiskursiven Materials, das die verschiedenen Sparten des Wissens über die spezialistischen Trennwände hinweg verbindet und vernetzt, errichtet wurden. Die Literatur ließe sich dann als ein solcher "Interdiskurs mit dominant subjektivierender Funktion" auffassen. Die Geschichte der modernen Literatur würde dann vor allem auf die Innovationen und Umschichtungen der interdiskursiven Fächer reagieren, die aus der Evolution und der kulturellen Filterung der Wissensbereiche entspringen. Das hieße, daß die Literaturwissenschaft diese Evolution und die entsprechende Evolution der Subjektivitäten, vor allem in Form von Subjektapplikationen literarischer Strukturen, analysieren müßte. In technischer Hinsicht würde eine solche Analyse der interdiskursiven, synthetischen und "verdichtenden" Kraft der Literatur zunächst eine weitere Entwicklung strukturaler und "formaler" Analyseverfahren voraussetzen, während parallel dazu die Theorie der Subjektapplikation Forschungen über die "Faszinationen" erfordern würde[15]. Die kulturellen Konflikte könnten dann als Konfrontation zwischen verschiedenen Typen von Subjektivität begriffen werden, die mit verschiedenen alternativen interdiskursiven 'Optionen' korreliert wären – und literarische Texte wären als Interventionen in solche Felder von Kollisionen zwischen Subjektivitätstypen aufzufassen. Es ginge um so etwas wie die wechselseitige Erhellung zwischen den interdiskursiven 'hot spots' einer Kultur bzw. Gesellschaft und ihren literarischen Ereignissen.

Eine solche Literaturwissenschaft bzw. Literaturgeschichte als Interdiskursanalyse könnte, ob man das bedauern mag oder nicht, eine gewisse Komplexität nicht vermeiden: In diesem kurzen Aufriß konnte ich lediglich einige strategische Hauptlinien ihrer Tendenz skizzieren. Um noch einmal das Beispiel der (nicht) normalen Fahrt als "Faszinationstyp" aufzugreifen, so müßte eine genauere Analyse sich nicht bloß für das Schlüsselsymbol des High-Tech-Vehikel-Körpers und die von ihm konnotierten interdiskursiven Verdichtungen interessieren, sondern darüber hinaus für die Gesamtheit der Symbolik eines solchen Textes; sie müßte ferner die Gesamt-Montage der

---

15 Vgl. dazu Hans Ulrich Gumbrecht: 'Faszinationstyp Hagiographie' – ein historisches Experiment zur Gattungstheorie. In: Deutsche Literatur im Mittelalter. Kontakte und Perspektiven. Hugo Kuhn zum Gedenken. Hrsg. von Christoph Cormeau. Stuttgart 1979, S. 37-84.

Erzählschemata und der Figuren einschließlich des Spiels der Perspektiven bis hin zum "Ton" der Erzählung einbeziehen. So ist etwa bei Céline (von dem in jeweils entscheidenden Strukturkomponenten sowohl Camus wie Sartre wie auch Kerouac und seine Nachfolger 'abstammen') die symbolische Fahrt mit einer Perspektive 'quasi außenstehender Beobachtung des Ichs wie des Nicht-Ichs' gekoppelt – ebenso wie mit einem *coolen* Argot-"Ton", der über kurze, trockene 'Schlag-Sätze' fortschreitet, die gleichzeitig faktenkonstatierende 'Protokollsätze' sind – wobei der gesamte Ton sich dennoch fundamental von beliebigen Tönen des *thrill* (Prototyp Hemingway) unterscheidet. Erst in einer solchen, sowohl komplexen wie detaillierten Analyse ließe sich das konkrete Profil des Typs von Subjektivität umreißen, den der literarische Diskurs des *Voyage au bout de la nuit* suggeriert – einer Subjektivität, die auf den Normalismus antwortet, und das auf eine zum Zeitpunkt der Publikation ganz neuartige Weise.

Literaturwissenschaft als Literatur(system)wissenschaft

Achim Barsch

Das Krisensyndrom

Die nähere Bestimmung von "Literaturwissenschaft als ......" ist seit Beginn der Verwissenschaftlichung der Germanistik in den 1970er Jahren immer wieder unterschiedlich neu gefüllt und diskutiert worden. Hier eine lose Sammlung von Beispielen:
– Textwissenschaft
– Argumentationswissenschaft
– Rezeptionsforschung
– Kommunikationswissenschaft
– Diskursanalyse
– Medienwissenschaft
– Kulturwissenschaft
– Medienkulturwissenschaft

Diese offene Liste ließe sich mühelos weiter ergänzen und spezifizieren. In diesem Beitrag steht nicht so sehr die Suche nach einem weiteren Kandidaten zur Ergänzung der Liste im Vordergrund oder gar dessen dogmatische Durchsetzung, auch wenn dem Autor mit der systemtheoretisch ausgerichteten empirischen Literaturwissenschaft ein "nahezu perfekt durchdachtes Forschungskonzept"[1] zur Verfügung steht.

Wertet man die obige Liste als ein Indiz für Selbstverortungsprobleme des Faches, die zudem durch jüngere Titel wie *Wozu noch Germanistik?*, *Germanistik in der Mediengesellschaft* oder *Literaturwissenschaft – Kulturwissenschaft* signalisiert werden,[2] dann geht es mir um einen Beitrag zum Selbstverständnis des Faches. Die Bestimmung dessen, was als Kernbereich des Faches fungieren soll, sehe ich anders gelagert als Jörg Schönert, wenn-

---

1 Germanistik in der Mediengesellschaft. Hrsg. von Ludwig Jäger und Bernd Switalla. München 1994, S. 22.
2 Wozu noch Germanistik? Wissenschaft – Beruf – Kulturelle Praxis. Hrsg. von Jürgen Förster, Eva Neuland und Gerhard Rupp. Stuttgart 1989; Germanistik in der Mediengesellschaft (wie Anm. 1); Literaturwissenschaft – Kulturwissenschaft. Positionen, Themen, Perspektiven. Hrsg. von Renate Glaser und Matthias Luserke. Opladen 1996.

gleich Schönert durchaus ähnliche Ziele verfolgt.³ Bevor ich eine Anwort versuche, ist darauf hinzuweisen, daß die Frage der disziplinären Verortung von Forschungstätigkeiten angesichts von Schlüsselbegriffen wie 'Interdisziplinarität', 'Interkulturalität', 'Multimedialität' und 'Internationalität' eigentlich sekundär bis obsolet ist.⁴ So können sich germanistische Linguisten kompetent und erfolgreich mit dem Kinderfernsehen beschäftigen oder mit Fragen der Mediensozialisation. Literaturwissenschaftler haben z.T. keine Schwierigkeiten, Architektur oder elektronische Speichermedien als ihre Untersuchungsgegenstände zu verwenden sowie Fragen gesellschaftlicher Folgeschäden medialer Entwicklungen aufzugreifen. Solche Schwerpunktsetzungen verdanken sich einerseits speziellen Forschungsinteressen, andererseits sind sie angeregt durch gesellschaftliche Veränderungen, wie sie beispielsweise im Medienbereich umgreifend erfolgen. Auf diese Weise können Ausdifferenzierungen des Faches erfolgen, die nicht mehr umkehrbar sind. Die Erfolgsgeschichte der Medienwissenschaft zeigt, wie sich auf der Basis eines erweiterten Literaturbegriffs germanistische Interessen auf Literaturverfilmungen, Hörspiele und AV-Medien ausdehnen und schließlich zur Etablierung einer neuen Disziplin führen konnten, die sich neben Publizistik und Kommunikationswissenschaft ansiedelt und ihren Platz behauptet.

Selbstreflexionen eines Faches einschließlich seiner Selbstdarstellungen erfolgen vornehmlich dann, wenn es in eine stärkere (Orientierungs- oder Legitimations-) Krise gerät. Zu einer solchen Krise können fachinterne und externe Ursachen führen, die jeweils unterschiedlich gelagert sein können. Für den Zustand der heutigen Literaturwissenschaft ist besonders prägend, daß sie sich zwar nach Abspaltung aus der Germanistik neben der Sprachwissenschaft in der zweiten Hälfte des 19. Jahrhunderts etablieren konnte, den Sprung zu einer paradigmatischen Wissenschaft im Sinne Th. S. Kuhns jedoch nicht schaffte.⁵ Das Projekt einer nationalen Literaturgeschichtsschrei-

---

3 Jörg Schönert: Bedingungen und Perspektiven für eine 'Zweite Studienreform' in der Germanistik. In: Reformdiskussion und curriculare Entwicklung in der Germanistik. Dokumentation der Internationalen Germanistentagung des DAAD 24.–28. Mai 1995 Universität Gesamthochschule Kassel. Hrsg. unter Mitarbeit von Monika Asche und Anke Tanzer von Günter Blamberger und Gerhard Neuner. Bonn: DAAD 1995, S. 13.
4 Mir ist natürlich klar, daß Fächergrenzen und Denominationen bei Anträgen für Forschungsprojekte (Fachreferent, Fachgutachter) oder im Kontext von Qualifikationsverfahren eine wichtige Rolle spielen.
5 Vgl. zur Fachentwicklung von 1890 bis 1914 Holger Dainat: Von der Neueren deutschen Literaturgeschichte zur Literaturwissenschaft. Die Fachentwicklung von 1890 bis 1913/14. In: Wissenschaftsgeschichte der Germanistik im 19. Jahrhundert. Hrsg. von Jürgen Fohrmann und

bung scheiterte.⁶ Schon in den 1920er Jahren taucht das Schreckgespenst des 'Methodenpluralismus' auf, das als permanentes Übel und ständige Herausforderung seine subtile Bedrohlichkeit bis heute nicht verloren hat. Jeder Ansatz scheint der Gefahr ausgesetzt, morgen unmodern und übermorgen vergessen und abgehakt zu sein. Konnte die disziplinäre Gemeinschaft der Literaturwissenschaftler sich bis in die 1960er Jahre hinein in nationalphilologischer Ausrichtung als Wissenschaft 'von und zum Deutschtum' verstehen und in demütiger Haltung vor dem Autor eine ehrfürchtige Textauslegung betreiben, so kam mit dem Germanistentag 1966 ein Bruch. Das bis dahin verbindende Selbstverständnis der Literaturwissenschaftler zerfiel; eine Zeit der Suche nach Neuorientierung begann,⁷ die bis heute anhält.

Die Veränderungen betrafen sowohl den Gegenstandsbereich des Faches als auch seine theoretischen Grundlagen. Mit einem erweiterten Literaturbegriff erschlossen sich neue Untersuchungsbereiche. Mußte in den Jahrzehnten zuvor erst die Literaturkritik den Rang eines Autors bestätigen, um die Dignität seiner Behandlung durch die Literaturwissenschaft zu erlangen, so wurde neben kanonisierter Literatur der Blick eröffnet für Unterhaltungsliteratur von Jerry Cotton bis Johannes Mario Simmel, für die Geschichte der Arbeiterliteratur, für Medien wie Kino und Fernsehen und für sozialgeschichtliche Zusammenhänge. Schließlich wurden mit dem erweiterten Literaturbegriff auch Gebrauchstexte erfaßt. Somit erfüllte die Literaturwissenschaft postwendend Reinhard Baumgarts Forderung nach Zeitgenossenschaft.⁸

Komplementär zur Kritik an der werkimmanenten Schule setzt mit der Konstanzer Rezeptionsästhetik, der Frankfurter Schule, dem Strukturalismus und mit dem Linguistik-Boom die Verwissenschaftlichung der Literaturwissenschaft ein. Zahlreiche Theorie- und Begriffsimporte erfolgen aus Nachbardisziplinen wie Ökonomie, Philosophie, Linguistik und Psychologie, neuerdings ergänzt um Soziologie, Psychoanalyse und Geschichtswissenschaft. Aufgrund eines Schubs universitärer Neugründungen zu Beginn der

---

Wilhelm Voßkamp. Stuttgart 1994, S. 494-537, sowie die anderen Beiträge in diesem Band.
6 Siehe dazu Jürgen Fohrmann: Das Projekt der deutschen Literaturgeschichte. Entstehung und Scheitern einer nationalen Poesiegeschichtsschreibung zwischen Humanismus und Deutschem Kaiserreich. Stuttgart 1989.
7 Ein Teil davon ist dokumentiert in den beiden von Jürgen Kolbe herausgegebenen Bänden zu: Ansichten einer zukünftigen Germanistik. Hrsg. von Jürgen Kolbe. Berlin 1969; Neue Ansichten einer künftigen Germanistik. Hrsg. von Jürgen Kolbe. München 1973.
8 Reinhard Baumgart: Was soll Germanistik heute? Vorschläge zur Reform. In: Ansichten einer künftigen Germanistik. Hrsg. von Jürgen Kolbe. Berlin: Ullstein ²1973, S. 8.

1970er Jahre mit entsprechender Aufstockung von Personalstellen[9] kann es sich die Literaturwissenschaft in stärkerem Maße erlauben, ihrem Innovationsstreben nachzukommen und ganz unterschiedliche, disparate Forschungsinteressen zu verfolgen.

Diese Binnendifferenzierung schlägt sich einerseits nieder im Lehrangebot jedes einzelnen literaturwissenschaftlichen Studiengangs, wobei noch nach Lehramts-, Magister- und Aufbaustudiengängen zu trennen wäre, andererseits setzen Studiengänge verschiedener Universitäten z.T. eigene Schwerpunkte. Die unausweichliche Folge dieser Heterogenität des Faches ist eine störende bis verunsichernde Unübersichtlichkeit und Orientierungslosigkeit, die vor allem auf studentischer Seite häufig zu Frustrationen bis zum Grade des Studienabbruchs führt.[10] Gerade für Studierende ist trotz intensivster Anstrengungen eine Kohärenz des Faches Literaturwissenschaft meist nicht zu erkennen. Die unter dieser Perspektive hausgemachte Krise wird von fortschrittlicheren Literaturwissenschaftlern, die nicht einfach wieder die Pflege des Kanons antreten wollen, als Situation begriffen, in der eine 'Zweite Studienreform' als notwendig erscheint.[11]

Neben diesen internen Ursachen gibt es eine Reihe fachexterner Gründe, die die Literaturwissenschaft zu Selbstreflexionen anregen. *Germanistik in der Mediengesellschaft* ist ein Titel, der einen solchen Aspekt benennt. Nicht erst der Durchbruch Neuer Medien(technologien) hat das Bild unserer Gesellschaft verändert und neue Erfahrungsspielräume eröffnet. Schon die Einführung von Fotografie, Film, Telefon, Fernsehen und grundlegend wie bereits vorher von Schrift haben zu neuen Kommunikationsformen und zu verändertem Nutzungsverhalten geführt. Trotz kulturpessimistischer Begleit-

---

9 Vgl. dazu Peter Weingart et al.: Die sog. Geisteswissenschaften: Außenansichten. Frankfurt/M. 1991, S. 156-180.
10 Siehe dazu etwa Bernd Thum: Germanistik als angewandte Kulturwissenschaft. In: Vorträge des Germanistentages Berlin 1987. Hrsg. von Norbert Oellers. Bd. 1: Germanistik und Deutschunterricht im Zeitalter der Technologie. Selbstbestimmung und Anpassung. Tübingen1988, S. 258f.
11 Hier ist beispielhaft zu verweisen auf Jörg Schönert: Bedingungen und Perspektiven für eine 'Zweite Studienreform' in der Germanistik (wie Anm. 3), S. 11f, und Georg Jäger: Der Berufsbezug des Germanistikstudiums – ein Problemaufriß. In: Reformdiskussion und curriculare Entwicklung in der Germanistik. Dokumentation der Internationalen Germanistentagung des DAAD 24.–28. Mai 1995 Universität Gesamthochschule Kassel. Hrsg. unter Mitarbeit von Monika Asche und Anke Tanzer von Günter Blamberger und Gerhard Neuner. Bonn: DAAD 1995, S. 335-342.

töne und Randkommentare[12] sind mediale Entwicklungen wohl kaum aufzuhalten, geschweige denn umzukehren. Wenn sich gegenwärtig das Mediennutzungsverhalten in unserer Gesellschaft ändert, wofür verschiedene empirische Untersuchungen sprechen, wenn aufgrund der technischen Möglichkeiten für das Buch die Gefahr besteht, von der CD abgelöst zu werden, wogegen einige gewichtige Argumente sprechen, dann kann diese Entwicklung nicht ohne Auswirkungen auf das Fach Literaturwissenschaft bleiben. Wenn Lesen und Schreiben als Kulturtechniken gefährdet erscheinen, wäre auf Dauer wohl auch die Literaturwissenschaft gefährdet: Gehen ihr erst die Leser aus, kann es nicht mehr lange dauern, bis auch die Anfertigung des Nachschubs an Texten ausbleibt. In einer solchen Situation bieten sich für die Literaturwissenschaft zwei Strategien an, für die sich im Fach auch jeweils Vertreter gefunden haben. Die erste Position will den Medienaspekt und damit verbundene Forschungsprobleme in der Literaturwissenschaft aufgreifen. Diese Entwicklungsrichtung wurde in den letzten Jahren recht erfolgreich betrieben. Neben Forschungseinrichtungen wie dem Siegener Sonderforschungsbereich 240 *Ästhetik, Pragmatik und Geschichte der Bildschirmmedien* wurden aus der Germanistik heraus Medienstudiengänge entwickelt und mit entsprechenden Professuren ausgestattet. Eine zweite Richtung reagiert auf die Medienentwicklung genau umgekehrt. Buch und Lektüre, speziell der literarische Kanon, werden in den Vordergrund gestellt. Literaturwissenschaft dieser couleur versteht sich als Anwalt von Kunst und Kultur. Die Lehre gilt als zentrales Moment literarischer Sozialisation, die Disziplin als Garant für Tradition- und Kulturpflege. Arbeit am kulturellen Gedächtnis fällt an.[13] Da ich den

---

12 Wurde am Ende des 18. Jahrhunderts 'Lesewut' und 'Lesesucht' beklagt, so finden sich heute mit 'Videopest' und 'Videoseuche' identische gelagerte Krankheitsmetaphern, die auf jedes neue Medium solange Anwendung finden, bis es zur Normalität geworden ist und durch ein weiteres ergänzt wird. Vgl. dazu auch Klaus Bartels: Die elektronische Pest? Kultur, Ansteckungsangst und Video. In: Rundfunk und Fernsehen 32 (1984) H. 4, S. 491-506.

13 Neben der Medienentwicklung ist in diesem Kontext auf eine weitere Tendenz hinzuweisen, die vor knapp zwanzig Jahren eingesetzt hat und anhält. Verschiedene empirische Untersuchungen haben immer wieder bestätigt, daß bei Schülern die Schere zwischen privater und schulischer Lektüre immer weiter auseinanderklafft. Hier sind beispielsweise zu nennen: Schmutzler-Braun, Brigitte und Adelheid Schreiner-Berg: Ab und an mal 'n Buch – warum nicht. Lebensumstände und Lektüre berufstätiger Jugendlicher. Eine empirische Untersuchung. Frankfurt/M. 1980, und Hans Schiefele und Karl Stocker: Literatur-Interesse. Ansatzpunkte einer Literaturdidaktik. Weinheim, Basel 1990. Auch dieser Trend sollte die Literaturwissenschaft nachdenklich stimmen und nach literaturdidaktischen Lösungsmöglichkeiten streben lassen.

Fortbestand von Literatur durch die Medienentwicklung nicht prinzipiell gefährdet sehe, soll hier auch keine Festlegung auf eine der beiden skizzierten Positionen erfolgen. Die Einführung neuer Medien hat bisher nie zur Verdrängung alter geführt. Vielmehr handelt es sich um ein komplementäres Verhältnis, bei dem das historisch ältere Medium durchaus überlebt, indem es durch die Beschränkung auf seine Stärken eine überlebensfähige Nische ausbaut. Daher macht es auch keinen Sinn zu versuchen, ein Medium gegen das andere auszuspielen. Auch ist der Umgang mit Texten nicht prinzipiell höher zu bewerten als der mit (Kino-)Filmen oder elektronischen Medienangeboten. Wer hier die Dignität des Faches gefährdet sieht, kann oder will nicht einsehen, daß es die Literaturwissenschaft primär mit einem sozialen Gegenstand zu tun hat und nicht mit ahistorischen Gebilden.[14] Daß bezüglich Film und Fersehen bildungsbürgerliche Vorbehalte durchschlagen, zeigt sich daran, daß Literaturverfilmungen von Literaturwissenschaftlern häufig einem Reduktionsverdacht ausgesetzt werden. Die Verfilmung soll demnach nicht nur vorgefertigte Bilder liefern und damit die Fantasie und das kreative Potential einschränken, sondern sie verkürzt auch durch die vom Medium vorgegebenen Selektionsnotwendigkeiten. Bezeichnend ist, daß sich solche Vorbehalte gegenüber Drameninszenierungen nicht finden, obwohl das Handeln auf der Bühne, wenn man so will, dem Rezipienten einen Teil seiner Imagination nimmt. Hier haben wir gelernt, schauspielerische Fähigkeiten, Bearbeitungstalent und dramaturgisches Können eigenständig zu bewerten. Es ist an der Zeit, dies auch für literarische Bearbeitungen in anderen Medien durchzuführen und nicht einfach die eigenen Leseerfahrungen als Bewertungsmaßstab zugrunde zu legen. Unterschiedliche Medien erfordern eigene Umgangsweisen und Bewertungskriterien.

Schließlich sei noch auf zwei weitere Punkte hingewiesen, die von außen in unterschiedlichem Maße zur Neubestimmung der Literaturwissenschaft beitragen. Angesichts steigender Lehrerarbeitslosigkeit und der Frage nach dem Verbleib literaturwissenschaftlicher MagisterabsolventInnen[15]

---

[14] Vgl. zu manchen Auswüchsen dieser Position auch: Achim Barsch: Angst vor einem neuen Paradigma? Replik auf Ralph Gehrkes 'Was leistet der Radikale Konstruktivismus für die Literaturwissenschaft?' In: Deutsche Vierteljahresschrift 70 (1996) H. 2, S. 313-321.
[15] Leider sind die Ergebnisse einer Siegener AbsolventInnenbefragung für Magisterstudiengänge nicht positiv ausgefallen wie die vergleichbare Hamburger Untersuchung. Vgl. Jürgen Klein: Zum beruflichen Verbleib Siegener Hochschulabsolventinnen und Hochschulabsolventen. Siegen 1993 und Martha Meyer-Althoff: Studium mit Magister-Abschluß. In: Informationen für die Beratungs- und Vermittlungsdienste der Bundesanstalt für Arbeit (ibv) 33 vom 17.

stellt sich immer dringlicher die Frage, für wen oder was unsere Studierenden eigentlich ausgebildet werden. Allein die Sicherung des wissenschaftlichen Nachwuchses kann damit schlechterdings nicht verbunden sein. Jedoch ist offensichtlich, daß geisteswissenschaftliche Fächer nicht für Berufe oder Berufstätigkeiten qualifizieren. Die Ausbildung kann höchstens auf Berufsfelder abzielen, zumal sich heutzutage die beruflichen Anforderungsprofile so schnell ändern, daß die Universitäten solchen Anforderungen nur immer hinterherlaufen könnten und garantiert immer zu spät wären mit derart gestalteten Qualifikationen. Das kann jedoch nicht heißen, in der Lehre auf die Behandlung von Berufsperspektiven zu verzichten. Ein sinnvolles Magisterstudium sollte zudem von obligatorischen außeruniversitären Berufspraktika begleitet sein.[16]

Der zweite und gravierende Punkt, der nicht nur der Literaturwissenschaft zu schaffen macht, ist die seit Jahren andauernde Finanzkrise des Bundes und der Länder. Etats für Forschung werden gekürzt. Der Ausbau der Universitäten wird zurückgefahren bis gestoppt; Personalstellen werden mit kw-Vermerken versehen. Der schwarze Peter wird zwischen Hochschulen und Wissenschaftsministerien hin und her geschoben. Beklagen die einen hohe Abbrecherquoten, zu hohe Stoffbelastung im Studium und lange Studienzeiten und stellen Geldmittel nur bei Wohlverhalten in Aussicht, verweist die Gegenseite auf personelle Auslastung oder Unterausstattung, Belastung mit Verwaltungsaufgaben, Einschnitte in die Hochschulautonomie, auf fehlende Geldmittel für Innovationen und Reformen und bemängelt sachfremde Denkstrukturen und Entscheidungen der Wissenschaftsverwaltungen. Angesichts dieser Situation lastet ein enormer Legitimationsdruck auf der Literaturwissenschaft. Schon Reinhard Baumgart fragt sich 1969:

"Was wäre denn, gäbe es ab morgen früh keine Germanistik mehr? Hätten wir dann bald eine andere Literatur oder Literaturkritik, andere, bessere oder schlechtere Kulturredaktionen oder Theaterspielpläne? Ich zweifle."[17]

---

8. 1994, S. 40795-40818.
16 Vgl. zu diesem Punkt auch Jörg Schönert: Bedingungen und Perspektiven für eine 'Zweite Studienreform' in der Germanistik. In: Reformdiskussion und curriculare Entwicklung (wie Anm. 10), S. 9-25, insbesondere seine curricularen Vorschläge, Georg Jäger: Der Berufsbezug des Germanistikstudiums – ein Problemaufriß. In: Ebda., S. 335-342, sowie Anne Bentfeld und Walter Delabar: Für eine freie Universität. Einige Bemerkungen zur aktuellen Diskussion um die Reform des Germanistik-Studiums. In: Jahrbuch für Internationale Germanistik 26 (1994) H. 1, S. 57-65.
17 Reinhard Baumgart: Was soll Germanistik heute? (wie Anm. 8), S. 7.

Diese berechtigten Zweifel bestehen heute mehr denn je, wenn sie unter den heutigen Bedingungen auch mehr auf die Ergebnisse von Forschung und Lehre auszurichten wären. Es wird immer schwieriger, der Kultus- und Wissenschaftsbürokratie die gesellschaftliche Relevanz literaturwissenschaftlicher Tätigkeiten zu verdeutlichen, wenn vornehmlich Kosten-Nutzen-Analysen durchgeführt und Disziplinen danach beurteilt und finanziell ausgestattet werden.

Das Konzept einer empirischen Literaturwissenschaft ist sicherlich kein Wundermittel in dieser Situation, auch wenn es sich gelegentlich als neuen Paradigmakandidaten ins Spiel bringt.[18] Dennoch verfügt es über Vorzüge, die angesichts der geschilderten Legitimationsprobleme des Faches bedenkenswert sind und die ich im nächsten Abschnitt vorstellen möchte.

Das Angebot einer Neuorientierung

Meine Ausführungen berühren drei Bereiche, über die eine Verständigung der Disziplin erfolgen kann. Die Vorschläge verstehen sich als Gesprächsgrundlage, also als persönliches Credo und nicht als dogmatische Verkündung. Es geht um die Bestimmung des Gegenstandsbereiches des Faches, um die theoretische Ausrichtung samt zu verwendender Methoden sowie um den Anwendungsaspekt als Antwort auf eine der Fragen nach gesellschaftlicher Relevanz der Literaturwissenschaft.

Zum Gegenstandsbereich

Grundlegend für das Selbstverständnis der Literaturwissenschaft ist wohl zunächst ein tragfähiges Einvernehmen über die zu untersuchenden Phänomene. Die Frage der Gegenstandskonstitution ist für Alois Wierlacher "eine[r] ihren zentralen Konstruktions- und Analyseaufgaben".[19] Dem ist

---

[18] Vgl. Siegfried J. Schmidt: Die Empirische Literaturwissenschaft ELW: Ein neues Paradigma. In: SPIEL 1 (1982) H. 1, S. 5-25; Norbert Groeben: Der Paradigma-Anspruch der Empirischen Literaturwissenschaft. In: Empirische Literaturwissenschaft in der Diskussion. Hrsg. von Achim Barsch, Gebhard Rusch und Reinhold Viehoff. Frankfurt/M. 1994, S. 21-38.

[19] Alois Wierlacher: Der kulturelle Pluralismus als Herausforderung der Literaturwissenschaft. Zur Theorie Interkultureller Germanistik. In: Wie international ist die Literaturwissenschaft? Methoden- und Theoriediskussion in den Literaturwissenschaften: kulturelle Besonderheiten und interkultureller Austausch am Beispiel des Interpretationsproblems (1950-1990). Hrsg. von Lutz Danneberg und Friedrich Vollhardt in Zusammenarbeit mit Hartmut Böhme und Jörg Schönert. Stuttgart, Weimar 1996, S. 550-590, hier S. 371.

zuzustimmen, zudem auf einer solchen vortheoretischen Festlegung Theorieimporte aus Nachbardisziplinen sinnvoll und hilfreich eingesetzt werden können und nicht als bloße Analogiemodelle die Konturen des Faches verschwimmen lassen oder gar die Selbständigkeit der Disziplin tendenziell aushöhlen. Deshalb ist auch Vorsicht angebracht angesichts gegenwärtiger Tendenzen, den Gegenstandsbereich der Literaturwissenschaft vorschnell den Bereichen 'Kultur' oder 'Medien' zuzuschlagen, um damit eine haltbare Verklammerung und konsensfähige Einheit zu erreichen. Denn einerseits sind die genannten Begriffe nicht weniger diffus und unklar als die verschiedenen Vorstellungen von Literatur.[20] Zudem wurde das Problem der Gegenstandskonstitution nicht gelöst, sondern nur ausgelagert und damit aus dem eigenen Verfügungsbereich entlassen. Deshalb ist das Problem vor Ort anzugehen.

Die Frage der Gegenstandskonstitution der Literaturwissenschaft ist traditionell unmittelbar verknüpft mit der Frage nach der Definition von Literatur. So hat sich die Literaturwissenschaft seit jeher mit der Frage beschäftigt: "Was ist Literatur?" Geht man nicht gleich zurück bis zur Poetik des Aristoteles, so findet sich eine Problematisierung dieser Frage schon bei den Russischen Formalisten (Jurij Tynjanov 1924)[21], weiterhin im Einleitungskapitel von Terry Eagletons *Einführung in die Literaturtheorie* (1988)[22] oder jetzt aktuell wieder gleichlautend bei Peter J. Brenner (1996)[23], um nur einige ausgewählte Beispiele zu nennen. Alle genannten Arbeiten sind sich weitgehend einig, daß ahistorische Bestimmungen von Literatur gescheitert sind und auf einen universalistischen, ontologischen Literaturbegriff verzichtet werden muß. Die Geschichte der Linguistischen Poetik läßt sich als ein einziger, großangelegter, jedoch letztendlich vergeblicher Versuch lesen, die differentia specifica der Literatur auf der Basis sprachlicher Merkmale zu bestimmen. Wenn Konsens darüber erzielt werden kann, daß Texte nicht einfach literarisch sind, sondern daß mit speziellen Produktions- und Rezeptionsweisen sprachliche Texte zu Literatur geformt bzw. gemacht werden,

---

20 Zum Medienbegriff etwa nachzulesen bei: Ansichten einer künftigen Medienwissenschaft. Hrsg. von Rainer Bohn, Egon Müller und Rainer Ruppert. Berlin 1988, S. 9ff.
21 Jurij Tynjanov: Das literarische Faktum [1924]. In: Russischer Formalismus. Hrsg. von Jurij Striedter. München 1971, S. 393-431.
22 Terry Eagleton: Einführung in die Literaturtheorie. Stuttgart 1988.
23 Peter J. Brenner: Was ist Literatur? In: Literaturwissenschaft – Kulturwissenschaft. Positionen, Themen, Perspektiven. Hrsg. von Renate Glaser und Matthias Luserke. Opladen 1996, S. 11-47.

dann ergeben sich zur Beantwortung der eingangs formulierten Frage direkte Konsequenzen. Literatur wäre nicht mehr länger als ein primär sprachlich-textuelles Phänomen zu sehen, sondern als ein kommunikativ-sozialer Gegenstand zu begreifen und so zu untersuchen. Das würde einschließen, als Literaturwissenschaftler nicht selbst Definitionen von Literatur vorzunehmen, die sowieso nur literarischen Entwicklungen hinterherlaufen und den Ballast des Normativen nicht ablegen könnten. Statt dessen wäre zu fragen, wer zu welchen Zeiten mit welcher Begründung welche Texte unter welchen Bedingungen als Literatur auffaßt. Literaturbegriffe würden mit den ihnen zugeordneten Textkorpora, die nicht überschneidungsfrei zu sein hätten,[24] zum Gegenstandsbereich literaturwissenschaftlicher Forschung gehören. Mit Groeben[25] wäre damit ein weiterer Bereich benannt, der vom Theorie- zum Gegenstandsstatus verschoben wird oder, wenn man so will, absinkt. Diese Prozedur ist keinesfalls zu beklagen, eröffnet sie doch jeglicher Theorie neue Freiheitsgrade, indem Normierungen von dem, was Literatur ist und sein sollte, aufgegeben werden für eine strikte Historisierung dieser Frage. Als weitere Konsequenz von Literatur als einem sozialen Phänomen wäre eine Differenz zu ziehen zwischen dem produktiven bzw. rezeptiven Erzeugen eines literarischen Phänomens und einer kommunikativen Bezugnahme im Literaturgespräch oder in der Literaturkritik. Schließlich wären noch die Handelnden selbst in den Blick zu nehmen. Denn wenn Texte zu literarischen Texten gemacht werden, dann muß es Handelnde geben, die in solche Aktivitäten verstrickt sind.

Bis hierhin habe ich versucht, 'ansatzneutral' einige Schlußfolgerungen zu ziehen, die sich aus dem Verzicht auf einen ontologischen Text- und Literaturbegriff ergeben. Wie eine die Pragmatik literarischer Phänomene berücksichtigende Bestimmung des Gegenstandsbereichs aussehen kann, möchte ich im nächsten Abschnitt auf der Basis einer empirischen Literaturwissenschaft versuchen.

Aus den gerade geschilderten Ausgangsbedingungen ziehen Vertreter der empirischen Literaturwissenschaft den Schluß,[26] nicht singulär Texte,

---

24 Texte können ja unter neuen Bedingungen neu und anders gelesen, kategorisiert und bewertet werden.
25 Norbert Groeben: Der Paradigma-Anspruch der Empirischen Literaturwissenschaft (wie Anm. 18), S. 8ff.
26 Siehe im einzelnen dazu Siegfried J. Schmidt: Grundriß der Empirischen Literaturwissenschaft. Frankfurt/M. 1991; Hauptmeier, Helmut und Siegfried J. Schmidt: Einführung in die

sondern Texte im Zusammenhang mit verschiedenen Formen literarischen Handelns zu untersuchen. Dieses Handeln unterliegt literarischen Konventionen, die im Zusammenhang mit Literaturbegriffen historisch gewachsen und daher empirisch zu untersuchen bzw. historisch zu rekonstruieren sind.[27] Bisher wurden vier verschiedene Rollen unterschieden, in denen Aktanten literarisch handeln: literarische Produktion, literarische Vermittlung, literarische Rezeption und literarische Verarbeitung. Als Binnendifferenzierung bilden diese verschiedenen Handlungsrollen die Grundstruktur des Literatursystems. Für die empirische Literaturwissenschaft gibt das Literatursystem den genuinen Gegenstandsbereich ab. Bei dem Konzept des Literatursystems handelt es sich um ein theoretisches Konstrukt, das nicht als Zwangsjacke fungiert, sondern das bloß den Rahmen für einen sozialen Bereich absteckt, in dem von den Beteiligten selbst festgelegt wird, was als Literatur zu gelten hat, und in dem Handlungen dominant auf literarische Aspekte ausgerichtet sind. Dieses Konzept ist für weitere Differenzierungen offen. So ist von literarischen Subsystembildungen auszugehen, bei denen jeweils ein spezifischer Literaturbegriff den konstituierenden Faktor für den Zusammenhang des Systems darstellt. Weiterhin ist es sinnvoll, innerhalb von Literatursystemen zwei Handlungsebenen zu unterscheiden: literarisches Handeln und metaliterarisches Handeln.[28] Diese Trennung erlaubt, Fragen nach den Entstehungsbedingungen eines literarischen Phänomens wie der Produktion und Lektüre eines literarischen Textes auf eine andere Art und Weise und unter der Maßgabe anderer Konventionen zu beantworten als beispielsweise Fragen der Thematisierung von Literatur in Literaturgesprächen. Auch das Erlernen von Gattungsbezeichnungen im Rahmen literarischer Sozialisation ist auf der Ebene metaliterarischen Handelns anzusiedeln. Da das Literatursystem mit anderen sozialen Systemen substantiell in wechselseitiger Beziehung steht, kann es nicht als autonom oder autopoietisch betrachtet werden. Es sind je nach gesellschaftlichen Rahmenbedingungen unterschiedliche Grade von Autonomisierung zu unterscheiden. In demokratischen politischen Systemen fallen sie anders aus als in feudalistischen oder totalitären Staatsgebilden.

Empirische Literaturwissenschaft. Braunschweig, Wiesbaden 1985.
27 Zu Funktion und Bedeutung literarischer Konventionen verweise ich auf die anregende Arbeit von Robert Weninger: Literarische Konventionen. Theoretische Modelle, historische Anwendung. Tübingen 1994.
28 Für weitere Details dazu vgl. Achim Barsch: Handlungsebenen, Differenzierung und Einheit des Literatursystems. In: Literaturwissenschaft und Systemtheorie. Hrsg. von Siegfried J. Schmidt. Opladen, S. 144-169; Achim Barsch: Kommunikation mit und über Literatur: Zu Strukturierungsfragen des Literatursystems. In: SPIEL 12 (1993) H. 1, S. 34-61.

Mit dem Literatursystem eröffnet sich der Literaturwissenschaft ein Untersuchungsfeld, in dem zentrale Fragestellungen vornehmlich sozialgeschichtlicher Art unterzubringen,[29] aber auch Textanalysen möglich sind, die sich z.b. auf Häufung von Themen zu bestimmten Zeiten beziehen. Literarische Gruppen wie der George-Kreis oder die Gruppe 47 ließen sich in diesem Rahmen als mögliche literarische Subsysteme fassen wie der Werkkreis Literatur der Arbeitswelt. Ebenso kann unter diachronem Aspekt eine historische Rezeptionsforschung betrieben werden als historische Leserforschung und als Rezeptions- und Wirkungsgeschichte, die um kontemporäre Rezeptionsforschung in synchroner Perspektive zu ergänzen wäre. Hier sind auch Fragen der Kanonisierung und Kanonisierungsstrategien von Autoren und Werken anschließbar, indem z.b. Traditionsbildungen untersucht werden, die sich in eine Ahnenreihe z.T. früher oder lange verschollener Werke stellen. Selbst der aus literarhistorischer Sicht innovativste Text mit Gattungskonventionen sprengender Kraft kann nur dann Wirkung zeigen, wenn er auch gelesen oder diskutiert wird. Die empirische Literaturwissenschaft erfüllt dagegen nicht die Hoffnung, durch das Studium der Kontexte ein besseres oder gar richtiges Verständnis literarischer Texte zu erreichen. Das schließt Textanalysen jedoch nicht generell aus. Im Zusammenhang mit Auflagenhöhen, Verbreitungstiefe und Aufnahme beim Publikum können Textanalysen Aufschluß über dominierende Themen eines Zeitabschnitts geben und damit als Indikator gesellschaftlich relevanter Problemlagen fungieren. Auch die von einigen Literaturwissenschaftlern diskutierte Trennung von Literatur als einem Handlungs- oder Sozialsystem und einem Symbolsystem stellt sich in diesem Ansatz anders dar.[30] Beide sind nicht gleichrangig und auch nicht unabhängig voneinander. Das Symbolsystem Literatur ist aus meiner Sicht ein Konstrukt, das im Literatursystem selbst erzeugt wird, um Orientierungs- und Ordnungsleistungen zu erbringen und damit Komplexität zu reduzieren. Daher gehört das Symbolsystem Literatur als gemeinsam geteiltes Wissen zu den Wissensbeständen literarischer Aktanten bzw. von Aktantengruppen. Es ist deshalb auch dort zu untersuchen und nicht einfach aus einer Menge von Texten zu kondensieren.[31]

---

29 Vgl. dazu Siegfried J. Schmidt: Die Selbstorganisation des Sozialsystems Literatur im 18. Jahrhundert. Frankfurt/M. 1989.
30 Zu dieser Fragestellung siehe Literatursysteme – Literatur als System. Hrsg. von Friederike Meyer und Claus-Michael Ort. Sonderheft SPIEL 9 (1990) H. 1.
31 Ansätze dazu bilden die Untersuchungen zum Gattungswissen von Aktanten; Burgert, Martin et al.: Strukturen deklarativen Wissens – Untersuchungen zu "Märchen" und "Krimi".

Zu Fragen der Theorie und Methoden

Obwohl Gegenstandskonstitution und Theoriebildung miteinander verknüpft sind, soll die obige Beschreibung literarischer Phänomene weder allein auf das Konzept Literatursystem hinauslaufen noch die Redeweise vom Literatursystem zwingend zu einem bestimmten Systembegriff oder nur einer einzigen Systemtheorie führen. Die systemische Terminologie bietet vielleicht die notwendige Offenheit und Komplexität, um konsensfähig für eine allgemeine Bestimmung des Gegenstandsbereichs zu sein. Denn das zeitweilig tragfähige Konzept des erweiterten Literaturbegriffs führt in der heutigen Situation nicht weiter, da es den Gegenstandsbereich einerseits schlichtweg sprengt, andererseits willkürlich verkürzt. Wollte nämlich die Literaturwissenschaft alle Sorten von Texten untersuchen, würde sie sich zur Megadisziplin erheben, woran sich schon andere Wissenschaften verschluckt haben. Auf der anderen Seite führt die beibehaltene Textorientierung des erweiterten Literaturbegriffs zur Vernachlässigung des literarischen Umgangs mit Texten. Literarizität könnte nicht erklärt, sondern müßte immer schon vorausgesetzt werden.

Das systemische Denken hat den entscheidenden Vorteil, daß ein Bereich näher spezifiziert und zu anderen in Beziehung gesetzt werden kann. Gerichtsprozesse um literarische Texte werden z.B. auf diese Weise analysierbar als intersystemische Relationen zwischen Literatursystem und Rechtssystem.[32]

Die rezente Praxis spricht gegen eine voreilige systemtheoretische Fixierung. In der gegenwärtigen Literaturwissenschaft werden mehrere Systemkonzepte diskutiert, die aus den verschiedensten soziologischen, biologischen oder semiotischen Ansätzen stammen. Keines ist vorab auszuschließen, nur weil damit ein Theorieimport aus anderen Disziplinen erfolgt. Zu prüfen ist jedoch, ob solche Analogiebildungen auch kohärent sind und nicht den gemeinsamen Vorstellungen vom Gegenstandsbereich zuwiderlaufen, wie es z.B. im Vorwurf des Biologismus oder Reduktionismus zum Ausdruck kommt. Darüber hinaus wird von allen Ansätzen erwartet, daß sie ihre Leistungsfähigkeit in der Forschungspraxis unter Beweis stellen.

Die hier vertretene empirische Literaturwissenschaft will mit ihrer Ausrichtung auf eine soziologische Systemtheorie[33] kein enges Korsett anlegen

---

Siegen 1989; Media genre. Hrsg. von Siegfried J. Schmidt. Sonderheft Poetics 16 (1987) H. 5.
32 Vgl. Achim Barsch: Literary trials: A model for explaining social conflicts concerning literature. In: Journal of literary semantics 19 (1990) H. 1, S. 30-45.
33 Für diesen Bereich verweise ich pauschal auf die Arbeiten meines Siegener Kollegen Peter M. Hejl: Selbstorganisation und Emergenz in sozialen Systemen. In: Emergenz: die Entstehung

im Sinne einer strikten Übertragung von Analogiemodellen. Die Systemtheorie wird vielmehr als ein Begriffsreservoir zur Bildung einer eigenständigen soziologisch fundierten Literaturtheorie verwendet. Mit systemtheoretischer Terminologie formulierte theoretische Annahmen sind empirischen Untersuchungen auszusetzen, nicht damit Wahrheiten gefunden werden, sondern damit theoretische Aussagen komplexer formuliert und als wissenschaftliche Problemlösungsstrategien stabilisiert werden können.

Unter erkenntnistheoretischen Prämissen steht dabei die Frage nach der sozialen Konstruktion von Wirklichkeit(en) im Vordergrund, die in unterschiedlicher Weise für das Literatursystem fruchtbar gemacht werden kann. Dazu gehört etwa, die verschiedenen in einer Gesellschaft vorhandenen Vorstellungen von Literatur inklusive literarischer Konventionen mit Verfahren der empirischen Sozialforschung zu erheben und diese mit Lesarten literarischer Texte zu verknüpfen. Gruppenbildungen wären auf diese Weise zu ermitteln und z.B. mit soziodemographischen Daten zu korrelieren. Mit einem solchen Vorgehen könnten Zusammenhänge zwischen sozialen Faktoren und literarischen Präferenzen ermittelt werden, wie sie schon Levin L. Schücking (1923) vor Augen hatte. Diese Zusammenhänge sind weder zufällig noch trivial. So besteht etwa ein direkter Zusammenhang zwischen stalinistischem Realismus und nationalsozialistischer Monumentalkunst. Denn Vorstellungen von einer Autonomie der Kunst finden in totalitären politischen oder religiösen Weltanschauungen keinen Platz, da alle sozialen Bereiche einem höheren Ziel unterstellt und danach bemessen werden. Der Anspruch auf Kunstautonomie ist in solchen Denkweisen disfunktional und wird daher abgelehnt oder häufig sogar mit Verboten belegt.

Neben der empirischen Erhebung von Literaturbegriffen ist für eine empirische Literaturwissenschaft die Untersuchung von Produktions- und Rezeptionsverhalten ebenso wichtig. Literarische Wertmaßstäbe, persönliche Gratifikationen, Aussagen zum Stellenwert von Literatur im Lebenszusammenhang und im Kontext des Mediennutzungsverhaltens erlauben Rückschlüsse auf Umgangsweisen und Einstellungen gegenüber literarischen Texten. Auf diese Weise stellen sich einige Thesen der Literaturwissenschaft als schlichte Vorurteile heraus. So konnte in einem DFG-Projekt, das der Autor leitete, festgestellt werden, daß junge Heftromanleser und -leserinnen sich der Fiktionalität des Lektüreangebots durchaus bewußt sind, daß ganz

---

von Ordnung, Organisation und Bedeutung. Hrsg. von Wolfgang Krohn und Günter Küppers. Frankfurt/M. 1992, S. 269-292; Peter Hejl: Kultur als sozial konstruierte Wirklichkeiten: zur Analytik der 'dritten Ebene' aus systemtheoretischer Sicht. In: SPIEL 12 (1993) H. 1, S. 81-104.

unterschiedliche Rezeptionsweisen anzutreffen sind und nicht einfach eine eskapistische Haltung vorliegt, daß die Hefte differenziert gelesen und bewertet werden und daß in den meisten Fällen auch andere Lektüre gefragt ist. Auch das Bild vom Heftromanleser als Unterschichtsleser muß schleunigst revidiert werden.

Mit der methodologisch notwendigen strikten Trennung von Theorieebene und Gegenstandsbereich setzt sich die empirische Literaturwissenschaft von gegenwärtigen Forderungen ab, Wissenschaften und Künste wieder einander anzunähern.[34] Natürlich sind beide Bereiche kulturelle Leistungen und vielfältig, z.b. durch Personalunion und auch Universitätsromane, miteinander verflochten. Derartige Verflechtungen jedoch zum Kern des Faches machen zu wollen, ist nur durch Ermangelung oder Erschöpfung theoretischer Perspektiven zu erklären und zielt auf die Beibehaltung von Textauslegung als wissenschaftlicher Aufgabe. Zusammen mit dem Bereich Kunst soll Kulturpflege betrieben und Tradition aufrechterhalten und bewahrt werden. Das ist für eine universitäre Disziplin, die den Annex 'Wissenschaft' im Titel führt, zu wenig. Es reicht zur Legitimation des Faches auch nicht aus, wie Jürgen Fohrmann, dessen Arbeiten ich übrigens sehr schätze, zu postulieren: "Die Literaturwissenschaft als Institution hat sicherzustellen, daß der Kommentar zirkulieren kann".[35] Diese Aufgabe übernimmt in der heutigen Mediengesellschaft gerne das *Literarische Quartett* mit hohem Unterhaltungswert und Reichweiten, die jede literaturwissenschaftliche Interpretation in ihrer Funktion als Kultur(erhaltungs)beitrag obsolet erscheinen lassen.

Die gesellschaftliche Relevanz der Literaturwissenschaft
Wer hofft, das Selbstverständnis der Literaturwissenschaft wiederzufinden "im Blick auf die sozialen, ökologischen und technologischen Problemfelder des 21. Jahrhunderts",[36] mutet sich und anderen ziemlich viel zu. Trotz aller

---

34 So beispielsweise zu finden bei Eberhard Lämmert: Literaturwissenschaft – ein artistisches Fach. In: Romanistische Zeitschrift für Literaturgeschichte (1990), S. 375-392; Eberhard Lämmert: Allgemeine und Vergleichende Literaturwissenschaft. In: Die sog. Geisteswissenschaften: Innenansichten. Hrsg. Wolfgang Prinz und Peter Weingart. Frankfurt/M. 1990, S. 175-188 und Bernd Thum: Germanistik als angewandte Kulturwissenschaft. In: Vorträge des Germanistentages Berlin 1987 (wie Anm. 8), S. 256-277.
35 Jürgen Fohrmann: Der historische Ort der Literaturwissenschaft. In: Germanistik in der Mediengesellschaft. Hrsg. von Ludwig Jäger und Bernd Switalla. München 1994, S. 25-36, hier S. 36.
36 Ludwig Jäger, Bernd Switalla: Sprache und Literatur im Wandel ihrer medialen Bedingun-

Sympathie für eine verbesserte Lebenswelt für alle Menschen sollte man vom Leistungsvermögen der Germanistik nicht zu viel erwarten. Schon das Beispiel der Soziolinguistik zeigt, daß die Überwindung sog. Sprachbarrieren soziale Ungleichgewichte nicht ausgleichen kann. Die Germanistik sollte daher keine falschen Hoffnungen wecken und einen sozialen oder moralischen Führungsanspruch erst gar nicht erheben.

Das bedeutet jedoch keinesfalls, daß das Treiben der Literaturwissenschaft für die Gesellschaft irrelevant ist. Auch wenn sie nicht in der Lage ist, Patentrezepte zu liefern, muß sie sich dennoch gesellschaftlichen Anforderungen stellen und mit ihnen auseinandersetzen. Es muß dabei bewußt gehalten werden, daß gesellschaftliche Probleme nicht gleichzusetzen sind mit wissenschaftlichen Problemstellungen und wissenschaftliche Problemlösungen nicht immer auch politisch durchsetzbar sind.

Klassischerweise erbringt die Literaturwissenschaft Leistungen für die Gesellschaft auf zwei Weisen: nämlich bezüglich Forschung und Lehre.

Schon literaturwissenschaftliche Grundlagenforschung ist gesellschaftlich relevant, indem etwa sozialhistorische Fragestellungen angegangen und als kulturell gesichertes Wissen bereitgestellt werden. Ebenso gehören Untersuchungen zum literarischen Textverstehen wie das Einsetzen verschiedener Rezeptionsstrategien in diesen Bereich.[37] Unter interkulturellem Aspekt sind hier Forschungen einschlägig, wie mit literarischen Texten anderer Kulturen in der eigenen umgegangen wird. Die Konsequenzen für die Literaturdidaktik und für Deutsch als Fremdsprache liegen direkt auf der Hand. Darüber hinaus kann sich literaturwissenschaftliche Forschung auch konkreter gesellschaftlicher Problemlagen annehmen: effektive Leseförderung angesichts heutiger literarischer Sozialisation im Medienkontext; kommunale Kulturplanung auf der Basis empirisch gewonnener Daten zur kulturellen Bedarfslage der Bevölkerung; Analyse der Situation von Kleinverlagen angesichts zunehmender Ausbildung von Medienoligopolen; Behebung von Orientierungs- und Informationsdefiziten Literaturinteressierter bis hin zur Erstellung kritischen Wissens über Gruppeninteressen, Verflechtungen und Abhängigkeiten im Medienbereich. Im Rahmen der empirischen Literaturwissenschaft in Siegen wurde unter dieser Perspektive das Konzept einer Angewandten

---

gen: Perspektiven der Germanistik. In: Germanistik in der Mediengesellschaft. Hrsg. von Ludwig Jäger und Bernd Switalla. München 1994, S. 7-23, hier S. 11.
37 Siehe dazu Ernst Nündel und Werner Schlotthaus: Angenommen: Agamemnon. Wie Lehrer mit Texten umgehen. München, Wien, Baltimore 1978; Douglas Vipond und Russel A. Hunt: Point-driven understanding: Pragmatic and cognitive dimensions of literary reading. In: Poetics 13 (1984), S. 261-277.

Literaturwissenschaft in die wissenschaftliche Diskussion eingebracht.[38] Als eine mögliche Transferschiene zwischen Wissenschaft und Gesellschaft kann Angewandte Literaturwissenschaft auf der Basis gesicherter Daten Modelle für praktische Problemlösungen der geschilderten Art entwickeln sowie ihren Einsatz wissenschaftlich begleiten. Die Kooperation zwischen Praktikern und Wissenschaftlern stellt sicher, daß angewandte Forschung nicht zu einer Regelungs- oder Steuerungsideologie verkommt. Als Korrektiv für solche Möglichkeiten fungiert auch der andere Bereich, in dem die Literaturwissenschaft ihre Leistungsfähigkeit unter Beweis zu stellen hat: nämlich die Lehre. Solche Anwendungsaspekte können auch in der Lehre in verschiedener Form, von der Lehrveranstaltung über Praktika bis zum Thema der Examensarbeit, aufgegriffen werden.

Gerade diese Elemente der Lehre sind zukünftig weiter zu stärken.[39] Denn eine zentrale Aufgabe und gesellschaftliche Leistung der Literaturwissenschaft als universitäre Disziplin ist es (noch?), Absolventen so auszubilden, daß sie mit ihren Qualifikationen im Berufsleben bestehen können, und nicht primär die Lehre auf den akademischen Nachwuchs auszurichten. Natürlich kann es dabei nicht darum gehen, Magister- oder Diplomstudiengänge für Literaturkritiker, Feuilletonredakteure oder Verlagslektoren einzurichten. Literaturwissenschaft kann nur generalisierend für weite und nicht für spezielle Tätigkeitsbereiche ausbilden.

Um so wichtiger erscheint mir, den Focus der Lehre von der Analyse 'zentraler Kulturdenkmäler' mehr zu verlagern auf berufsrelevantere Aspekte wie praktisches Wissen um: die Grundstrukturen und Entscheidungswege eines Verlages oder einer Sendeanstalt; anfallende Produktionskosten und deren Zusammensetzung; Kalkulation von Buchpreisen; den langen Weg, bis ein Buchmanuskript angenommen und im Handel erhältlich ist oder um die soziale Lage und Zugangsmöglichkeiten von Autoren im Medienbereich. Um dieses Ziel zu erreichen, sind nicht nur neue Lehrinhalte zu ergänzen, auch die Qualität der Lehre ist zu erhöhen.

So sollte z.B. die hochschuldidaktische Ausbildung nicht länger der Eigeninitiative überlassen werden; gemeinsame Lehrveranstaltungen von zwei Dozenten könnten die eigenen Lehrstrategien ergänzen; eine sinnvolle (Selbst-) Evaluation von Veranstaltern könnte Stärken und Probleme der

---

38 Vgl. Angewandte Literaturwissenschaft. Hrsg. von der Arbeitsgruppe NIKOL. Braunschweig, Wiesbaden 1986.
39 Exemplarisch haben diesen Bereich, wie schon erwähnt, Georg Jäger und Jörg Schönert aufgegriffen (beide wie Anm. 14).

Wissensvermittlung aufdecken; schließlich müßte genügend Zeit für die Betreuung der Studierenden zur Verfügung stehen.

Welchen Beitrag kann die empirische Literaturwissenschaft für die zukünftige Entwicklung des Faches leisten?

Da eine funktionstüchtige Disziplin nur vom breiten Konsens seiner Fachvertreter getragen werden kann, muß für die nächste Zukunft an der Wiedergewinnung eines Selbstverständnisses der Literaturwissenschaft gearbeitet werden. Fragen der Gegenstandskonstitution dürften dabei im Vordergrund stehen. Die empirische Literaturwissenschaft hat mit dem Literatursystem einen strukturierten gesellschaftlichen Gegenstandsbereich, der anschlußfähig an gegenwärtige Diskussionsmodelle ist. Mit dem Literatursystem sind immer schon integrativ mediale Komponenten verbunden. Denn trivialerweise schließt literarisches Handeln und Kommunizieren immer schon Medien mit ein. Die Redeweise vom Literatursystem ist auch nicht so zu verstehen, daß nur ästhetische Handlungen in bezug auf den Printbereich gegenstandsbildend wären. Literarische Konventionen mit Dimensionen wie Fiktionalität, Vieldeutigkeit, Entpragmatizität und Wohlgefallen sind in verschiedenen medialen Kontexten wie Buch, Film, Fernsehen und Radio auf ihre Spezifika und ihre Zusammenhänge hin zu untersuchen. Wenn man so will, ist Literaturwissenschaft damit immer schon Medienwissenschaft oder Kulturwissenschaft und muß nicht erst dazu gemacht werden.

Mit dem Literatursystem als einem weiten, intern differenzierten und komplexen Gegenstandsbereich läßt sich die Frage nach dem Import theoretischer Modelle und damit dem Verhältnis zu Disziplinen wie der Kultur- und/oder Medienwissenschaft flexibel gestalten. Der empirischen Literaturwissenschaft kommt dabei der Vorteil zu, über ein explizites Theorieangebot zu verfügen. Damit ist dieser Ansatz im Gegensatz zu manchen anderen diskutierbar, kritisierbar und überprüfbar und wird somit wissenschaftlichen Grundanforderungen gerecht. Hier einen Positivismusvorwurf zu erheben oder von Gegenstandsinadäquatheit zu sprechen, würde nur wieder in die altbekannte Konfundierung von Teilnahme und Beobachtung des Literatursystems führen. Vor allem mit dem Blick auf eine Angewandte Literaturwissenschaft sind sich Vertreter der empirischen Literaturwissenschaft bewußt, daß Wissenschaft kein Selbstzweck ist, sondern gesellschaftlich relevant sein muß. Mit einem neu gewonnenen Selbstverständnis gelingt es der Literaturwissenschaft vielleicht einmal, ein eigenes Profil zu gewinnen und nicht länger der ständigen Verlockung zu erliegen, jeder neuen theoretischen Mode hinterherzulaufen und sich mal diese, mal jene Disziplin zur Leitwissenschaft zu erwählen. Damit soll nicht gegen die Medienwissenschaft, die ihren eigenen *claim* abgesteckt hat, oder gegen andere Disziplinen polemisiert werden. Hier ist für die Zukunft ein gleichberechtigtes, arbeitsteiliges und wechselseitig befruchtendes Verhältnis zu wünschen.

Es gibt keine Literatur – ohne Literaturwissenschaft

Niels Werber

I.

Wer an der Universität ein Fach belegt, sollte voraussetzen dürfen, bei Nachfrage erfahren zu können, womit sich dieses Fach beschäftigt. Dies ist in vielen Fällen selbstverständlich; Juristen haben es mit dem Recht der Gesellschaft zu tun, Wirtschaftswissenschaftler mit ihrer Ökonomie, Mediziner mit dem Körper, Historiker mit der Vergangenheit. Und Germanisten? Mit dem Germanischen etwa? Ein Blick ins Lexikon belegt sofort definitorische Schwierigkeiten:

"Germanistik, im weitesten Sinn die Wissenschaft von dem geistigen Wesen der Germanen (Geschichte, Sprache, Sitte, Religion, Wirtschaft, Recht, Kunst, Schrifttum), im engeren Sinn in der Rechtswissenschaft die Wissenschaft vom Recht der german. Völker, in der Philologie die Wissenschaft von den german. Sprachen und ihren Erzeugnissen. Häufig wird unter G. nur die deutsche Philologie verstanden."[1]

Die möglichen Auffassungen der Germanistik reichen von einer allgemeinen soziologischen und kulturwissenschaftlichen Beschäftigung mit allem, was 'germanischer' Herkunft ist, bis zu ihrer Beschränkung auf Sprachliches. Die Einheit des Fachs basiert dabei allein auf der Forderung, sich wissenschaftlich mit "deutschen" oder "germanischen" Sachbereichen zu befassen, eine eigene Wissenschaft ist das Fach offenbar nicht. Germanistik wäre dann eine Wissenschaft eigenen Rechts, wenn sie an ihren Gegenstand mit Unterscheidungen heranginge, die nur sie benutzte, doch leiht sie sich die Distinktionen, mit denen sie beobachtet, von anderen Fächern aus – von der Soziologie, der Psychologie, der Linguistik usf. Die Germanistik ist also – mehr Thema als Disziplin – je nach Weite der Definition, Teil der Geschichts-, Sprach-, Religions-, Kunst-, Rechts- oder Literaturwissenschaft.

Es hat wohl eher institutionelle Gründe als sachliche, wenn die germanistischen Institute der Universitäten ihre Lehre und Forschung auf die (synchrone und diachrone) Sprachwissenschaft und die (mediävistische und neuere) Literaturwissenschaft konzentrieren – um den Rest kümmern sich die Historiker, Kunsthistoriker etc. Fragt man hier, innerhalb dieser verbliebenen

---

[1] dtv-Lexikon. Ein Konversationslexikon in 20 Bänden. Bd. 7. München 1980, S. 215.

germanistischen Disziplinen, nach der Einheit ihres Fachs, dann erhält man von den Mediävisten und Linguisten eine rasche wie befriedigende Antwort. Die Fächer konstituieren sich über ihr Objekt, die deutsche Sprache in Gegenwart und Zeugnissen, deren Funktion und Entwicklung es zu erforschen gilt. Da die deutsche Sprache sich ausreichend von anderen Sprachen unterscheidet, sind auch die Fächer, die sie wissenschaftlich beobachten, distinguiert genug, um keine Konkurrenz befürchten zu müssen. Man könnte nun erwarten, daß die deutsche Literaturwissenschaft die Spezifität ihrer Domäne mit der gleichen Selbstverständlichkeit begründen könnte, indem sie darauf verwiese, es ginge ihr um Literatur, und zwar vor allem um die deutsche. Doch fällt diese naheliegende Anwort schwer, denn kaum ein Literaturwissenschaftler mag heute noch sagen, was denn Literatur sei. Man flüchtet daher oft in einen Textbegriff, der die Analyse von Texten überhaupt, also auch literarischer, gestattet, aber die entscheidende Frage nach der Unterscheidung zwischen literarischen und nicht-literarischen Texten versteckt. So erscheint die Literaturwissenschaft heute als eine Wissenschaft, die ihren Objektbereich nicht zu definieren versteht.

Daß dies kaum auffällt, besorgt die Tradition des Fachs als Institution, die sich eines bestimmten Kanons an Texten gewiß ist, die unbefragt als Literatur gelten; daß es bisweilen doch auffällt, liegt an einigen *ehemaligen* Literaturwissenschaftlern wie beispielsweise Friedrich Kittler, die aus der Not eine Tugend gemacht und es aufgegeben haben, ihre Tätigkeit noch als Literaturwissenschaft zu beschreiben, die sie statt dessen als Medien- oder Kulturwissenschaft begreifen, die es *unter anderem* auch mit Texten zu tun hat, die manche Literatur nennen mögen:

"Nennen wir es die Sache von Literatur und damit auch von Literaturwissenschaft, den Zusammenhang des Netzes, in dem Alltagssprachen ihre Untertanen einfangen, überlieferbar zu machen. Und wem diese Bestimmung fremd klingt, sei erstens daran erinnert, daß ohne nachrichtentechnische Bestimmungen *von Literatur und Literaturwissenschaft in Bälde kaum mehr die Rede sein kann.*"[2]

Die ihres Objekts ungewisse deutsche Literaturwissenschaft findet sich so aufgehoben in neuen Fachbereichen, die anscheinend wissen, was sie tun.

---

2 Friedrich Kittler: Technische Schriften. Leipzig 1993, S. 149.

II.

Die Unsicherheit darüber, was das Fach eigentlich ausmacht, reflektiert sich deutlich sichtbar in der provokanten wie hilflosen Frage nach den Konsequenzen einer Welt ohne Germanistik: "Was wäre denn, gäbe es ab morgen früh keine Germanistik mehr?"[3] Die Herausgeber des Bandes *Germanistik in der Mediengesellschaft*[4] halten es für ihre "irritierendste Einsicht", daß die Germanisten angesichts dieser 25 Jahre alten Frage auch heute "sprachlos" bleiben. Man könnte nun hier die Lehrerausbildung ins Feld führen und bezweifeln, ob die "Bundesrepublik ohne Germanistik" und daher auch ohne Deutschunterricht auskäme, doch könnten die für den Erhalt der Institution entscheidenden Leistungen der Deutschdidaktik noch nicht die fachliche Einheit der deutschen Literaturwissenschaft sichern. Altmodisch ausgedrückt: der Nutzen ist noch kein Zweck; und systemtheoretisch: eine Leistung keine Funktion.

Diese für uns wichtige Unterscheidung wird hier in einem systemsoziologischen Kontext gebraucht, der hier zumindest andeutungsweise mitgeliefert werden soll. Soziale Teilsysteme der Gesellschaft (etwa Wirtschaft, Recht oder Wissenschaft) unterscheiden sich voneinander durch ihr Funktionsprimat, das sie und nur sie *in* der Gesellschaft und *"in Beziehung auf Gesellschaft"* bedienen. Was zum Beispiel die Religon als System von anderen unterscheidet, ist nicht etwa die Diakonie, deren Leistung könnte nämlich von der Entwicklungshilfe ersetzt werden, sondern ihr Umgang mit Transzendentem. "So ermöglicht die moderne Gesellschaft durch Delegation auf Teilsysteme funktionale Primate für Politik, für Forschung, für Wirtschaft, für Erziehung usw., die sie sich auf der Ebene des Gesamtsystems als Vorrangentscheidung unter den Funktionen nicht leisten könnte." Behauptungen, Wirtschaft wäre wichtiger als Recht, Bildung wichtiger als Glaube, operieren daher nicht mit Referenz auf das Gesellschaftssystem, sondern stammen aus der Binnensicht der Subsysteme, die sich natürlich wichtiger finden können als andere. Die *Universal*zuständigkeit der Systeme für eine spezifische Funktion (die Wirtschaft ist für *alles* zuständig, was die Verteilung von Gütern betrifft) führt leicht zu Verwechslungen des Systems mit der Gesellschaft. Dies hat Selbstüberschätzungen zur Folge, wie sie gerade für die Politik, aber auch für Kunst und Literatur fast schon typisch sind.

---

3 Reinhart Baumgart: Was soll Germanistik heute? In: Ansichten einer zukünftigen Germanistik. Hrsg. von Jürgen Kolbe. München 1973, S. 7.
4 Germanistik in der Mediengesellschaft. Hrsg. von Ludwig Jäger und Bernd Switalla. München 1994, S. 8.

"Die Systemdifferenzierung wird also ausgenutzt, um widersprüchliche Rangordnungen der Funktionen nebeneinander zu praktizieren, wobei jede Funktion für ein Teilsystem den Bezug auf das Gesamtsystem artikuliert." Dagegen können auf der Ebene der Teilsysteme verschiedenste Leistungsbezüge entwickelt werden, die auch miteinander konkurrieren können – etwa die Diakonie mit der staatlichen Entwicklungshilfe und mit aus Spenden finanzierten Hilfsorganisationen. Kunst etwa kann durch Mode, Design und Werbung "ausgewertet" werden, aber dies ist ihre Leistung, nicht ihre Funktion. "Das Kriterium der Leistung ist die Brauchbarkeit: das Faktum der Aufnahme und Verwertung in anderen Teilsystemen."[5] Genau das *leistet* die Germanistik mit der Lehramtsausbildung.

Muß man heute die Funktion der "Germanistik in der Mediengesellschaft" neu bestimmen, weil sich die Gesellschaft entscheidend verändert hat? Jäger und Switalla sehen paradoxerweise wie konsequent die Chancen der Germanistik heute in ihrer Auflösung. Sie folgen der Bestandsaufnahme des Wissenschaftsrates von 1991[6], der eine kultur-, medien- und kommunikationstheoretische Neuorientierung der Geisteswissenschaften insgesamt fordert, was für die Literaturwissenschaft zur Folge haben könnte, daß sie ihren unscharfen Literaturbegriff endlich aufgeben dürfte, um Medienwissenschaft zu werden – freilich um den Preis ihres Endes. Die Gründung eines neuen Forschungsinstituts mit dezidiert medienwissenschaftlichem Profil, die vom Deutschen Germanistenverband geprüft wird, zieht diese Konsequenz: "Die Notwendigkeit einer medienwissenschaftlichen Erweiterung philologischer Forschung ergibt sich nicht nur aus germanistischer Sicht. Diese Erweiterung setzt eine 'transdisziplinäre' Anstrengung voraus, sie ist Aufgabe eines interdisziplinären Forschungsverbundes, der *allerdings von der Germanistik initiiert und institutionell vorbereitet* werden kann. Eine solche Initiative wäre Ausdruck des Beginns einer arbeitsteiligen Kooperation zwischen potentiell beteiligten Disziplinen ... Schließlich böte eine Germanistik, die in Forschung und Lehre auf die medialen Revolutionen der Gegenwart reagiert, in einer Zeit der Ressourcenverknappung, der Konzentration der Forschung und der Umstrukturierung des Studiums das Bild einer Wissenschaft, die dort unverzichtbare Fachkompetenz bereitstellt, wo drängende *Probleme der Mediengesellschaft nach neuen Lösungen* suchen."[7]

---

5 Niklas Luhmann: Ist Kunst codierbar? In: Niklas Luhmann: Soziologische Aufklärung. Band 3. Opladen 1981, S. 245-266, hier S. 261.
6 Erschienen als: Wolfgang Frühwald, Hans Robrt Jauß, Reinhart Koselleck, Jürgen Mittelstraß und Burkhard Steinwachs: Geisteswissenschaften heute. Eine Denkschrift. Frankfurt/M 1991.
7 Germanistik in der Mediengesellschaft (wie Anm. 4), S. 16f.

Was hier nicht expliziert wird, ist, daß die Germanistik diese Entwicklung zur Medienwissenschaft vielleicht anstoßen "kann" (das können also auch andere), aber diese Vielfalt kultur-, medien- und kommunikationstheoretischer Ansätze in einer genuin germanistischen Theorie kaum zu integrieren vermag. Eine Germanistik, deren Aufgabe die Beratung der Mediengesellschaft sein soll, wäre keine Germanistik mehr, sondern Medienwissenschaft – vielleicht mit einer nostalgisch gepflegten Vorliebe für deutschsprachige Texte.

Und doch wird die Germanistik ob der Qualifikationen gelobt, die sie vermittelt. Die Wirtschaft scheint ihre Absolventen als Generalisten zu schätzen, die nach dem Studium über rare "Schlüsselqualifikationen" verfügen wie etwa Selbständigkeit, Abstraktionsvermögen, Kreativität usf.[8] Wer dies, und nicht das Lehramt, für die "beruflichen Perspektiven von Germanisten" hält, mag zwar Recht haben, könnte aber keinesfalls Studienanfängern gerade die Germanistik als Fach empfehlen, denn es sind die "Geisteswissenschaften" insgesamt, die solche auf dem Arbeitsmarkt anscheinend gefragten "Sekundärtugenden"[9] in ihrem Studium (und nicht beim fast obligaten Jobben) vermitteln. Sollte man ernsthaft anraten, 'irgendetwas' zu studieren, solange es nur ein Fach mit nicht-verschultem Studienverlauf, großen Freiräumen sowie Methoden- und Theorievielfalt ist, da dies bei den Absolventen des Studiums "Orientierungs- und Entscheidungsfähigkeit"[10] voraussetzen läßt?

Wer immer gerade die "Literaturwissenschaft" auf der Grundlage solcher Leistungen lobt, die sie für soziale *Teilbereiche* der Gesellschaft verrichtet, etwa für die Wirtschaft oder die Massenmedien, vermag sie gerade mit diesem Lob nicht zu retten, sondern bestätigt nur ihre jederzeit mögliche Ersetzung. Denn viele andere Fächer verstehen sich als "Kulturwissenschaft", analysieren Schrift als "Medium der Kommunikation", musealisieren Kultur und kompensieren Zivilisationsschäden, trainieren für die Diskussion sozialer Probleme, fördern das Bewußtsein für Mitwirkung und Kritik, helfen beim Aufbau eines persönlichen Selbstverständnisses usw.[11] Das wäre allerhand, aber nichts Spezifisches. Wir schlagen vor, statt nach Leistungen nach der Funktion der Literaturwissenschaft zu fragen.

---

8 Vgl. Anne Bentfeld, Walter Delabar: Für eine freie Universität. In: Jahrbuch für Internationale Germanistik 26 (1994) H. 1, S. 64f.
9 Ebenda, S. 64.
10 Ebenda, S. 63.
11 Ebenda, S. 61f.

III.

Wir gehen davon aus, daß die Wissenschaft ein Subsystem einer funktional differenzierten Gesellschaft ist und die Universität eine Form ihrer Organisation[12]. Die Literaturwissenschaft wäre dann einer ihrer über 'Objekte' ausdifferenzierten Teilbereiche. Als Subsystem eines Subsystems teilt die Literaturwissenschaft das Funktionsprimat des Wissenschaftssystems. Dieses hat sie mit allen anderen Wissenschaftsfeldern gemeinsam – ähnlich wie jede Wirtschaftsordnung Güter verteilt und jede Religion es mit der Transzendenz zu tun hat (in welcher Form auch immer). Was ist also die Funktion der Wissenschaft, auf der sie ihre Autonomie als Sozialsystem der Gesellschaft aufbaut? Sie liegt gewiß nicht in der Einspeisung neuer Formeln und Erfindungen in den Produktionsprozeß der Wirtschaft, nicht in der Beratung der Politik in Umwelt-, Ethik- oder Wirtschaftskommissionen und wohl auch nicht darin, ihren angestellten Wissenschaftlern ein gutes Auskommen zu bescheren. All dies sind Leistungen für koexistente Systeme, mit denen die Wissenschaft zwar gelegentlich ihre Existenz zu plausibilisieren vermag – aber jeweils nur gegenüber bestimmten Systemen mit bestimmten Leistungen. Daß die Wissenschaft die Waffentechnik weiterentwickelt, überzeugt vielleicht nur Militärs von ihrem "Nutzen", ihre unbezweifelbaren Leistungen als Arbeitgeber wohl nur die Stelleninhaber. Manche Leistungen werden wohl gar invisibilisiert – etwa die Tatsache, daß gerade die "Geisteswissenschaften" mit ihren meist laxen Zugangsbedingungen zum Studium Hunderttausenden von Abiturienten die Erfahrung ersparen, gleich nach der Matura arbeitslos zu werden. In der Leistungsperspektive erscheinen die "Geisteswissenschaften" als Funktionsäquivalent der Umschulungsmaßnahmen des Arbeitsamtes bei weitaus geringeren Kosten, was man bei Wirtschaftlichkeitsberechnungen mitbewerten sollte.

Betrachtet man die Wissenschaft als Sozialsystem hat man also "Leistungserwartungen" an sie von der "Frage ihrer Autonomie" zu unterscheiden.[13] Dies geschieht noch heute oft so, daß Autonomie gleichsam ex negativo als "Abwehr unangemessener gesellschaftlicher (z.B. religiöser, politischer, militärischer, wirtschaftlicher) Einflüsse" auf das System verstanden wird. Sicher ist dies ein wichtiger Aspekt von Autonomie und eine evolutionäre Errungenschaft, daß Fragen der Herkunft oder Religions- oder Partei-

---

12 Zu diesem und folgendem vgl. Niklas Luhmann: Soziale Systeme. Frankfurt/M. 1985.
13 Niklas Luhmann: Selbststeuerung der Wissenschaft. In: Niklas Luhmann: Soziologische Aufklärung. Band 1. Opladen 1970, S. 232-252, hier S. 232.

zugehörigkeit des Forschers nicht mit über die Plausibilität seiner Thesen entscheidet; solche Indifferenz gegen andere soziale Rollen des Forschers gibt es nur in modernen Gesellschaften. Um Leistung bemüht sich dann die Wissenschaft als "Organisation" (Universitäten, Forschungsinstitute), die ihren Output (Forschungsergebnisse, Ausstoß von Absolventen, Beratung) vermarkten. Diese Sicht zwischen Input-Kontrolle (Autonomie) und Output-Kontrolle (Leistung) vermag aber nicht anzugeben, wie diese beiden Phänomene "im System selbst verknüpft und gesteuert werden".[14] Warum sollte man auch auf die vielbeschworene "Freiheit der Forschung" bestehen, die ja meist als Abwesenheit von Zwang durch Politik, Wirtschaft oder Religion verstanden wird, wenn die Organisationen der Wissenschaft ihren Sinn in Leistungen eben für Politik oder Wirtschaft sehen? Wenn es denn heute "bei Fragen der Autonomie und der Organisation der Wissenschaft nur noch um *Macht*gewinne oder um *Geld*ersparnisse" geht, ist dies ein sicheres Indiz dafür, daß "man den Bezug zum spezifischen Medium wissenschaftlicher Kommunikation, zur Wahrheit, aus dem Auge verliert".[15]

"Die Wissenschaft stellt Kommunikationsformen bereit, mit denen Erkenntnisgewinn auch dann betrieben werden kann, wenn alle Ausgangspunkte hypothetisch sind und alle Ergebnisse die Ungewißheit vergrößern und nicht verkleinern."[16] Zu diesem Zweck benutzt die Wissenschaft Wahrheit als Medium der intersubjektiven Übertragung von wahrem Wissen. Sie ist das Kommunikationsmedium der modernen Wissenschaft wie das Geld für die Wirtschaft. Daß man Gedrucktes als wahr oder plausibel akzeptiert und in seine eigene Forschung einbaut, ist nicht selbstverständlich, zumal die Autoren persönlich unbekannt, lange tot oder weit weg sein könnten. Daß man Unbekannte zitiert, denen man vielleicht nie Geld leihen oder die Tochter anvertrauen würde, zeigt, daß das Medium der Wahrheit seinen Kredit anders verteilt als andere Medien. Die Wissenschaft ist in der Sozialdimension blind, überbrückt in den Dimensionen von Zeit und Raum mühelos riesige Distanzen und konzentriert sich ganz auf die Sachdimension, indem sie die Anforderungen an wahre Aussagen im Vergleich zum Alltag erheblich steigert und damit Wahrheit verknappt. Nicht jeder kann nun etwas Wahres sagen. "Ist es auch Wahrheit, so fehlt doch die Methode", könnte man sagen, Wahres muß auf wahre Weise erzeugt werden. Entscheidend dafür, daß eine Kommunikation in der Wissenschaft auf Resonanz stößt, ist, daß sie

---

14 Ebenda.
15 Ebenda, S. 233.
16 Dirk Baecker: Die Adresse der Kunst. In: Systemtheorie in der Literatur. Hrsg. von Jürgen Fohrmann und Harro Müller. München 1986, S. 82-105, hier S. 88.

die Genese ihrer Wahrheit mitliefert, um potentiell jedem die Möglichkeit zu geben, mit gleichen Beobachtungstechniken zu ähnlichen Ergebnissen zu kommen. Die hohen wissenschaftlichen Ansprüche an das, was als wahr akzeptiert wird (solange bis es falsifiziert ist), begründet eine "Schwelle relativer Indifferenz" zwischen der Wissenschaft und ihrer sozialen Umwelt (andere Systeme, Gesellschaft). Was wahr oder falsch ist, und um mehr geht es im Medium der Wissenschaft nicht, hat noch keinerlei Präferenzen darüber, ob es auch nützlich oder nutzlos, schön oder häßlich, opportun oder unklug, lehrbar oder unvermittelbar sein könnte. Und daraus folgt: "der gesamte Bereich pragmatischer Relevanzen verliert vor den strengen Kriterien positiver Wissenschaft seine Wahrheitsfähigkeit".[17] Investitionsprogramme der Wirtschaft, Wahlprogramme der Politik oder auch die Sendeprogramme der Massenmedien haben ihre eigenen Erfolgskriterien, die wirtschafts-, politik- und medienwissenschaftliche Produktion von wahren Erkenntnissen gehört nicht dazu. Man kann auch an dieser Stelle noch einmal vor Versuchen warnen, bestimmte Fachbereiche der Wissenschaft über ihre Beratungsleistung zu rechtfertigen, denn wie sollte die aussehen; eine Wirtschafts- oder Medientheorie und ein erfolgreiches Unternehmenskonzept oder eine gute Sendung haben nicht viel gemein, aber vor allem kein Medium der Kommunikation. Und die Berater, auch wenn sie diplomierte Ökonomen oder promovierte Medienwissenschaftler sind, orientieren sich zur Kontrolle ihres Vorgehens an Gewinn und Verlust oder an der Einschaltquote, nicht aber an der Methodendiskussion ihres Fachs und dessen Kriterien für Wahrheit. Und auch ein Ingenieur, der nach allen Regeln der Mechanik eine Turbine konstruiert hat, wird entlassen, wenn sie sich nicht auch verkaufen läßt.

Von solchem Erfolgsdruck sind Wissenschaftler verhältnismäßig frei. Denn das Wissenschaftssystem hat sich gerade auf einen "zunächst *folgenlosen* Umgang mit hoher Komplexität" spezialisiert.[18] In der modernen Wissenschaft, also seit ca. 300 Jahren, hat kaum eine ihrer vielen "Revolutionen" irgendwelche größeren sozialen Konflikte zur Folge gehabt.[19] In der Wissenschaft hat alles zunächst nur wissenschaftliche Folgen. Dies entlastet sie von einer ständigen Risikoabschätzung denkbarer Folgen und befreit den Rest der Gesellschaft von einer Dauerbearbeitung enorm hoher Komplexität, deren Folgen (und hier darf man wieder an Nutzen und Schaden denken) schwer zu kalkulieren sind. Auf Kleist-Aufsätze folgen Kleist-Aufsätze, auf kernphysi-

---

17 Luhmann: Selbststeuerung (wie Anm. 13), S. 234.
18 Ebenda, S. 235.
19 Ebenda, S. 239.

kalische Abhandlungen folgen kernphysikalische Abhandlungen – ohne einen anderen Sinn als den, plausibles Wissen zu bestreiten und mit anderen, neuen Plausibilitäten zu konfrontieren. Das stellt nicht in Frage, daß die NS-Politik Kleist zum Autor ungezügelten Franzosenhasses instrumentalisieren konnte oder daß Atombomben nicht nur erdacht, sondern auch gebaut und abgeworfen worden sind. Hier liegt anscheinend die moralische Forderung nahe, solche Folgen der Forschung gehörten gefälligst abgeschätzt, doch würde ihre Generalisierung den Wissenschaftsbetrieb durch die Zumutung permanenter Selbstbeobachtung lähmen. Wer weiß schon, ob aus heute interessanten Theorien der Differenz nicht gerade rassistische Ideologien neue Impulse beziehen könnten, ob nicht eine verständnisvolle, post-eurozentrische Ethnologie nicht dazu dienen könnte, Menschenrechtsverletzungen in anderen Kulturen zu legitimieren? Die Wissenschaft ignoriert dieses Risiko. Ihre Funktion ist es ja gerade, "die Welt für die Gesellschaft offen zu halten".[20] Daß sie dies mit großem Erfolg tut, ist gerade an ihren Beratungsleistungen gut sichtbar, betrachtet man nun die Wirtschaftsgutachten der wichtigsten Institute, die Gutachtenlage zur Kernkraft, zu BSE oder zur Grippeimpfung. Dank unterschiedlicher Datengrundlagen, Theorien, Methoden, Modellierungen oder technischen Equipments liefern Gutachten zu jeder Sache unterschiedliche Meinungen und erleichtern dadurch keinesfalls die Entscheidung, sondern überlassen sie dem, der das Gutachten angefordert hat. Mit der Produktion von Information für die Gesellschaft verschafft die Wissenschaft dieser nicht etwa Orientierung und Sicherheit, sondern im Gegenteil:

"Je mehr Information, desto größer die Unsicherheit und desto größer auch die Versuchung, eine eigene Meinung zu behaupten, sich mit ihr zu identifizieren und es dabei zu lassen."[21]

Die Bestandsaufnahme abzubrechen und dann *zu entscheiden*, das können sich nur Systeme außerhalb der Wissenschaft leisten. Mit einem solchen Dezisionismus darf sich die Wissenschaft nicht bescheiden, sie muß Gründe liefern, wo etwa der Politik der Hinweis auf Macht oder dem Recht der Hinweis auf Gesetze ausreichen würde. Daß Rauchen gesundheitsschädlich ist, kann man wissenschaftlich schlecht bezweifeln, ob es aber so schädlich ist, daß es in der Öffentlichkeit verboten werden muß, entscheidet die Politik. Und wenn die Mehrheit der Wähler Raucher sind, wird eine Regierung, die sich von Meinungsforschern beraten läßt, ein Verbot wohl vermeiden.

---

20 Ebenda, S. 235.
21 Niklas Luhmann: Die Realität der Massenmedien. Opladen 1996, S. 126.

Diese Distanz der Wissenschaft von ihrer Umwelt könnte man als das "Ethos" ihrer Freiheit bezeichnen, die sich in Formulierungen artikuliert wie: "Anerkennung der individuellen Freiheit wissenschaftlicher Forschung, Themenwahl und Meinungsäußerung; die Ablehnung jeder Entscheidungszentralisierung in wissenschaftlichen Fragen; institutionalisierte (und daher pflichtgemäße Toleranz) für Meinungsverschiedenheiten, die nicht gegen zwingend gewiß gesichertes Wissen verstoßen, was für den einzelnen das Recht zur Unbeirrtheit einschließt; die Trennung der Reputationsbildung von der Stellungnahme zu offenen Kontroversen; die Trennung des akademischen Meinungsmarktes vom System der offiziellen Verteilungsentscheidungen; und schließlich vor allem: viel Zeit."[22]

Finden wir endlich zurück zur deutschen Literaturwissenschaft. Alles, was man Grundsätzliches vom System der Wissenschaft sagen muß, um es von anderen Kommunikationssystemen zu unterscheiden, gilt auch für sie. Die Funktion der Literaturwissenschaft wäre es, über ihren Objektbereich höhere Komplexität zu aggregieren, als sonst dafür in der Gesellschaft zur Verfügung gestellt werden kann. Gerade weil das angehäufte Wissen, die seit Jahrhunderten gewachsene Erkenntnis über Literatur selbst für das Fach schwer zu überschauen ist, kann sozusagen jeder finden, was er sucht. Die Politik informiert sich bei der Literaturwissenschaft darüber, ob sie von bestimmten literarischen Texten provoziert und kritisiert oder affirmiert wird; das Recht fragt danach, ob Texte Teil der Kunst sind oder zur Pornographie gehören; das Bildungssystem möchte Literaturhinweise und Lektüreempfehlungen, mit denen man lernen kann usf. Hätte sich das Fach auf eine dieser Dienstleistungen spezialisiert, müßte es allerdings bei einer wechselnden Erwartungshaltung seinem Klientel bald passen. Da es die Leistungserwartungen der koexistenten Sozialsysteme weder vorhersehen noch überhaupt überschauen kann, ist es daher erfolgversprechender, alles mögliche zu machen – genau wie in der Grundlagenforschung, deren Ergebnisse nur zu einem kleinen Prozentsatz erst technisch und dann ökonomisch ausgewertet werden. Diese Freiheit zur Möglichkeit hat in unserer Gesellschaft nur die Wissenschaft.

Die Literaturwissenschaft informiert nun die Gesellschaft darüber, daß die Literatur gerade für die genannten Effekte nicht geschrieben wurde. Sie zeigt, daß *literarische* Texte *primär* nicht kritisieren, beleidigen, belehren, erbauen, bilden usf. wollen, sondern daß dies nur ihre Leistungen sind. *Es ist die Funktion der Literaturwissenschaft, an die Funktion der Literatur zu*

---

22 Luhmann: Selbststeuerung (wie Anm. 13), S. 248.

erinnern.[23] Nur die Literaturwissenschaft hat – außer der Literatur selbst – ein Interesse an der Funktionsautonomie des Literatursystems – ihre Umwelt begnügt sich damit, sie als Ware, Rechtsform, Propaganda, physisches oder psychisches Stimulationsmittel oder Narkoticum, didaktisches Instrument usf. zu behandeln oder zu verwerten. Trotz allgemeiner Akzeptanz einer Unschärferelation zwischen Beobachter und 'Objekt' wäre eine Theorie erwünscht, die sich die Frage nach der Literatur und ihrer Funktion zutrauen würde. Damit wären wir wieder bei der Ausgangsfrage unserer Überlegungen angelangt. Was ist Literatur?

IV.

Selbst bei einem Antwortversuch dezidiert systemtheoretischer Provenienz geraten mehrere Positionen in Sicht – etwa die Dietrich Schwanitz', Henk de Bergs und Matthias Prangels, Siegfried J. Schmidts, Gebhard Ruschs und Achim Barschs oder Karl Eibls. Ich werde hier jenen Entwurf vorstellen, der in Bochum aus den Anstrengungen vereinter Forschung hervorgegangen ist, die von Gerhard Plumpe initiiert worden sind.[24]

Literatur ist Kunst, Textkunst.[25] Die Literatur ist daher ein Teil des Kunstsystems der Gesellschaft[26], die sich von anderen Gattungen der Kunst dadurch unterscheidet, daß sie Sprache als Medium ihrer Formgebung verwendet statt Marmor, Farben, Töne oder Körper. Seit dem Ende der Gattungshierarchie im 18. Jahrhundert hat sich die Literatur als Subsystem der

---

23 Man könnte sagen, daß sie dies im Medium des Kommentars tut. Dann wären wir einer Meinung mit Jürgen Fohrmann: Der historische Ort der Literaturwissenschaft. In: Germanistik in der Mediengesellschaft (wie Anm. 4), S. 25-36, hier S. 36: "Die Literaturwissenschaft als Institution hat sicherzustellen, daß der Kommentar zirkulieren kann. Diese Zirkulation des Kommentars ist das literaturwissenschaftliche Gedächtnis, und hier liegt ihr gesellschaftlicher Ort."
24 Hier eine Auswahl: Beobachtungen der Literatur. Aspekte einer polykontexturalen Literaturwissenschaft. Hrsg. von Gerhard Plumpe und Niels Werber. Opladen 1995; Gerhard Plumpe, Niels Werber: Literatur ist codierbar. Aspekte einer systemtheoretischen Literaturwissenschaft. In: Literaturwissenschaft und Systemtheorie. Hrsg. von Siegfried J. Schmidt. Opladen 1993, S. 9-43; Gerhard Plumpe: Ästhetische Kommunikation der Moderne. 2 Bde. Opladen 1993; Gerhard Plumpe: Epochen moderner Literatur. Opladen 1995; Niels Werber: Literatur als System. Zur Ausdifferenzierung literarischer Kommunikation. Opladen 1992.
25 Niklas Luhmann: Die Kunst der Gesellschaft. Frankfurt/M 1995, S. 42. Auf dieses Buch sei für das Folgende insgesamt verwiesen.
26 Ebenda, S. 292: Von einem "Literatursystem" kann nur als "Teilsystem des Kunstsystems" die Rede sein.

Kunst etabliert, das weder von außen (der Umwelt der Kunst) noch von einer der anderen Kunstgattungen (der Umwelt der Literatur innerhalb der Kunst) Vorschriften akzeptiert. Aber wie die Literaturwissenschaft mit der Wissenschaft teilt die Literatur mit der Kunst *Medium*, *Code* und *Funktion*.

Ein *Medium* ist ein Horizont von Elementen, von denen zu einem Zeitpunkt nie alle, sondern nur bestimmte selektiert und arrangiert werden können. Mehr ist nicht erforderlich, die Elemente mögen materiell sein oder nicht, wie etwa Zeit. Diese ungebundene Potentialität des Mediums wird durch Auswahl einiger Elemente konkretisiert. Dieser Selektionsprozeß, der etwas Bestimmtes realisiert und durch diese Operation alle anderen Möglichkeiten *nicht* berücksichtigt, heißt *Form*. Die Burg gibt dem Sand am Strand Form, ein Kalender mit Terminen formt die Zeit. Die Form ist immer die Form eines Mediums. Das Medium kann alles mögliche sein, sofern es nur formbar ist, also mehr Möglichkeiten aufweist, als zugleich verwirklicht werden können. Die Form wählt aus den vielen Möglichkeiten eine aus. Diese Selektion ist *kontingent*, also weder unmöglich noch notwendig. Aus allen Worten dieser Welt gelangt man durch Selektion zur Form des Gedichts oder des Romans, aus den unendlichen Möglichkeiten farblicher Kombinationen entstehen durch Selektion bestimmte Bilder, aus dem Repertoire denkbarer Körperhaltungen und -bewegungen entsteht durch Selektion die Form des Tanzes. Jedes Werk der Kunst artikuliert so eine Differenz von Medium und Form. Jedes Werk der Literatur handhabt diese Differenz auf seine kontingente Weise als Formierung von Sprache.

Wie selektiert wird, regelt der *Code* der Literatur. Jeder Satz kann als Formauswahl aus dem Medium der Sprache betrachtet werden, die Sätze, die hier stehen eingeschlossen. Doch wird die Auswahl in diesem Fall vom Code der Wissenschaft gesteuert; hinter jeder Selektion steht also primär die Überlegung, ob dies der Plausibilität der Argumentation dient oder nicht, sekundär, aber nicht unwichtig, sind dann rhetorische Überlegungen, die aber, sollten sie überwiegen, wissenschaftlich diskreditieren könnten. Ein "vornehmer Ton" (Kant) kann die Argumentation nicht ersetzen. Der Code der Literatur, der die Formarbeit am Werk anleitet, ist wie in der Wissenschaft (wahr/falsch) eine Differenz: die Differenz von interessant und langweilig.

Einen literarischen Text kann man sich als Kompaktkommunikation vorstellen, als eine Sequenz, die in Operationen zu zerlegen ist, von der jede einzelne aus einem Medium selektiert; und jede dieser Selektionen achtet im Rückgriff auf vorgehende und im Vorgriff auf folgende darauf, daß die entstehende Operationssequenz interessant ist und nicht langweilig. Sie kalkuliert also ihre eigene Rezeption als Sequenz mit ein, ist also schon in der Produktion Literatur für Leser.

Der binäre Code der literarischen Kommunikation ist (seit ca. 200 Jahren) besonders stabil, weil er von verschiedenen Formeln programmiert werden kann. Ähnlich geht es in demokratischen Staaten politisch mit wechselnden Programmen und Parteien um die Bestimmung von Regierung und Opposition. Daß es Regierung *und* Opposition gibt, bleibt jedoch auf Dauer stabil. *Programme* der Literatur sind etwa Romantik, Realismus oder Ästhetizismus. Die Programme restringieren erheblich die Variationsmöglichkeiten bei der Formierung des Mediums, indem sie genauer festlegen, was als Form fasziniert und was nicht. Sie erhöhen auf diese Weise in gleichem Umfang die Wahrscheinlichkeit dafür, daß die so programmierte Literatur genau die Leser zufriedenstellt, denen das Programm gefällt. Ein realistischer Roman wird daher auf andere Weise interessant sein als ein ästhetizistisches Gedicht, doch beanspruchen wohl beide Texte Interesse bei ihrem *jeweiligen* Publikum; bliebe dieser Anspruch in einem Programmbereich generell uneingelöst, dann fände diese Art der Kommunikation keine Leser mehr und würde absterben.

Auch die Evolution sozialer Systeme schließt den Tod einer Spezies ein. Die Bibliotheken zeugen davon. Dies schließt nicht aus, sondern ein, daß auch heutige Leser Gefallen finden an alter Literatur, deren Form von Gattungen geprägt sein kann, die es heute nicht mehr gibt. Der Code von interessant und langweilig impliziert zum einen, daß das Interessante mit der Zeit langweilig wird, dann aber in einem anderen Kontext (gegebenenfalls Jahrhunderte später) wieder interessant erscheinen kann, und zum anderen, daß man es heute genau so nicht noch einmal machen darf. Auch die Reprise mit der Vorsilbe "Neo" darf nicht einfach wiederholen, sondern muß auf interessante Weise variieren.

Literatur läßt sich also aus systemtheoretischer Sicht beschreiben als speziell codierte Form der Kommunikation. Sie fällt auf durch eine besondere Formwahl, die sich von allen sozial sonst noch üblichen dadurch unterscheidet, daß sie nicht als plausibel, rechtsförmig, gläubig, belehrend etc. überzeugen will, sondern interessant ist oder langweilig. Dabei gehören auch langweilige Texte zur Literatur wie Unrecht zum Rechtssystem und Durchfallen zur Prüfung. Manchmal ist Langeweile sogar beabsichtigt als ein Programm zur Formbildung, das inmitten eher "spannender" Literatur viel eher auffällt als Interessantes. Man kann hier an Stifter oder Handke denken. Ähnlich können in der Wirtschaft Verluste gewollt sein, wenn sie etwa Subventionen motivieren. Es bleibt nur noch die Frage, wozu die Gesellschaft sich das Phänomen der Literatur leistet und sogar eine große Zahl von besoldeten Wissenschaftlern damit betraut, sich nur mit ihm zu beschäftigen. Wir fragen nach der *Funktion* der Literatur. Der Funktionsbegriff in der Systemtheorie erhält im allgemeinen seinen Sinn durch ein Bezug auf ein Problem, das durch den Vollzug der Funktion gelöst wird. Im unserem Fall geht es spezieller um die "Sonderprobleme bestimmter Funktionssysteme"[27] wie Recht, Politik, Wirtschaft oder auch Kunst. Ihre Ausdifferenzierung als autonome Funktionssysteme geschieht in bezug auf Probleme, "die im Umbau des Gesellschaftssystems von einer ständischen Ordnung in ein funktional differenziertes System vordringlich behandelt und in neue semantische Formen gebracht werden müssen."[28] In einer Gesellschaft, in der der angeborene Stand der Personen seine sozialen Ordnungsleistungen einbüßt, ändert sich auch für die Kunst vieles. Sie hat es nun mit einem anderen Publikum zu tun, da nicht nur mehr der Adel Muße und Geld für sie aufbringt; sie kann Zwänge, die Religion und ständische Repräsentationswünsche auferlegten, ablegen; sie muß ihre eigene Gattungsvielfalt neu ordnen, deren Hierarchie (Tragödie oben, Komödie unten) nicht mehr überzeugt, um nur einiges zu nennen. Vor allem steht sie vor der Aufgabe der "Spezifikation des Bezugsproblems"[29], das ihre Funktionsautonomie begründen kann, nachdem sie Jahrtausende mit Dienstleistungen für Oberschichten, Religion und Philosophie hinreichend legitimiert war.

Schaut man auf die literarischen Texte des 18. Jahrhundert und ihre literaturkritische Reflexion in Zeitschriften und Journalen, vor allem auf die exemplarisch prosperierende Gattung des Romans und die vielfachen Warnungen vor seiner Lektüre, auf den wachsenden Buchmarkt und die Einbeziehung immer größerer Bevölkerungsteile in das Publikum, liegt vielleicht die Vermutung nicht allzu fern, die Funktion habe etwas mit dem neuen sozialen Problem der freien Zeit zu tun.[30] Warnungen vor der Lektüre zielen immer auch auf die Verschwendung von Zeit, Kritiker empfehlen Texte als "kurzweilig" oder kritisieren sie als "langweilig". Für beide Fälle ist der Zeitbezug wichtig, der bei der Lektüre anders erlebt wird als mit der Uhr zu messen wäre – nämlich schneller oder langsamer. Auch die Metaphern von Rezeptionseffekten wie "Spannung" oder "Abspannung" und "Entspannung"

---

27 Luhmann: Soziale Systeme (wie Anm. 12), S. 163.
28 Ebenda, S. 164.
29 Ebenda, S. 445.
30 Dazu genaueres bei Erich Schön: Der Verlust der Sinnlichkeit oder Die Verwandlungen des Lesers. Stuttgart 1987 und für den englischen Raum Günther Blaicher: Freie Zeit – Langeweile – Literatur. Berlin, New York 1977.

haben einen Bezug zur Zeit: die Begriffe entstammen dem Kontext jener Uhren, deren Federn man aufziehen muß, um sie unter Spannung zu setzen. Daß Zeit zum Problem wird, liegt am Umbau der ständischen Gesellschaft zu einer modernen, in dessen Verlauf der Adel auch sein Privileg auf Muße nun mit allen teilen muß. Freie Zeit steht bereits dem Bürgertum des 18. Jahrhunderts zur Verfügung, heute wohl jedem. Fortschritte der Buchdrucktechnik machen das Buch preiswert, die Einführung des Duodez-Formates machen es zu einem handlichen Vademecum. Bessere Beleuchtung erschließt der Lektüre die Nacht, die Einführung des Kaffees hilft dem Körper durch den länger gewordenen Tag.[31] Ein aufgeklärtes Publikum vermag sich diese Zeit offenbar nicht damit zu vertreiben, die Kirchen zu besuchen oder noch mehr zu arbeiten. Man verlangt nach Unterhaltung. Das Problem der Unterhaltung freier Zeit löst die Literatur (im Teamwork mit anderen Kunstsparten) damit, daß es sein Publikum mit immer wieder neuen, überraschenden Texten beliefert, deren Produktion und Lektüre die Zeit auf interessante oder langweilige Weise vertreibt. Eine Facette der 'sozialen Arbeitsteilung' ist die Ausdifferenzierung der Kunst als System der Unterhaltung freier Zeit. Die Literatur teilt das Funktionsprimat der Kunst und macht es zu ihrer Hauptsache, alles andere (Bildung, Belehrung, Erbauung, Kritik...) wird Nebensache.

Es liegt auf der Hand, daß dieser Literaturbegriff teils spezifischer ist als der heute gängige, denn Gebrauchstexte, Werbetexte, journalistische Texte zählen nicht dazu, da deren Funktion woanders liegt, andererseits aber viel weiter greift, weil triviale und populäre Gattungen wie Perry-Rhodan-Hefte und Lore-Romane dazu zählen, sofern sie nur durch codegerechte Formung eines Mediums unterhalten. Daß dies auf die anspruchloseste Weise geschehen kann, mag Ästheten befremden, stört jedoch die Erfüllung der Funktion nicht. Literatur ist Kunst, die im Medium der Sprache freie Zeit langweilig oder kurzweilig unterhält; wie sie dies tut, regeln Programme, die ihr Publikum finden oder nicht.

Die Literaturwissenschaft gewinnt mit dieser Bestimmung einen Objektbezug; dies ist noch kein Argument für die Stichhaltigkeit unseres Vorschlags, aber setzt vielleicht Maßstäbe für mögliche Konkurrenten, denn die meisten gängigen Theorien oder Methoden setzen ein Objekt definitionslos voraus oder beschränken sich vorsichtig auf Texte, deren Zugehörigkeit zur Literatur aus historischen Gründen unbestritten ist. Die Systemtheorie könnte

---

31 Vgl. dazu Wolfgang Schivelbusch: Lichtblicke. Zur Geschichte der künstlichen Helligkeit im 19. Jahrhundert: München, Wien 1983 sowie Wolfgang Schivelbusch: Das Paradies, der Geschmack und die Vernunft. Eine Geschichte der Genußmittel. Frankfurt/M 1990.

aber unter Bezug auf verwandte literaturtheoretische Bemühungen um eine Definition der Literatur als Literatur, etwa den russischen und den Prager Formalismus oder die Theorie literarischer Gattungen, eine unverzichtbare Reflexion auf den fachkonstituierenden Gegenstand der Literaturwissenschaft initiieren, denn *ohne Literatur gäbe es keine Literaturwissenschaft.* Sie hätte ihr darüber hinaus auch eine Funktion anzubieten: *Denn ohne Literaturwissenschaft gäbe es auch keine Literatur!* Die Funktion der Literaturwissenschaft besteht darin, sich selbst und damit mittelbar die Gesellschaft mit Erkenntnissen (nicht Preisen oder Urteilen) über Literatur als Literatur (nicht als Ware oder Eigentumsform) zu konfrontieren.

Für diese These lassen sich historische Argumente anführen. So gab es vor der Entstehung der Ästhetik als philosophischer Reflexionstheorie der Kunst wohl schon Kunstwerke im Sinne ihrer materiellen Existenz; doch wurden sie ohne ästhetische Reflexion nicht als "autonome" Kunstwerke wahrgenommen, sondern je nach Gattung und Thema heteronomen Zwecken untergeordnet. Ähnliches gilt für Literatur, deren Betreuung durch Reflexionstheorien zunächst von der Kritik und Ästhetik besorgt worden ist, schnell aber von einem universitären Fach übernommen wurde. Texte gibt es schon seit Jahrtausenden, aber Literatur als Textkunst, als autonome literarische Kommunikation gibt es erst, seitdem Reflexionstheorien Literatur als Literatur von allem anderen unterscheiden. "Auf der Ebene der *Reflexion* bestimmt das System seine eigene Identität im Unterschied zu allem anderen."[32] Erst eine Grenze schließt das System und unterscheidet es von seiner Umwelt. Ein autonomes Sozialsystem zeichnet sich vor anderen Systemen (etwa Trivialmaschinen) dadurch aus, daß es diese Grenze selbst generiert. Mit anderen Worten: was zum System gehört und was nicht, wird im System entschieden. Im Falle der Literatur wäre etwa die Einordnung des Lehrgedichts unter die Umwelt des Literatursystems ein Beleg für die Kontrolle der eigenen Systemgrenze. Es gibt seit 250 Jahren kein anschlußfähiges literarisches Programm, das primär belehren wollte und die Reimform damit begründete, daß man sich's dann besser merken kann. Was nicht literarisch codiert ist, wird im System auch nicht als Literatur erkannt.

Dies sagt allerdings noch nichts über die Umwelt der Literatur aus, in der zahlreiche Systeme die Literatur beobachten – und bei dieser Beobachtung die Literatur der eigenen Perspektive unterwerfen. Soldaten packt man dann begeisternde Schwarten in den Tornister, Religionslehrer empfehlen Andachtsbücher, Politiker suchen nach rhetorischem Material oder verwand-

---

32 Luhmann: Soziale Systeme (wie Anm. 12), S. 252.

ten Ideologien für Sonntagsreden oder Philosophen erläutern ihre Lehren an Zitaten ausgewählter Dichter. Bei all dem spielen Medium, Code und Funktion der Literatur keine Rolle. Die Distinktionen, die die Literatur selbst aufbaut, spielen bestenfalls eine Nebenrolle – etwa daß man unter allen staatstragenden Schriftstellern dann die auswählt, die nicht allzu langweilig sind.

Es ist die Aufgabe der Literaturwissenschaft, durch die Beobachtung der Selbstbeobachtung dieses Spiels der "Interpenetration"[33] der Literatur und ihrer koexistenten Systeme die Grenzen der Literatur nachzuzeichnen und die Ergebnisse dieser Dinstinktionsarbeit dem gesellschaftlichen Gedächtnis einzuspeisen. Andernfalls liefe die Literatur Gefahr, in den Unterscheidungen eines Systems ihrer Umwelt die eigenen Konturen zu verlieren. Beispiele dazu findet man etwa in der Literaturgeschichte sozialistischer Gesellschaften, in denen die politische Instrumentalisierung der Literatur und die politisch codierte Reflexion der Literatur durch die Literaturwissenschaft Hand in Hand ging. Was dann noch bleibt von der "Literatur", sind Pamphlete.

V.

Autonome Kommunikationssysteme verfügen über eine Grenze, können also Eigenes von Fremdem unterscheiden; sie operieren folglich mit der Unterscheidung von Selbstreferenz und Fremdreferenz. Was jenseits der Grenze liegt, wird beobachtet; was beobachtet wird, kann nur nach Maßgabe der eigenen Perspektivik beobachtet werden; und was derart mit Bordmitteln über die Umwelt des Systems in Erfahrung gebracht wird, kann systemintern weitere Verwendung finden. Das System "reagiert" nicht auf seine Umwelt, sondern läßt sich "irritieren". Die *Umwelt* des Systems ist die Umwelt *des Systems*, also nicht "Welt" schlechthin, sondern eine ganz spezielle Umwelt, die ihre Kontur durch ihre Differenz zum System erhält. Literatur und Literaturwissenschaft sind Systeme mit ganz besonderer Umwelt.

Zunächst einmal sind sie auch füreinander Umwelt. Sie operieren mit unterschiedlichen Systemcodes und nehmen damit einander wahr. Wie die Literatur die Literaturwissenschaft beobachtet, kann man in Dietrich Schwanitz' college novel *Der Campus* nachlesen, die ja auch von Lesern geschätzt wird, denen seine Systemtheorie durchaus nicht einleuchtet. Die Wissenschaft und ihre Vertreter kommen im Roman anders zur Geltung als

---

33 Ebenda, S. 286-345.

in der wissenschaftlichen Kommunikation selbst; in der Literatur zählt nur, ob mit ihnen eine interessante Erzählung geformt werden kann, aber nicht, inwieweit bestimmte Positionen plausibel oder falsch sind. Man kann nicht die Serie *Enterprise* aus dem Grunde ablehnen, weil die darin vertretene Theorie der Überlichtgeschwindigkeit falsch ist.

Zur Umwelt der Literatur gehören auch alle weiteren Kunstgattungen, die nicht die Sprache als Medium benutzen, sondern etwas anderes. Zu diesen Gattungen tritt die Literatur in Konkurrenz, da jede in Bezug auf die Gesellschaft funktionsäquivalent ist – nicht nur die Literatur unterhält freie Zeit, sondern auch Theaterstücke, Bilder, Statuen, Tanz... "Wie die Erfindung des Autos das Reiten eines Pferdes schlagartig zu etwas anderem werden ließ"[34], so wandelt sich das bewährte Medium gedruckter Literatur, wenn sich die Gattungen in ihrer Umwelt neu gruppieren oder neue hinzukommen. Man kann heute Kafka-Verfilmungen im Kino anschauen, statt seine Romane zu lesen, Shakespeare scheint ohnehin Drehbücher geschrieben zu haben, sieht man die filmischen Inszenierungen von Polanski und Brannagh. Man mag hier sofort einwenden, das sei nicht das gleiche, gewiß, aber die Literaturwissenschaft ist gefordert zu zeigen, worin der Unterschied besteht. Hier, in der Situierung der Literatur in einer auch medial differenzierten Umwelt, liegt das Motiv für eine medientheoretische Öffnung der Literaturwissenschaft. Literatur läßt sich nur als Bündel von Differenzen analysieren. Eine der Differenzen, die die Literatur zu dem macht, was sie ist, ist die Verwendung eines bestimmten Mediums für Formen statt einer Vielzahl möglicher Alternativen. Auch diese Umwelt kann sie beobachten. Wenn Texte Tonbandmitschnitte oder Telephongespräche simulieren oder Montagetechniken verwenden, läßt sich dies ohne Blick auf die entsprechenden Medien der Kunst nur unzulänglich erklären.

Die Literatur erfüllt nicht nur ihre Funktion, sondern erbringt auch Leistungen. Um ein komplexes Bild der Literatur der Gesellschaft zu gewinnen, wird die Literaturwissenschaft auch dieser ergebnisorientierten Zusammenarbeit der Literatur mit Subsystemen der Gesellschaft und auch psychischen Systemen ihre Aufmerksamkeit schenken müssen. Alle die bekannten Definitionen der Literatur als Belehrerin, Kritikerin, Trösterin, Schwärmerin, Kämpferin und Träumerin sind ja nur falsch, soweit sie ihre primäre Funktion als autonomes Sozialsystem angeben wollen, nicht aber, wenn damit die Beobachtungen der Literatur durch andere Systeme gemeint sind. Wenn ein

---

[34] Eine glückliche Formulierung von Winfried Menninghaus: Lärm und Schweigen. In: Merkur (1996) Nr. 567, S. 473.

Buch in einem totalitären Regime verboten wird, dann ja nicht, weil es nicht unterhaltsam genug wäre, sondern weil es im politischen Kontext als regimekritisch wahrgenommen wird. Und wenn die Bundesprüfstelle zensiert, dann aus rechtlichen Gründen, nicht aus einer Disposition über die gelungene oder mißlungene Formierung eines Mediums heraus. Da die Literatur diese Fremdbeobachtung, die mitunter zu Interventionen führt, beobachtet und aus diesen Beobachtungen ihre eigenen Konsequenzen ziehen kann, um dann etwa das Rechtssystem nicht mehr mit Obszönitäten zu provozieren, auf offenkundige politische Satire zu verzichten oder schlechtverkäufliche Gattungen aufzugeben, gehört es zur Aufgabe der Literaturwissenschaft, dieses multirelationale Netz von Interpenetrationen, Irritationen und Beobachtungen zu rekonstruieren. Und sollten die "Neuen Medien" zu physiologischen und psychischen Veränderungen des Menschen führen, etwa die Reaktionszeit verkürzen oder die Konzentrationsdauer verknappen, dann wird sich die Literaturwissenschaft auch über diese Umwelten der Literatur zu informieren haben, da sie Faktoren der Evolution der Literatur darstellen. Die Literaturwissenschaft, die sich diesen Aufgaben stellt, wird daher polykontextural verfahren und die Literatur als System in einer komplexen ökologischen Nische auffassen. Sie wird eine Wissenschaft der Literatur sein – oder beides wird Geschichte.

Hilfreich und gut

7 Thesen zur wissenschaftlichen Qualifikation

Michael Ansel (München), Petra Boden (Berlin), Dorothea Böck (Berlin), Holger Dainat (Magdeburg), Rembert Hüser (Bonn), Rainer Kolk (Köln), Gerhard Lauer (München), Ursula Menzel (Berlin), Christian Moser (Bonn), Wolfgang Rohe (Bonn), Michael Schlott (Magdeburg), Richard Stratenschulte (Magdeburg), Kerstin Stüssel (Dresden)

Präambel

Die folgenden Thesen sind aus Diskussionen einer Gruppe germanistischer LiteraturwissenschaftlerInnen aus den alten und neuen Bundesländern über ihre Berufserfahrungen nach der Promotion hervorgegangen. Sehr schnell erwiesen sich persönliche Beobachtungen aus unterschiedlichen Bereichen (Drittmittelprojekte, Assistenz, Forschungsschwerpunkte, Institutionen der Forschungsförderung, Literaturarchive u.a.) als Hinweise auf strukturelle Probleme – nicht nur der Germanistik, sondern der sogenannten Geisteswissenschaften, wenn nicht der Wissenschaft insgesamt. Auch die Frage nach den Perspektiven des wissenschaftlichen Nachwuchses, die für die Beteiligten zunächst zentral war, erhielt von hier aus einen neuen Akzent. Es sollte nicht mehr nur um die materielle Versorgung der Betroffenen gehen, sondern um ein übergreifendes Nachdenken über die zugrundeliegenden institutionellen Gegebenheiten. Dieser Ansatz hat die pointierte Formulierung der Thesen bestimmt, die zum Widerspruch reizen wird. Das entspräche unseren Intentionen, denn wir erheben nicht den Anspruch auf endgültige Lösungen. Wir wollen eine Diskussion beleben, nicht jeden Einzelfall erfassen, sondern Grundsätzliches thematisieren.

1. These

Die Wissenschaftslandschaft unterliegt gegenwärtig einem Strukturwandel, der die tradierten Rollen und Institutionen grundsätzlich in Frage stellt. Statt dieser Situation bei Ausbildung und Einsatz des Nachwuchses Rechnung zu tragen, greifen die Fächer auf überkommene Sozialisationsmuster zurück. Die Selbstwahrnehmung der Universität orientiert sich unverändert an den neuhumanistischen Idealen des 19. Jahrhunderts.

2. These

Die klassische Vorstellung vom Ordinarius, der in seiner Person die Rollen des Forschers, Lehrers und Wissenschaftsverwalters/Managers vereinigt, wird im Sinne einer Generalkompetenz aufrechterhalten, obwohl längst eine Arbeitsteilung eingesetzt hat. Die Differenzierung der Tätigkeitsbereiche verlangt ein neues Berufs- und Qualifikationsbild.

3. These

An die Stelle der herkömmlichen Habilitation, die einen bestimmten Sozialisationstyp festschreibt, hat eine prozessuale Qualifikation zu treten, die die wissenschaftliche Binnendifferenzierung berücksichtigt. Auf die Individualisierung der Karriereverläufe muß mit einer Pluralisierung der Qualifikationsprofile reagiert werden. Dabei ist die wechselseitige Anschlußfähigkeit zu gewährleisten, so daß z. B. die in Literaturarchiven, Akademien, Forschungsinstituten oder Projekten der Drittmittelforschung erfolgende Qualifikation nicht als Gefahr abgewehrt, sondern als Chance für die Wissenschafts- und Fachentwicklung an den Universitäten genutzt wird.

4. These

Die Partizipation an den verschiedenen Tätigkeitsfeldern ist durch Wechsel der Arbeitsbereiche, Schwerpunktverlagerung zwischen Lehre, Forschung und Verwaltung (Rotation und Job-Sharing) zu gewährleisten.

5. These

Eine Möglichkeit, um auf die Ausdifferenzierung der Qualifikationsfelder zu reagieren, stellt die Einführung eines "Qualifikations-Sabbaticals" dar. Damit ist weniger eine Freistellung gemeint, als vielmehr die Verzahnung von bislang getrennten Qualifikationsprofilen. Wer vorrangig in der Lehre beziehungsweise in der Forschung oder in der Verwaltung tätig war, soll in den jeweils anderen Tätigkeitsfeldern (für ein bis zwei Semester etwa) arbeiten können.

6. These

Die Individualforschung wird immer noch bevorzugt. Demgegenüber sollten Formen kooperativer Forschung und Lehre durch die Schaffung bzw. Ausnutzung geeigneter institutioneller Rahmenbedingungen konsequent gefördert werden (Stichwort "Qualifikationskolleg"). Die Erträge der Kollegialforschung sind bei der Evaluierung der Qualifikation stärker zur Geltung zu bringen.

7. These

Die Evaluierung ist auf Dauer zu stellen, um Leistungen sichtbar zu machen. Dabei ist sowohl angesichts der Rollendifferenzierung des Hochschullehrers (These 2) als auch angesichts der institutionellen Differenzierung und Individualisierung der Karrierewege des wissenschaftlichen Nachwuchses (Thesen 3-5) ein Kriterienkatalog zu erstellen, der die Umrechnung der einzelnen Leistungen ermöglicht und damit die Transparenz der Entscheidungen erhöht.

Zu These 1

Verglichen mit den funktional und institutionell ausdifferenzierten Naturwissenschaften und ihrer in der Regel stärker praxisorientierten, interpersonellen, ja transnationalen Arbeitsweise verharren die Geisteswissenschaften noch immer im prä- oder semi-modernen Status ihrer Gründungs- bzw. Neugründungsphase im 19. Jahrhundert.

Ihr Selbstverständnis wie auch ihre Organisationsformen sind nach wie vor durch neuhumanistische Wissenschaftsideale – vor allem Humboldtscher Provenienz – bestimmt. Die Wirkungsmacht solcher Theoreme (wie "Einheit von Forschung und Lehre", "Autonomie der Wissenschaften" oder "Einsamkeit und Freiheit") zeigt sich am deutlichsten in der bis heute beanspruchten Dominanz der Institution Universität und ihres vornehmsten Repräsentanten, des Universitätsprofessors. Amt des Lehrstuhlinhabers ist es, nach Zunftmeisterart in die "Geheimnisse" des Faches – den Erwerb von Wissen und die Rituale seiner Anwendung und Vermehrung – einzuführen und über deren Gebrauch zu wachen (diverse Qualifikations- als Initiationsgrade).

Ein solches Monopol läuft zwangsläufig auf Abwehr, Degradierung oder auch Ausgrenzung anderer – außeruniversitärer bzw. nichtinstitutionalisierter – Wissens- und Überlieferungsformen hinaus: Aus dieser Perspektive geraten etwa Akademien zu bloßen "Gelehrtenassoziationen", zu Stätten der Pflege und Verwaltung klassischen Erbes. Auch begründete Versuche, eigenständige geisteswissenschaftliche Forschungsinstitute zu etablieren, werden als suspekt empfunden und kategorisch abgewiesen. Literaturarchive und Bibliotheken firmieren ohnehin als wissenschaftliche "Hülfsinstitute".

In einer Welt der komplexen Vernetzung, des harten Geldes, der knappen Zeit und der leeren Kassen, unter den Voraussetzungen von Massenuniversitäten und Stellenkürzungen ist das Anachronistische romantischer Wissenschaftsideale nicht mehr zu verhehlen. In den Geisteswissenschaften vollzieht sich gegenwärtig ein Strukturwandel, der die tradierten Rollen,

Institutionen und Organisationsformen grundsätzlich in Frage stellt – ein Prozeß, der durch die deutsche Vereinigung und die hieraus resultierenden Probleme zusätzlich an Dynamik und Brisanz gewonnen hat.
Folgendes läßt sich konstatieren:
1. Die Universität als noch immer dominante Forschungsinstitution wird durch äußere Zwänge (Aufwertung der Lehre und Ansteigen der Studierendenzahl bei reduziertem Personalbestand) zunehmend zur Hochschule (ohne daß dem freilich ein ausreichend differenziertes, spezialisiertes und qualifiziertes Ausbildungsprofil entspräche – vgl. 3. These). Sukzessive findet eine Verlagerung von Forschung in Drittmittelprojekte, Forschungsschwerpunkte, Sonderforschungsbereiche, Graduiertenkollegs, Institute, Literaturarchive, Akademien, Bibliotheken statt, sofern sie nicht ohnehin vom Arbeitsamt finanziert wird. Wissenschaftliches Arbeiten (im innovativen Sinne) wird zunehmend zur Privatsache einzelner, da selbst die wenigen außerhalb der Hochschule angesiedelten Stellen in der Regel nicht zur wissenschaftlichen Qualifikation vorgesehen sind. Formen gemeinschaftlichen geisteswissenschaftlichen Arbeitens, wie sie an der alten Ordinarienuniversität idealiter möglich waren, haben folglich kaum noch einen Ort. Fortgesetzte Differenzierung der verschiedenen Disziplinen und Methoden sowie eine zunehmende Spezialisierung – und Isolierung – der einzelnen Wissenschaftler sind auch aus diesen Gründen unausweichlich. Selbst die Möglichkeiten übergreifender wissenschaftlicher Diskurse schränken sich auf immer kleinere Expertenkreise ein.
2. Erste Anzeichen, dieser Entwicklung durch Organisation bzw. Re-Organisation kooperativer, interdisziplinärer Forschung zu begegnen, lassen sich peripher erkennen. Verwiesen sei auf mittlerweile langjährige Aktivitäten insbesondere der DFG (Sonderforschungsbereiche) oder auf im Zusammenhang mit der "Abwicklung" der Akademie der Wissenschaften (DDR) unternommene Versuche, nach dem Muster der Max-Planck-Gesellschaft eigenständige geisteswissenschaftliche Forschungsinstitute zu installieren. Zu überlegen wäre, ob nicht für die Sozial- und Geisteswissenschaften z.B. eine Max-Weber-Gesellschaft zu gründen wäre. Die neue Berlin-Brandenburgische Akademie der Wissenschaften sieht – im Unterschied zu den übrigen Akademien – ihre "erste Aufgabe" darin, natur-, sozial- und geisteswissenschaftliche Forschungsansätze in lebensweltlich orientierten Projektgruppen zusammenzuführen. – Auch die Bestrebungen renommierter Bibliotheken und Literaturarchive via Arbeitsstellen, Kolloquien u.ä. projektbezogene Gemeinschaftsforschung an die "Quellen" zu binden, gehören in diesen Zusammenhang.

All diese Tendenzen setzen sich gegenwärtig sporadisch und gleichsam im Selbstlauf durch – oder eben auch nicht. Die Folge sind Disproportionen, Verwerfungen, wissenschafts- und bildungspolitische Probleme die Menge. Statt sich dieser Situation zu stellen, insbesondere im Hinblick auf die Ausbildung und den Einsatz des wissenschaftlichen Nachwuchses, überwiegen allenthalben Zögerlichkeit, Ignoranz, ein forciertes Beharren auf der Gültigkeit überkommener Struktur- und Sozialisationsmuster.

Zu These 2

Was einst als Zusammenschluß von Lehrern und Schülern zu universitates magistrorum et scholarium begann, entwickelte sich schon bald zu universitates magistrorum und hat sich – trotz des bekannten Muffs von tausend Jahren – bis heute als Ordinarienuniversität behauptet: Die Professoren stellen in allen entscheidenden Gremien universitärer Selbstverwaltung die Mehrheit. Uneingeschränkt genießen nur sie das Grundrecht auf Freiheit von Forschung und Lehre, und in der Regel verfügen nur sie über gesicherte Dauerstellen. Wer also Vollbürger jenes Gemeinwesens werden will, das in Alteuropa respublica litteraria hieß, muß Professor werden. Gerade diese Zentrierung des Universitäts- und Wissenschaftssystems auf die Professorenrolle gerät zunehmend unter Druck.

Besonders in den Massenfächern werden die Professoren durch den Aufwand an Zeit und Arbeitskraft, der nicht zuletzt aus der Aufrechterhaltung ihrer privilegierten Position resultiert und sich deshalb auch nur begrenzt delegieren läßt, tendenziell überfordert: in der Lehre durch die wachsende Zahl von StudentInnen, Haus- und Examensarbeiten, Prüfungen; in der Forschung durch die steigende Menge internationaler Publikationen und Kongresse, vorzubereitender und zu leitender Projekte; in der Selbstverwaltung durch zunehmende Gutachtertätigkeit, Koordinierungs- und Abstimmungsprozesse. Alle drei Bereiche befinden sich in einem Verhältnis wechselseitiger Abhängigkeit, so daß sich die Anforderungen auf allen Feldern steigern. Wer hier das "stille Brüten der Probleme" gegen den hektischen Kongreßbetrieb und die "Projektemacherei" ausspielt, zeigt im Grunde nur, daß er sich ins vermeintlich idyllische 19. Jahrhundert zurücksehnt. Die Zahl der StudentInnen wird nicht sinken, die Personalstärke kaum ansteigen (und wenn, dann würde ebenso der wissenschaftliche Output wachsen und mit ihm die nötigen Koordinierungsbemühungen). Die absehbare Deregulierungspolitik verlagert den nötigen Reglementierungsbedarf (einschließlich der Verteilungskämpfe!) in die Universität und ins Wissenschaftssystem hinein. Auf diese Entwicklung sollte mit einer Rollendifferenzierung reagiert werden, die je nach Begabung und Erfordernissen die Professionalisierung in den einzelnen Tätigkeitsbereichen fördert. Das setzt allerdings voraus, daß die Einheit von Forschung, Lehre und Selbstverwaltung auf institutioneller (und nicht mehr: personaler) Ebene sicherzustellen ist. Das würde zudem die Einrichtung von Teilzeitarbeitsplätzen – damit eine bessere Verteilung der vorhandenen Arbeit – erleichtern.

Ein differenziertes Berufsbild Hochschullehrer bzw. Wissenschaftler erweist sich auch insofern als notwendig, als die bisherige Praxis einer extrem langen Ausbildungsphase weder ökonomisch noch wissenschaftlich zu rechtfertigen ist. Dies um so weniger, als diese Ausbildungszeit trotz ihrer Dauer nicht zum Beruf qualifiziert, wenn – aufgrund welcher Zufälle auch immer – die Berufung ausbleibt. Zudem verhindert das derzeitige Verfahren der Nachwuchsrekrutierung eher Innovationen, als daß es sie fördert, da jahr(zehnt)elange Abhängigkeitsverhältnisse unter z. T. enormer Arbeitsbelastung (als Assistent = Beisteher, Helfer überlasteter Professoren) und Zeitdruck einen Akademikertypus begünstigen, der ohne Umwege und mit geringem Risiko Karriere macht, der fleißig und kenntnisreich vor allem den Betrieb aufrechterhält, jedoch kaum durch neue produktive Problemstellungen und aufregende Erkenntnisse auffällt. Die Orientierung an der Beamtenlaufbahn hat zudem dazu geführt, daß sich die Wissenschaft bei der Auswahl ihres Personals zunehmend vom biologischen Kriterium des Lebensalters abhängig macht, ohne hinreichende Möglichkeit zu besitzen, Fehlentscheidungen später zu korrigieren. Als Professor kann man sich einer (folgenreichen) Evaluierung weitgehend entziehen: Wie U-Boote tauchen nicht wenige nach der Ernennung ab, und niemand weiß, ob, wann und wo sie wieder auftauchen.

Aus all diesen Gründen ist ein neues Berufs- und Qualifikationsbild erforderlich, das auf differenzierte Weise den Veränderungen im Wissenschaftssystem Rechnung trägt und das es erlaubt, flexibler den Anforderungen der Zukunft zu begegnen.

Zu These 3

Die Veränderung der Wissenschafts- und Forschungslandschaft hat Spezifizierungen in den Tätigkeitsbereichen von Geisteswissenschaftlern erbracht, die das Profil der einzelnen Disziplinen prägen, ohne daß sie in dieser Komplexität in der Universitätslehre und -forschung noch systematisch präsent sind. Durch eine zunehmend kulturwissenschaftliche Orientierung ergeben sich darüber hinaus neue Forschungsaufgaben, die mit der empirischen Erschließung neuer Materialien verbunden sind und/oder in die Bereiche von angrenzenden Wissenschaften führen. Eine dieser Entwicklung anzupassende Qualifizierung muß, mit Rücksicht auf Begabung und Interessen der zu Qualifizierenden, die Förderung des wissenschaftlichen Nachwuchses über den Einsatz in Literaturarchiven, Akademien, Forschungsinstituten und in Drittmittelprojekten favorisieren. Für eine Laufbahn, die im Anschluß an die Promotion auf eine weitere Qualifikation mit dem Ziel "Hochschullehrer" abhebt, ist die vorübergehende Einbindung in andere institutionelle Strukturen – mit der Möglichkeit interdisziplinärer Forschung/Teamarbeit – als Gewinn zu erkennen, der neue Forschungshorizonte öffnet und die akademische Lehre bereichert. Um die Rückführung von Wissenschaftlern an die Universitäten auf der Grundlage nachweisbar erworbener Fachkompetenz, die nicht ausschließlich die traditionelle Habilitationsschrift meinen sollte, zu ermöglichen, sind Kriterien aufzustellen (vgl. 7. These), an denen Qualifikation im Sinne von erworbener, der Lehre zugute kommender Kompetenz meßbar ist. Die bisherige Privilegierung des Qualifikationsweges über die Habilitation ist von der Wissenschaftsentwicklung überholt und trägt den verschiedenen Begabungen und Erfordernissen nicht Rechnung. Anstelle der traditionellen Habilitationsschrift als Voraussetzung für eine Universitätslaufbahn sind den Begabungen und Erfahrungen angepaßte und in den verschiedenen wissenschaftlichen Praxisfeldern zu erwerbende, differenzierte Qualifikationsprofile zu erstellen, die als Nachweis für die Befähigung zum Hochschullehrer anerkannt werden (ausgewiesene Erfolge in editorischer Arbeit, Wissenschaftsverwaltung, Projektarbeit u. a.). Für die Universität hat eine Verstrebung mit anderen wissenschaftlichen Institutionen einerseits den Vorteil, ständig Kontakt zu den verschiedenen wissenschaftlichen Praxisfeldern der jeweiligen Disziplin zu haben; andererseits können Studierende besser auf unterscheidbare Berufsprofile vorbereitet werden. Es kann nicht darum gehen, Studierende im Interesse einer Vollständigkeit mit noch mehr Wissen vollstopfen zu wollen, sondern sie gezielt auf die Problemhorizonte ihrer Disziplinen und die unterschiedlichen Praxisanforderungen vorzubereiten.

Zu These 4

Wenn man die oben (3. These) begründete Auflockerung traditioneller Qualifikationswege für den wissenschaftlichen Nachwuchs ernst nimmt, dann wird die Universität um eine Flexibilisierung der von ihr bereitgehaltenen Arbeitsplätze nicht herumkommen. Hierbei sind zwei Aspekte zu unterscheiden:

1. Die wünschenswerte Verschränkung von Forschung und Lehre macht es – auch im Sinne der zukünftig erforderlichen internationalen Vergleichbarkeit – notwendig, Wissenschaftler auf beiden Feldern zu qualifizieren. Gleichwohl sollten in der Berufstätigkeit – und damit in den Stellenbeschreibungen – deutliche Akzente gesetzt werden. Die Entscheidung der KollegInnen für eine stärker forschungs-, lehr- oder verwaltungsorientierte Tätigkeit müßte revidierbar sein, was durch zeitliche Befristung im Rahmen institutioneller Erfordernisse sichergestellt werden könnte. (Für die speziellen Anforderungen an Ausbildungsphasen bleibt zunächst abzuwarten, ob eine bundesweite Einigung über eine didaktisch-methodische Qualifikation des Nachwuchses, wie sie zur Zeit in Nordrhein-Westfalen auf der Tagesordnung steht, erzielt werden kann.) Hier wäre Raum für persönliche Interessen und Fähigkeiten, aber auch für die abgestufte finanzielle Prämierung von Leistungen in den einzelnen Bereichen; dies setzt allerdings ein für die Betroffenen nachvollziehbares Bewertungsverfahren (vgl. dazu 7. These) voraus. Die wechselnden Deputatsanteile müßten institutsintern vergeben werden – nach Maßgabe der aktuellen Studentenzahlen, Finanzmittel usw. (Auch hier bleibt zu berücksichtigen, daß die administrativen Aufgaben in den genannten Bereichen sehr unterschiedlich sein können.) Der inzwischen allenthalben erhobenen Forderung nach Teilzeitangeboten ließe sich so unschwer nachkommen.

2. Die denkbare Flexibilisierung des universitären (2. These) bzw. disziplinären Selbstverständnisses sollte für eine Erschließung neuer finanzieller Ressourcen genutzt werden. Beispielsweise könnten Sprach- und Literaturwissenschaftler auf dem gegenwärtig stark expandierenden Gebiet der Weiterbildung Angebote unterbreiten. Mögliche Interessenten wären Lehrer aller Schulstufen sowie Arbeitnehmer aus der Privatwirtschaft. Ihre je spezifischen Interessen im Umgang mit Texten und Textverarbeitung lassen sich auf keinen einheitlichen Nenner bringen. Gerade deshalb wäre es eine Überlegung wert, ob nicht die breitgefächerten Kompetenzen in unserer Disziplin in diesem Bereich erfolgreich sichtbar zu machen wären. Auch diese Angebote müssen nach lokalen Gegebenheiten der einzelnen Institute defi-

niert werden. Gleichwohl sollte dieser zukunftsträchtige Markt nicht allein gewerblichen Anbietern überlassen bleiben. Eine erhöhte Akzeptanz und Transparenz der Disziplin durch diese Öffnung wäre ein willkommener Nebeneffekt.

Zu These 5

Es gehört zu den Topoi der Hochschulpolitik, daß zur Stärkung des sich differenzierenden Hochschulwesens auch eine Diversifikation der Qualifikationsfelder für den Nachwuchs erforderlich sei. Forschungserfahrung und Bewährung in der Lehre gelten als unbestrittene Standards für die Ausbildung von Hochschullehrern. Der Differenzierung der Anforderungen steht keine adäquate Diversifikation der Qualifikationsmöglichkeiten gegenüber. Der Trend ist eher gegenläufig. Die Monopolstellung der Assistenten-Laufbahn verliert ihre Gültigkeit, ohne daß andere Karriereverläufe konzipiert würden. Die Zahl derjenigen, die sich über ein Stipendium der DFG habilitieren, ist in den letzten Jahren um mehr als das Vierfache gestiegen. Nach der Evaluierung der ostdeutschen Hochschulen, Akademien und Literaturarchive hat sich die Zahl der Blaue-Liste-Institute in Deutschland um mehr als 75 % erhöht, die Zahl des dort tätigen Personals sogar um mehr als 90 %. Auch steigt die Zahl der auf Projektstellen arbeitenden PostdoktorandInnen und HabilitandInnen weiter an. Während für diese Stellen die Möglichkeit, Lehrerfahrungen zu erwerben, kaum gegeben ist, werden die Hochschul-Assistenten durch die Lehre von der Forschungsarbeit immer mehr abgehalten. Die Forderung nach Diversifikation der Qualifikationsmöglichkeiten und die tatsächliche Entwicklung für den Nachwuchs klaffen also immer weiter auseinander.

In dieser Situation schlagen wir die Einführung eines Qualifikations-Sabbaticals vor, um die inadäquat gewordenen Muster akademischer Lebensläufe aufzubrechen. Gemeint ist damit die turnusmäßige Freistellung für die Qualifizierung in den jeweils anderen Praxisfeldern, ohne daß dies mit einem Stellenwechsel im üblichen Sinne verbunden wäre. Wer etwa auf einer Projektstelle arbeitet, soll nach zwei Jahren Forschung die Möglichkeit erhalten, ein Jahr in der Lehre tätig zu sein, im Platzwechsel mit einem Lehrenden, der jetzt Zeit für *seine* Forschungsvorhaben erhält. Die Kosten entfielen je zur Hälfte auf Drittmittelgeber und Institution. Ein ähnliches Ineinandergreifen von Qualifikationsabschnitten ist auch in der Zusammenarbeit mit Literaturarchiven oder Akademien durchführbar, so daß Forschung, Archivarbeit und Lehre nicht als getrennte, sondern als kooperierende Einrichtungen zu begreifen sind. Wünschenswert wäre es zudem, wenn die jeweiligen Institutionen dadurch die Möglichkeit erhalten würden, begabte Mitarbeiter auszuzeichnen und besser fördern zu können. Eine Verbesserung der Qualifikationsstandards läßt sich eben nur durch fördernde Anreize erzielen, und dies ist keineswegs nur eine Frage des Geldes, vielmehr eine der Kooperationsfähigkeit und Ideenfreudigkeit im deutschen Hochschulwesen.

Zu These 6

Im Bereich der Forschung geht es generell um eine Stärkung kooperativer Arbeitsformen durch Gruppenbildung. Die Konstituierung von Forschergruppen soll eine kontinuierliche und regelmäßige Bearbeitung von Themen garantieren und dem Erfahrungs- und Wissensaustausch dienen. Dabei ist besonders an befristete, auf Eigeninitiative beruhende Projektarbeit mit gewissermaßen informellem Charakter gedacht. Als Tagungsstätten sollten bereits bestehende Forschungszentren (Bibliotheken, Literaturarchive, Akademien, Institute usw.) unter Berücksichtigung ihrer Schwerpunkte (z.B. Wolfenbüttel: Barock; Halle: Aufklärung; Weimar: Klassik; Marbach: Neuere Literatur, Wissenschaftsgeschichte) genutzt werden.

Ein solcher Zuschnitt der kooperativen Organisation wissenschaftlicher Arbeit hat neben dem bereits erwähnten Vorzug des Wissenstransfers zwei weitere Vorteile: Er ist sehr kostengünstig, weil außer den anfallenden Aufwendungen (für Anreise, gegebenenfalls Übernachtung) keine weiteren Posten zu finanzieren sind. Zweitens ermöglicht er die bislang nur unzureichend gewährleistete Integration der wissenschaftlichen Mitarbeiter der gastgebenden Tagungsstätten (Bibliothekare, Literaturarchivare) in die Forschungsarbeit der Universitäten und umgekehrt.

Für die Lehre sind Veranstaltungstypen zu entwickeln, die im Gegensatz zur dekretierenden Vorlesung kooperative Lehrformen stärker berücksichtigen. Die im Rahmen solcher Veranstaltungen zu fördernde Kommunikation soll sowohl die wissenschaftliche Kompetenz des einzelnen als auch seine Einsicht in die sozialen Aspekte der wissenschaftlichen Urteilsfindung stärken.

Zu These 7

Das bisherige Laufbahnmodell des Hochschulprofessors sieht die Habilitation und die Berufung als Endpunkte wissenschaftlicher Leistungsdemonstration vor. Obwohl mit diesen akademischen Prüfungen die Bewertung einer Wissenschaftlerbiographie keineswegs zu Ende ist, gehört es bislang zum Berufsbild des Professors, sich Beurteilungen weitgehend entziehen zu können. Ein solches Berufsbild blendet jedoch die Tatsache aus, daß jede erbrachte wissenschaftliche bzw. wissenschaftsorganisatorische Leistung nicht nur idealiter unter dem kritischen Auge der disziplinären Öffentlichkeit stattfindet. Während die Folgen dieser Beurteilungen für den wissenschaftlichen Nachwuchs nachvollziehbar sind, werden sie im Hinblick auf die Wissenschaftsbeamten kaum transparent. Die unterschiedliche Leistungsfähigkeit der Professoren wird, sofern sie sich nicht öffentlichen Bewerbungen um Drittmittel stellen, meist unter der Hand definiert und dem diffusen Oberbegriff der Reputation zugeordnet.

Es kann keinem Zweifel unterliegen, daß die zwischen dem wissenschaftlichen Nachwuchs und dem Professor bestehende Evaluierungsasymmetrie ungerecht ist. Außerdem birgt sie die Gefahr der Duldung wissenschaftlicher Unproduktivität in sich. Gerade die scientific community, welche die Innovationsfreudigkeit und Leistungsbereitschaft ihrer Repräsentanten in der Öffentlichkeit so gerne hervorhebt, sollte sich einen derartig fragwürdigen Luxus nicht leisten.

Daher plädieren wir für die Einführung des Prinzips der permanenten, ausnahmslos auf jeder Stufe der wissenschaftlichen Karriereleiter greifenden Evaluierung. Sach- und Personalmittel sowie weitere Vergünstigungen sollten gewährt, aber auch wieder eingezogen werden können. An die Stelle der Alternative, entweder als Professor Rang und Entscheidungskompetenz zu besitzen oder als akademischer Nobody sein Dasein zu fristen, würde ein umfassenderer und differenzierungsfähigerer Begriff des Hochschuldozenten treten. Unterschiedliche Grade der Prämierung seiner Arbeit ergäben sich immer wieder neu als Resultate seiner jeweiligen Produktivität und wären nicht ein für allemal festgeschrieben. Die permanente Evaluierung würde die intersubjektive Überprüfbarkeit der jedem Dozenten zugeteilten Leistungsanreize garantieren und die Effektivität wissenschaftlichen Arbeitens steigern.

Gegner solcher Effektivitätsargumente wenden häufig ein, derartige Forderungen würden nach amerikanischem Vorbild lediglich zum Anstieg der Publikationszahlen führen. Publikationen sollen jedoch keineswegs alleiniges Leistungskriterium sein. Ohnehin erfordert die oben beschriebene Individualisierung und Flexibilisierung der Karrierewege die Konvertierbarkeit der in den verschiedenen Praxisfeldern erworbenen Fähigkeiten und Qualifikationen. Hierfür wäre ein Kriterienkatalog zu entwickeln. Der veränderten, durch unterschiedliche Berufswege gekennzeichneten Situation des wissenschaftlichen Nachwuchses hätte dieser Katalog ebenso Rechnung zu tragen wie der oft vorgetragenen Forderung, daß neben der häufig ausschließlich betriebenen Bewertung von Forschung verstärkt die Lehre und die Arbeit in der wissenschaftlich-universitären Selbstverwaltung Berücksichtigung finden sollten. Das entspräche zudem der Entwicklung, daß die Lehre im Zeitalter der Massenuniversität an Bedeutung gewinnen wird und daß die Wissenschaft zunehmend auf das mitunter belächelte, Managerqualitäten erfordernde Initiieren von Forschungsprojekten angewiesen sein wird.

Im Hinblick auf den wissenschaftlichen Nachwuchs müßte der zu erstellende Kriterienkatalog die Benachteiligung bestimmter Personenkreise etwa durch Erziehungszeiten, Wehr- und Zivildienst oder durch den Erwerb von Hochschulzugangsberechtigungen auf dem zweiten Bildungsweg ausschließen. Wenn schließlich alle Ausbildungswege an der Universität, also auch jene nach dem Studium, so angelegt sein sollen, daß innerhalb Europas Wechselmöglichkeiten bestehen (vgl. den Beschluß der Hochschulrektorenkonferenz vom 6.7.1992, S. 21f.), so ist auch über das Habilitationsverfahren nachzudenken, das in seiner gegenwärtigen Form ein deutsches Spezifikum darstellt und das Eintrittsalter in den nach bisherigem Dafürhalten vollwertigen Hochschullehrerberuf erhöht.

Erfahrungen mit einer Evaluierung wurden bislang nur im Osten Deutschlands gemacht. Ob sie erfolgreich war, muß sich langfristig noch zeigen; kurzfristig ließ sich Veränderung und personeller Wechsel induzieren, die aber sicherlich in ihren Dimensionen zu Recht einmalig bleiben. Es ist jedoch eine Frage der Gerechtigkeit, daß in Zukunft die westliche bzw. inzwischen die gesamte deutsche Wissenschaft ihre wissenschaftlichen Qualitätskriterien beständig auf sich selbst anwendet.

Wir sind uns im klaren darüber, daß das von uns vorgeschlagene Konzept der permanenten Evaluierung auch erhebliche Probleme mit sich bringt. Erstens sind sowohl die von uns vorgeschlagene Neudefinition des Hochschullehrers als auch der begrüßenswerte, für die gegenwärtige Situation weiter Teile des wissenschaftlichen Nachwuchses charakteristische horizontale Wechsel von Berufstätigkeiten mit der gegenwärtigen Laufbahnstruktur und deren beamtenrechtlichen Grundlagen kaum vereinbar. Mit ihrem Versuch, die auf diesem Sektor notwendig werdenden Umstrukturierungen vorzunehmen, würde die Universität nur an Diskussionen partizipieren, die in anderen Bereichen des öffentlichen Dienstes längst begonnen haben. Zweitens muß die mit der permanenten Evaluierung verbundene Gefahr vermieden werden, daß es zu einem unzulässigen, die akademische Freiheit bedrohenden Kurzschluß von Politik oder Wirtschaft und Wissenschaft kommt. Evaluierung muß also vorrangig innerhalb der Wissenschaft, innerhalb der scientific community stattfinden, wie dies für den Bereich der Forschung bislang schon praktiziert wird. Die Frage nach der Besetzung und den Beurteilungsmaßstäben wissenschaftsinterner Evaluierungsgremien bedarf einer sorgfältigen Prüfung. Es darf keinesfalls dazu kommen, daß finanzielle Restriktionen letztlich durch fachfremde Kriterien motiviert werden.

Diese Probleme sind indes nicht unlösbar. Von den Lösungen, die die Wissenschaft dafür findet, hängt ihre, hängt unsere Zukunft ab. Diesen Problemen sich nicht zu stellen, wird unweigerlich dazu führen, daß sich die Wissenschaft Lösungen "von außen" gefallen lassen muß – mit wahrscheinlich fatalen Folgen.

Kontaktadresse: Dr. Holger Dainat, Otto-von-Guericke-Universität Magdeburg, Institut für Germanistik, Postfach 4120, 39016 Magdeburg.

Perspektiven zur Selbstreform der Universitäten

Am Beispiel der Germanistik

Georg Jäger und Jörg Schönert

In einleuchtender Weise hat die Initiativgruppe um Holger Dainat in den *Sieben Thesen zur wissenschaftlichen Qualifikation* darauf hingewiesen, daß Wissenschaft (und insbesondere im Fall der geisteswissenschaftlichen Disziplinen) im ausgehenden 20. Jahrhundert ihre Handlungszusammenhänge nicht mehr nach den Organisationsformen und Sozialisationsmustern des 19. Jahrhunderts ordnen kann.

Wir wollen an die Argumente der Gruppe anknüpfen und sie zugleich ergänzen. Dabei leitet uns die Erfahrung, daß es nicht nur darum geht, traditionale Orientierungen zu korrigieren, um einer neuen Wissenschaftssituation angemessen zu begegnen, sondern daß unter nachhaltig veränderten Perspektiven auch erst völlig neue Strategien entwickelt werden müssen. Wir vernachlässigen in unseren Ausführungen Unterscheidungen und mögliche Generalisierungen, die Konstellationen und Entwicklungen in der Germanistik auf übergreifende Aspekte in den Geisteswissenschaften (und überhaupt in 'der Wissenschaft von heute') beziehen könnten. Wir werden also nur partiell die Diskussion bedienen, die der ehemalige Präsident des Wissenschaftsrates, der Rechtshistoriker Dieter Simon, mit dem Befund eröffnet hat, die Universitäten von heute seien "im Kern verrottet". Peter Glotz hat dieses Schlagwort 1996 in einer Publikation aufgenommen: *Im Kern verrottet. Fünf vor zwölf an Deutschlands Universitäten.* Mehr Beachtung verdienen freilich die Überlegungen Michael Daxners, die der Präsident der Universität Oldenburg im selben Jahr veröffentlichte: *Ist die Uni noch zu retten? Zehn Vorschläge und eine Vision.* Wir nehmen darauf Bezug.

Wir beschränken uns auf die Handlungsmuster im Wissenschaftssystem und vernachlässigen – in eigentlich ungerechtfertigter Weise – die aktuellen hochschulpolitischen und fiskalischen Bedingungen. Darüber hinaus gelten unsere Überlegungen nur dem Handlungsbereich der Wissenschaftler; wir gehen nicht ein auf Konstellationen und Probleme in der bürokratischen Organisation der Hochschulen und ebensowenig auf Einstellungen und Verhaltensweisen der Studierenden. Das soll nicht bedeuten, daß diese Faktoren ohne Einfluß für die Einschätzung der gegenwärtigen Situation der Germanistik (und darüber hinaus der Geisteswissenschaften) wären. Die nachfolgenden Überlegungen sind vor allem zu verstehen als erster Anstoß, die gegenwärtige Verfassung und Entwicklung unseres Faches zu bedenken. Zu fragen ist zunächst nach der Bereitschaft im Fach zur 'Selbstreform'. Doch nicht nur für Germanisten müßte dabei gelten, daß mehr zu verlangen ist als die pseudo-reformerische Bereitschaft: Änderungen sind notwendig, aber erst nach Auslaufen meines Dienstvertrags. Wenn die Selbstreform der Universitäten der aktuelle Weg zur Universitätsreform sein soll, dann muß dieser Reformprozeß sogleich beginnen.

Daß wir uns – zunächst in der Antwort auf die Unternehmungen der Gruppe um Holger Dainat – zu Wort melden, hat seinen Grund auch in Erfahrungen, die wir in den vergangenen Jahren gewinnen konnten. Acht Jahre hindurch haben wir als gewählte Fachgutachter für die Deutsche Forschungsgemeinschaft die Wissenschaftsentwicklungen der Germanistik begleiten können, haben die Qualifikationen des wissenschaftlichen Nachwuchses über Postdoktoranden-, Habilitations- und Heisenbergstipendien verfolgt und zudem Erfahrungen gesammelt in Verfahren der Fach-Evaluation zum einen für die hessischen Universitäten (J. Sch.), zum anderen für die Universitäten Hamburg und Kiel (G. J.). Wir haben bei unseren Überlegungen insbesondere die literaturwissenschaftlichen Teilfächer der Germanistik (und der Philologien) im Blick.

Vorab seien die Probleme benannt, die vordringlich diskutiert und gelöst werden sollten. Sie betreffen zunächst die aktuellen Diskussionen zur Bewertung von Leistungen im Lehramt an Hochschulen (1), dann die kontinuierlich notwendige Selbsterneuerung einer Disziplin in der Heranbildung ihres wissenschaftlichen Nachwuchses (2), sie lassen sich zudem auf ein verändertes Rollenverständnis für 'Hochschullehrer(innen)' beziehen (3), sie gelten weiterhin dem Selbstverständnis des Faches im Zuge seiner fortschreitenden Ausdifferenzierung und des Ausgriffes auf neue Gegenstandsbereiche (4); unter diesen Aspekten sind auch die Fragen der internen und externen Selbstdarstellung der Disziplin zu diskutieren (sie schließen die mögliche Festlegung von 'Grundproblemen, Grundwissen, Grundkompetenzen' mit den jeweiligen Erweiterungen ebenso ein wie die Nomenklatur der Fachgliederung und die Denominationen von Professuren, die dem Fach zugeordnet sind). Desweiteren wären Strategien zu bedenken, die für mehr wechselseitige Wahrnehmung und für notwendige Kontinuität in der Unübersichtlichkeit der disziplinären Entwicklungen und in ihrer Vermittlung an die 'Umwelt' des Wissenschaftssystems sorgen könnten (5). Sie müßten bezogen sein auf eine 'Kultur der Kritik', auf die Entschlossenheit – je nach Konstellation – zu unterscheiden, abzugrenzen und anzuschließen, und sie müßten die abgerissenen Verbindungen zur außeruniversitären Öffentlichkeit unter veränderten Bedingungen neu zu knüpfen versuchen: im Vermitteln einer 'verwissenschaftlichten' Germanistik an eine Öffentlichkeit, die sich für Sprache und Literatur interessiert. Dafür sollte eine besondere Rede- und Argumentationsfähigkeit entwickelt werden, die Wissenschaft nicht 'andient' oder sich 'anbiedert', sondern für das, was Nahe-, aber Außenstehenden vermittelt werden soll, eine Sprache findet, die 'Wissenschaftlichkeit' nicht preisgibt, aber durchaus Abweichungen zu der 'Wissenschaftssprache' zuläßt (6).

Und schließlich muß unsere Wissenschaft sich in der Organisation ihrer kulturellen Leistungen zur Bewahrung und Kommentierung von Texten, zur Auswahl und Kodifikation von elementaren Wissensbeständen der modernen Technologien bedienen; sie braucht dabei die Erfahrungen und Handlungsmuster, die im 19. Jahrhundert entwickelt wurden, nicht preiszugeben, sollte sie aber mit den heute zur Verfügung stehenden technischen Möglichkeiten umsetzen und mit ihrer Hilfe weiterentwickeln. Es müssen – wie bislang – Bücher erstellt und gesammelt, jedoch auch Datenbanken geordnet, aufeinander abgestimmt und einander zugeführt werden (7).

1. Kriterien zur Bewertung von Leistungen der Lehrenden an Hochschulen

Leistungsbewertungen werden derzeit mit unterschiedlichen Zielen und Verfahren allerorts an deutschen Universitäten erprobt und durchgeführt. Grundprinzip dieser 'Evaluationen' sollte sein, daß sie als Selbstbewertungen angelegt sind, daß die Mitglieder der Hochschulen sich selbst einschätzen – innerhalb einer Gruppe und über die Grenzen der Gruppen hinweg (das hieße also, daß nicht nur Professoren die Leistungen von Professoren bewerten). Dabei hat es sich als hilfreich erwiesen, wenn auch Mitglieder auswärtiger Hochschulen in die Evaluation einbezogen werden.[1]

Wir konzentrieren uns hier auf die Überlegungen, die im Zuge der Maßnahmen zur Globalisierung der Haushaltsmittel und der zu erwartenden 'Verteilungskämpfe' Kriterien entwickeln wollen, mit denen sich die Leistungen der Lehrenden quer durch die Disziplinen objektivieren und vergleichen lassen. In seinem Beitrag *Von der Vermehrung des Geistkapitals* für die *Süddeutsche Zeitung* vom 5./6.10.96 hat Wilhelm Pfähler, Professor für

---

[1] Vgl. dazu Michael Daxner: Ist die Uni noch zu retten? Reinbek 1996, S. 55-70.

Wirtschaftspolitik an der Universität Hamburg, 20 Kriterien benannt.[2] Dieser Vorschlag bietet gute Vorgaben für eine eingehendere Diskussion. Wir modifizieren und erweitern ihn hier.

Unser Leistungskatalog soll das Tätigkeitsprofil eines Hochschullehrers differenziert und umfassend zu beschreiben helfen. Er unterscheidet zwischen den Tätigkeitsfeldern Forschung, Lehre, Studienberatungen und Prüfungen, Selbstverwaltung und Wissenschaftsmanagement, Wissenschaftliche Beratung / Gutachten, Universität und Öffentlichkeit.

A) Forschung

1. Wissenschaftliche Publikationen (einschließlich Herausgebertätigkeit).
2. Vermittlungen von Forschungsergebnissen durch Vorträge (eigene Vorträge und Organisation von Vorträgen).
3. Vorbereitung und Durchführung von Tagungen und Arbeitskreisen.
4. Einwerbung von Drittmitteln (einschließlich Graduiertenkollegs).
5. Organisation und Durchführung nationaler und internationaler Hochschulkooperation im Bereich der Forschung.
6. Kooperation mit den Berufspraxisfeldern, die den jeweiligen Studiengängen zugeordnet sind (unter Forschungsaspekten).

B) Lehre

7. Qualität und Besuch der Lehrveranstaltungen.
8. Beiträge zur Innovation von Lehrformen und Lehrmaterialien.
9. Mitarbeit an Handbüchern, Lehrbüchern, Studienmaterialien etc.
10. Organisation und Durchführung internationaler Hochschulkooperation im Bereich der Lehre.
11. Kooperation mit den Berufspraxisfeldern, die den jeweiligen Studiengängen zugeordnet sind (unter Aspekten der Lehre, z.B. Organisation von Praktika).
12. Organisation und Durchführung von Weiterbildungsmaßnahmen.

C) Studienberatung und Prüfungen

13. Umfang und Qualität der Leistungen in der Studienberatung.

---

2 Vgl. auch ebd., S. 104f.

14. Gutachten für Stipendien, Bewerbungen (z.B. im Rahmen von Austauschprogrammen).
15. Umfang der Prüfungstätigkeit (z.B. Zwischenprüfungen, erste Hochschulabschlußprüfungen).
16. Betreuung von Promotionen und Habilitationen.

D) Selbstverwaltung und Wissenschaftsmanagement

17. Mitarbeit in den ständigen Gremien der akademischen Selbstverwaltung.
18. Mitarbeit in Habilitationskommissionen.
19. Mitarbeit in Berufungskommissionen.
20. Mitarbeit in Kommissionen zur Hochschulplanung, zur Profilbildung und Reform institutioneller Einheiten der Universität.
21. Mitarbeit in Kommissionen zur Studien- und Prüfungsreform.
22. Übernahme von Funktionen in der DFG, in Fachverbänden, wissenschaftlichen Gesellschaften etc.

E) Wissenschaftliche Beratungen / Gutachten

23. Mitarbeit in Fach-, Beratungs- und Gutachtergremien (außerhalb der universitären Selbstverwaltung).
24. Begutachtungen für Zeitschriften und Verlage
25. Gutachtertätigkeit für Drittmittelgeber.
26. Auswärtige Gutachtertätigkeit für Einstellungs- und Berufungsvorschläge.
27. Mitarbeit in Einrichtungen zum Wissens- und Technologietransfer.
28. Beratung von Politik, Wirtschaft und kulturellen wie sozialen Institutionen.

F) Universität und Öffentlichkeit

29. Organisaton und Durchführung von Veranstaltungen, die sich nicht nur an die eingeschriebenen Studierenden und Gasthörer wenden (z.B. Allgemeines Vorlesungswesen, Tage der offenen Tür etc.).
30. Betreuung von Publikationen, die Informationen über die Universität und die Ergebnisse der Forschung an die breitere Öffentlichkeit vermitteln (z.B. in Form von hochschuleigenen Jahrbüchern oder Zeitschriften).

Es versteht sich, daß die einzelnen Leistungen mit (möglichst unbürokratischen) Verfahren erhoben, gewichtet und einander zugeordnet werden müssen. Ob das Ergebnis der Leistungsbewertungen nur für die Zuteilung von Haushaltsmitteln (von Personal- und Sachmitteln) genutzt wird oder ob die Evaluationen darüber hinaus – wie Wilhelm Pfähler vorschlägt – Konsequenzen für die Staffelung der Gehälter der Lehrenden haben sollten, braucht hier nicht erörtert zu werden. Uns kommt es zunächst darauf an, das breite Spektrum an Tätigkeiten der Lehrenden zu verdeutlichen.[3]

2. Zu den Problemen wissenschaftlicher Qualifikation

Die Befähigung, das Amt eines Hochschullehrers / einer Hochschullehrerin in der Universität von heute wahrzunehmen, sollte mit Qualifikationen in den Bereichen Forschung, Lehre und Selbstverwaltung / Wissenschaftsmanagement verbunden werden. Der 'Königsweg' für solche Qualifikationen ist bislang über die Stelle einer 'Hochschulassistenz' gelaufen. Im Anschluß an die Argumentation des Memorandums *Hilfreich und gut* sollten Modifikationen bedacht und umgesetzt werden.

Die bisherigen Vorgaben (drei plus drei Jahre Hochschulassistenz, dazu gegebenenfalls zwei bis vier weitere Jahre Verlängerung des Dienstvertrages nach der Habilitation auf der Assistentenstelle) könnten neu organisiert und zeitlich verkürzt werden.

Nach den bisherigen Erfahrungen ist davon auszugehen, daß Promotionen in der Regel zwischen dem 27. und 29. Lebensjahr abgeschlossen werden können. Soll die Laufbahn als Hochschullehrer(in) eingeschlagen werden, so müßten die weiteren Qualifikationen so angelegt werden, daß nach spätestens weiteren acht Jahren eine feste Anstellung erreicht werden kann. Zu diesem Zweck sollten Evaluationsverfahren (wie bei Berufungen) eingesetzt und auf das 'Ritual' der Habilitation verzichtet werden. Assistentenverträge ließen sich so ausstellen, daß zum Ende des vierten Dienstjahres die Evaluation abgeschlossen ist.[4] Sie könnte durch eine 'Kommission vor Ort' durchgeführt werden, der etwa zwei Professor(inn)en und je ein(e) Vertreter(in) der Gruppe von Dozent(inn)en / Assistent(inn)en und der Studieren-

---

[3] Wenn wir im folgenden auch verkürzt von den Bereichen Lehre, Forschung und Selbstverwaltung sprechen, so gehen wir doch davon aus, daß alle aufgeführten professionellen Tätigkeitsbereiche in die Bewertung eingehen.
[4] Unsere Überlegungen stimmen vielfach überein mit den Vorschlägen, die M. Daxner zu einer vier- bis fünfjährigen Qualifikationsphase nach der Promotion macht – vgl. ebd., S. 92 f.

denden der 'Heimatuniversität' sowie eine Professorin / ein Professor einer anderen Universität angehören. Eine Gruppe von Hochschullehrer(inn)en könnte zu diesem Zweck vom Germanistenverband benannt oder, wie die Fachgutachter der DFG, gewählt werden.

Diese Kommission müßte die bis dahin vorliegenden Leistungen der Assistentin / des Assistenten in Forschung, Lehre und in der Selbstverwaltung sowie im Servicebereich (wie z.B. der Studienberatung) begutachten und ihr Votum dem Fachbereichsrat / der Fakultät vorlegen. Denkbar wäre auch, daß bestimmte Anteile solcher Bewertungen den Kriterien folgen, die oben entwickelt wurden. Die Einschätzung einer erfolgreichen Arbeit sollte den bisherigen Vollzug der Habilitation ersetzen.[5]

Während der vierjährigen Dienstzeit müßte die Möglichkeit bestehen, entweder ein zweijähriges Forschungsstipendium der DFG unter Beurlaubung von der Assistentenstelle (und unter Fortfall der Bezüge) wahrnehmen zu können oder für zwei Jahre in einem Drittmittelprojekt (auf einer Stelle der Besoldungsgruppe BAT IIa) mitzuarbeiten. In beiden Fällen sollte die Evaluation dann erst fünf Jahre nach Dienstantritt durchgeführt werden. Für die Vertretung der beurlaubten Assistentin / des beurlaubten Assistenten wären bevorzugt Wissenschaftler/innen heranzuziehen, die nach ihrer Promotion in Drittmittelprojekten gearbeitet haben. Damit würde ein Signal dafür gesetzt, daß Prinzipien der Kollegialforschung gegenüber der Individualforschung an Gewicht gewinnen.

Mit der zustimmenden Bewertung der unterschiedlichen Leistungen in Lehre, Forschung und Selbstverwaltung / Service der 'Assistenzzeit' wären die Voraussetzungen für eine Berufung in eine Dozentur oder Professur gegeben.[6] Zugleich müßte der Dienstvertrag (ohne Anhebung der Bezüge) um weitere vier Jahre verlängert werden – mit dem halben Deputat der Lehrverpflichtungen im Professorenamt.

3. Zum Rollenverständnis Hochschullehrer / Hochschullehrerin

Notwendige und sinnvolle Veränderungen in der Selbstorganisation der deutschen Universitäten können – so meinen wir – nur dann erfolgreich durchgeführt werden, wenn Hochschullehrer(innen) neben den Kompetenzen in For-

---

5 Auch M. Daxner plädiert für den Verzicht auf das Habilitationsverfahren – vgl. ebd., S. 116-121.
6 Vgl. ebd., S. 108; zum Antragsverfahren für die 'Übernahme in den Lehrkörper'.

schung und Lehre auch besondere Fähigkeiten für die Selbstverwaltung und das Wissenschaftsmanagement entwickeln. Von der Fiktion eines 'Standardprofessors' / einer 'Standardprofessorin' sollte darum Abschied genommen werden.

Die Fähigkeiten für erfolgreiche Forschung, Lehre und Wissenschaftsorganisation sind nicht bei allen Mitgliedern des Lehrkörpers einer Hochschule gleichmäßig ausgebildet – und diese Kompetenzen erhalten auch in der wissenschaftlichen Biographie eines Einzelnen unterschiedliches Gewicht: Die Anteile von Forschung, Lehre und Management verschieben sich im Verlauf von Lebens- und Arbeitsphasen. Um solche wechselnden Konstellationen zum Wohle der Universität optimal zu nutzen, könnte auch für die Organisation des Lehrdeputats auf das 'Globalisierungsprinzip' zurückgegriffen werden.

Als Ausgangspunkt bietet sich an, das gegenwärtige Lehrdeputat aller Lehrenden eines Instituts oder einer Fakultät zusammenzufassen und als Lehrleistung der Organisationseinheit, die auf Dauer zu erbringen ist, festzuschreiben. Gleichzeitig könnte für alle Lehrenden das Deputat auf 12 Semesterwochenstunden angehoben werden – unter der Maßgabe freilich, daß bei besonderem Engagement in Forschung, Prüfungstätigkeit, Begutachtungen sowie in Gremienarbeit / Wissenschaftsmanagement erhebliche Reduktionen, bis auf den 'Mindestbestand' von 4 Semesterwochenstunden Lehrverpflichtung, vorgenommen werden können. Bei dem jeweils betroffenen Gremium, dem Institut oder der Fakultät, läge die Entscheidung darüber, auf wen und wie sich diese Reduktionen unter der Maßgabe verteilen, das vorab festgelegte Gesamtaufkommen an 'Lehrstunden' zu sichern.

Das Engagement in der Forschung, soweit es im wesentlichen den Lehrveranstaltungen zugute kommt, sollte in den Berechnungen nicht eigens berücksichtigt werden. Nur Forschungsleistungen, die entschieden über die wissenschaftliche Fundierung der Lehre hinausgehen, könnten zu Reduktionen im Lehrdeputat führen. Hierfür relevant wären insbesondere wissenschaftliche Publikationen, die Leitung von Forschungsprojekten (z.B. der Drittmittelförderung), Tätigkeiten als federführende Herausgeber oder Redakteure von Fachzeitschriften, wissenschaftlichen Buchreihen etc. Bei den Abzügen sollten auch ungewöhnliche Belastungen bei Gutachtertätigkeiten sowie in den akademischen Abschlußprüfungen berücksichtigt werden.

Bei besonderem Einsatz in Forschung oder Prüfungstätigkeit könnten von den einheitlich festgesetzten 12 Semesterwochenstunden 1-4 Stunden abgezogen werden, für Mitarbeit in den Gremien der Selbstverwaltung – je nach Umfang der Belastung – weitere 1-2 Stunden, so daß Hochschullehrer/innen, die sich sowohl an ihren Heimatuniversitäten als auch in der 'scientific community' engagieren, etwa 6-8 Stunden Lehre anzukündigen hätten. Die Festsetzung der jeweiligen persönlichen Deputate sollte innerhalb der Institute oder Fachbereiche im Sinne permanenter Selbstevaluation alle zwei bis drei Jahre erfolgen.

Das vorgeschlagene Modell zielt somit auf eine Differenzierung nach Leistung in Forschung, Lehre und Selbstverwaltung. Die Bewertungen würden im Rahmen des vorgegebenen, von allen gemeinsam zu erbringenden Lehrdeputats Spielräume für individuelle Begabungen, Kompetenzen und Neigungen eröffnen und besondere Leistungen im Rahmen des gesamten professionellen Tätigkeitsprofils honorieren. Für jeden Einzelnen würden keine Festlegungen auf Dauer, sondern nur von Fall zu Fall zu erwarten sein. Die Reduzierung des Lehr-Budgets erfolgte auf Kosten derjenigen, die keine Leistungen erbringen, die über die selbstverständlichen und vorgeschriebenen Verpflichtungen in Lehre und Forschung hinausgehen.

Das Modell ist nicht an weitergehende Reformen geknüpft und ließe sich deshalb unabhängig von ihnen einführen. Wir sehen in diesem 'Globalisierungsmodell' zudem erhebliche Vorteile gegenüber den bislang entworfenen Alternativen zur geltenden Praxis. Vorgeschlagen waren zum einen Aufteilungen der Professuren in reine Lehr- oder Forschungsprofessuren, zum anderen die Auslagerung der Forschung aus den Hochschulen und zum dritten unterschiedliche Hochschulen nur für Forschung und nur für Lehre. Diese Planspiele gehen von der Trennung von Forschung und Lehre und der bedenklichen 'Festschreibung' der Zuordnungen von Personen und Institutionen zu einem dieser Bereiche aus. Außerdem kommen die Verpflichtungen der Professoren(innen) in der Selbstverwaltung und im Wissenschaftsmanagement nicht in den Blick.

Die Einheit von Forschung und Lehre, unter Einschluß der neuen Aufgaben der Selbstverwaltung und des Wissenschaftsmanagements, wäre also nach unseren Vorschlägen nicht länger innerhalb des Tätigkeitsfeldes einer Person, sondern innerhalb einer Institution zu suchen und herzustellen (vgl. *Hilfreich und gut*). Das Gesamtbudget des Lehrangebots des Instituts oder der Fakultät, d.h. die Summe der zu erbringenden Semesterwochenstunden, würde von diesem Modell nicht tangiert, auch hätte es weder für Personal- noch Sachmittel Konsequenzen.

Die Zuordnung der Personal- und Sachmittel müßte Bewertungen nach den oben beschriebenen Kriterien folgen. Mittel, die im Rahmen von Berufungs- und Bleibeverhandlungen zugewiesen wurden, sollten nicht mehr 'auf Amtszeit' zugesagt werden: Ihr Erhalt oder ihre Minderung bzw. Erhöhung wären im Zuge der 'Leistungsbewertungen' erstmals nach 5 bis 6 Jahren und dann im Turnus der Evaluationen zu überprüfen.

4. Zum Selbstverständnis und zur Selbstdarstellung der Germanistik

Zum Zweck ihres Selbstverständnisses und ihrer Selbstdarstellung müßte die Disziplin ihre Organisation wissenschaftssystematisch ordnen und dafür zunächst einmal rekonstruierende Bilanzen der bisherigen disziplinären Entwicklungen aufstellen.

Minimalanforderung wäre eine konsistente Terminologie für das Gesamtfach und seine Teilfächer – also etwa "Deutsche Sprache und Literatur" (für das Gesamtfach) sowie "Deutsche Sprache", "Ältere deutsche Literatur" und "Neuere deutsche Literatur" als Gegenstandsbereiche für die Teilfächer. Eine solche Ordnung nach Gegenständen wäre ein einfaches und zugleich auch ein überzeugendes Verfahren. Wir hätten es dann in Zukunft mit Instituten / Seminaren für "Deutsche Sprache und Literatur" zu tun, nicht mehr mit "Germanistischen Instituten", "Seminaren für Deutsche Philologie" etc. Es wäre an der Zeit, die 'national-philologische Tradition' auch in der Nomenklatur zur Selbstdarstellung der Disziplin zu korrigieren.

Zugleich ist jedoch zu bedenken, daß mit solchen nomenklatorischen Vorgaben die aktuellen Gegenstandsbereiche 'der Germanistik' nicht vollständig erfaßt sind. Die wissenschaftliche Beschäftigung mit "Neuerer deutscher Literatur" bezieht sich heute nicht mehr ausschließlich auf die hochgewertete 'schöne Literatur', sondern gilt sachliterarischen und rhetorischen Textsorten ebenso wie der sog. Popular- oder Trivialliteratur. In welchem Umfang und mit welchen Fragestellungen künftig die Produkte des Hörfunks, der audiovisuellen und elektronischen Medien in die philologischen Studien einbezogen werden sollen, wird derzeit diskutiert. Darüber hinaus schließt die "Neuere deutsche Literatur" Forschungsinteressen ein, die sich auch als eigenständige Disziplinen in Volkskunde, Kulturwissenschaft, Theaterwissenschaft, Buch-, Film- und Fernsehwissenschaft organisieren lassen (an "Instituten für Deutsche Sprache, Literatur und Kultur"). Die nationalsprachlichen Festlegungen werden in Richtung einer Allgemeinen und Vergleichenden Literaturwissenschaft oder einer Interkulturellen Literaturwissenschaft überschritten. Literaturwissenschaft läßt sich heute in Orientierungen auf Text-, Sozial-, Kultur- oder Medienwissenschaft betreiben; ebenso sind 'Geschlechterdifferenz' oder 'Kulturdifferenz' als konstituierende Perspektiven denkbar. Zur Unübersichtlichkeit tragen schließlich eine Reihe praxisorientierter Studien bei, die das Problem des Verhältnisses zwischen disziplinärem Basiswissen und praxisorientiertem Handlungswissen aufwerfen. Die Optionen, die diese Situation bietet, werden an den Universitäten der Bundesrepublik Deutschland in unterschiedlicher Weise für die Gliederung in Institute bzw. deren Abteilungen, die Denominationen von Professoren, den Aufbau von Studiengängen und die Organisation des Lehrangebots genutzt.

So kann die wissenschaftliche Beschäftigung mit "Neuerer deutscher Literatur" (und ihrem medienkulturellen Umfeld) derzeit auf keine allgemein akzeptierte disziplinäre Systematik bezogen werden. Die Germanistik muß ihre Position im Spektrum der geistes-, kultur- und medienwissenschaflichen Standortbestimmungen erst noch finden. Offen ist derzeit, ob sich die unterschiedlichen Arbeits- und Forschungsinteressen noch im Sinne 'eines Faches' zusammenfassen lassen. Wahrscheinlich muß man eher von einem disziplinären Spektrum 'Germanistik' ausgehen, das sich aus unterschiedlichen 'Fachrichtungen' mit divergenten Problemstellungen und abweichendem Methodeninventar zusammensetzt. Diese Fragen unterschiedlicher Festlegungen und Binnendifferenzierungen des disziplinären Zusammenhangs sollen hier nicht weiter verfolgt werden; wir verweisen auf die Zusammenstellung von Veröffentlichungen, in denen wir zu solchen Problemen Stellung genommen haben (vgl. Anhang).

5. Wege zur Festigung disziplinärer Identität

Die disziplinäre Identität für das Teilfach "Neuere deutsche Literatur" stellt sich zunächst dar als Problem der Kontinuität von Gegenständen, Interessen und Verfahren der Lehr- und Forschungspraxis. Hierbei wäre die Orientierung an der philologischen Tradition von besonderer Bedeutung. Die Ausbildung einer 'philologischen Kompetenz' müßte als Ziel eines Grundstudiums gelten: ein gemeinsamer "Kern der Kenntnisse und Kompetenzen, der das Studium möglichst aller mitbestimmen sollte, die sich später im Feld der Germanistik verteilen."[7]

Zu erwerben und zu schulen wäre 'philologische Kompetenz' in den wohlbestellten Arbeitsfeldern der Philologien: im Edieren, Kommentieren und Analysieren bzw. Interpretieren von Texten, in der literaturgeschichtli-

---

[7] Helmut Kreuzer: Spontane Thesen über das Neue in der Literaturwissenschaft. In: Jahrbuch der Deutschen Schillergesellschaft 38 (1994), S. 429-432, hier S. 432.

chen Rekonstrukion, in der literaturtheoretischen Reflexion, in methodologischer Diskussion sowie in der Beschäftigung mit der Geschichte des eigenen Faches. Erweitert werden sollte (und wird bereits häufig) diese 'philologische Kompetenz' um die Fähigkeit zur Analyse unterschiedlicher medialer Vermittlungen von kulturell relevanten 'Zeichenkomplexen', wie sie in Theateraufführungen oder Film- , Fernseh- und Videofilmen vorliegen. Eine zusätzliche Erweiterung ergibt sich aus dem Vergleich literarischer und audiovisueller Kulturen sowohl im eigenen Land (Stichwort Gastarbeiterkultur) wie in unterschiedlichen Nationen. Lehrveranstaltungen in Buch-, Theater-, Film- und Fernsehwissenschaft sowie in Vergleichender und Interkultureller Literaturwissenschaft setzen 'philologische Kompetenz' voraus, entwickeln sie methodologisch weiter und differenzieren sie in jeweils gegenstandsbezogener Weise aus.

Schaubild : Kompetenzen

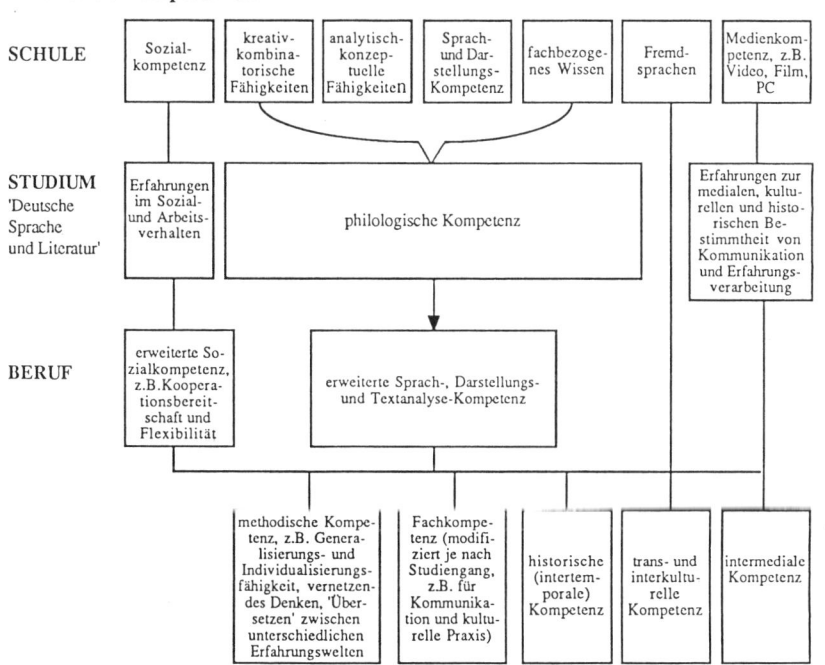

SCHULE	Sozialkompetenz	kreativ-kombinatorische Fähigkeiten	analytisch-konzeptuelle Fähigkeiten	Sprach- und Darstellungs-Kompetenz	fachbezogenes Wissen	Fremdsprachen	Medienkompetenz, z.B. Video, Film, PC

STUDIUM 'Deutsche Sprache und Literatur'	Erfahrungen im Sozial- und Arbeitsverhalten	philologische Kompetenz					Erfahrungen zur medialen, kulturellen und historischen Bestimmtheit von Kommunikation und Erfahrungsverarbeitung

BERUF	erweiterte Sozialkompetenz, z.B. Kooperationsbereitschaft und Flexibilität	erweiterte Sprach-, Darstellungs- und Textanalyse-Kompetenz

	methodische Kompetenz, z.B. Generalisierungs- und Individualisierungsfähigkeit, vernetzendes Denken, 'Übersetzen' zwischen unterschiedlichen Erfahrungswelten	Fachkompetenz (modifiziert je nach Studiengang, z.B. für Kommunikation und kulturelle Praxis)	historische (intertemporale) Kompetenz	trans- und interkulturelle Kompetenz	intermediale Kompetenz

Mit einer solchen Bereitschaft zur entschiedenen Erweiterung der bisherigen Objektbereiche der Philologien sollte das Bestreben einhergehen, eine kontinuierliche Weiterentwicklung der Disziplin zu erreichen. Dazu sollte zum einen die feste Verankerung der Wissenschaftsgeschichte in Forschung und Lehre beitragen. Die Rekonstruktion und Reflexion von Entwicklungsabläufen wäre dabei zu verbinden mit Planungen zu notwendigen Veränderungen und zukünftigen Konstellationen. Zu den wichtigen Arbeitsgebieten der Literaturwissenschaft (wie sie oben bezeichnet worden waren) könnten beispielsweise bei den Germanistentagen ständige Sektionen eingerichtet werden, die im Abstand von drei bis sechs Jahren jeweils eine Bilanz der zwischenzeitlichen Entwicklungen ziehen und Forschungsplanungen entwerfen.

Im Zusammenhang damit – und als ein weiterer Schritt zur Festigung disziplinärer Identität – wären neue Organisationsformen für das Rezensions- und Referatewesen zu entwickeln. Schon oft ist gefordert worden, daß wichtige Publikationen rasch, spätestens ein Jahr nach Erscheinen kritisch vorgestellt werden. Für diese Rezensionen, die in einem limitierten Umfang auf grundlegende Informationen zu beschränken wären, sollten die Erfahrungen und Leistungen einschlägiger Organe wie *Germanistik*, *Referatedienst* (der ehemaligen Akademie der Wissenschaften der DDR), *Arbitrium*, *IASL* oder *ZfG* genutzt werden. Als Stützpunkt für ein reorganisiertes Rezensionswesen käme das neue Forschungszentrum 'Literaturwissenschaft' in Berlin (das aus dem ehemaligen Zentralinstitut für Literaturgeschichte an der Akademie der Wissenschaften der DDR hervorgegangen ist) in Frage. Im Rahmen dieser Reorganisation sollte auch erwogen werden, wie sich Einzelrezensionen mit Forschungsreferaten zu Berichten über ganze Arbeitsfelder oder ihre Teilbereiche verbinden lassen (vgl. die Zusammenfassungen in den alten *Jahresberichten*). Angestrebt werden sollte eine auf die Teilfächer und Arbeitsrichtungen abgestimmte und kontinuierliche Berichterstattung über die Forschungsresultate der Disziplin: von der schnellen Kurzrezension bis zur bilanzierenden und perspektivierenden Zusammenschau.

6. Vermittlungen zwischen Wissenschaft und Öffentlichkeit

Es gilt also nicht nur die 'Kultur entschiedener Kritik' zu stärken, um Orientierungen in einer unübersichtlichen Disziplin zu ermöglichen, sondern es wären auch Wissenschaftsentwicklungen zu planen. Dazu müßten kognitive und organisatorische Probleme als Aufgaben der Disziplin benannt, Strategien zur Lösung solcher Probleme gefunden und bewertet sowie bewährte Problemlösungen gesichert werden: Kurzum, die Disziplin müßte ihre Fähigkeit zur Selbstbeobachtung und Selbststeuerung verbessern.

Damit einhergehen sollte die Bereitschaft, die kulturellen Leistungen der Literaturwissenschaft für eine interessierte Öffentlichkeit sichtbar zu machen. Es ist höchste Zeit, daß Bewegung in die festgefügten wechselseitigen Wahrnehmungen von Fachwissenschaft, Wissenschaftsjournalismus und Feuilleton kommt. Es sollte gelingen, eine Literaturwissenschaft, die auf 'Verwissenschaftlichung' setzt, mit ihren Problemen und Ergebnissen in der Öffentlichkeit ebenso zu vermitteln, wie dies beispielsweise für Geschichtswissenschaft oder Medizin geschieht. Wo an solchen Vermittlungen die Fachvertreter beteiligt sind, wäre eine Sprache zu finden, die dazu imstande ist, aus der 'Fachsprachlichkeit' zu übersetzen oder das Festhalten an ihr als Erkenntnisgewinn zu begründen.

Es wäre eine verhängnisvolle Illusion, wenn das Ziel solcher Vermittlungen nach dem Muster des 'Bildungsgesprächs über Literatur' im Stil der 50er und 60er Jahre angelegt würde. In einer (nach Funktionen) hochdifferenzierten Gesellschaft haben Presse, Rundfunk und Fernsehen, Volkshochschulen, Literaturhäuser und Buchhandel ebenso wie die Universitäten eigenständige 'Literatur-Diskurse' ausgebildet. Die Kenntnis solcher Ausdifferenzierungen müßte die Bereitschaft zur 'Mehrsprachigkeit' sowie die Fähigkeit zum 'Übersetzen' und 'Vermitteln' stärken.

7. "Philologie 2000"

Nicht nur die gesellschaftlichen Funktionen der Literaturwissenschaft haben sich in den letzten fünfundzwanzig Jahren nachhaltig verändert, sondern auch die Technologien ihrer Arbeitsformen, die in der zweiten Hälfte des 19. Jahrhunderts entwickelt worden waren. Man wird mit dem Beginn des 21. Jahrhunderts Texte nicht mehr in den Organisationsformen edieren und kommentieren, wie es unsere Urgroßväter taten.

Dank elektronischer Speichermedien ist es möglich, daß an Editionen und Kommentaren kontinuierlich und von mehreren gleichzeitig weitergearbeitet werden kann, während sich dieses 'work in progress' bereits auf unterschiedlichen Ausarbeitungsstufen jederzeit abrufen läßt. Es besteht keine Notwendigkeit mehr, daß Kommentare zu einem Text auch in Zukunft nur von einzelnen Wissenschaftlern oder Arbeitsgruppen besorgt werden. Vielmehr sollten sie sich auf Datenbanken stützen können, die für größere Arbeitsbereiche und zu unterschiedlichen Editionen gleichsam in Verantwortung der 'scientific community' angelegt und ständig ergänzt werden. Denkbar wäre z.b. der Aufbau eines Informationssystems 'Goethezeit' in Weimar, das über Daten verfügt, die von einer Vielzahl von philologischen, kulturhistorischen oder philosophischen Editionen und Forschungsvorhaben zu diesem Zeitraum genutzt werden könnte.

Wie die wissenschaftlichen Bibliotheken für Bücher Sondersammelgebiete eingerichtet und einzelnen Institutionen zugeordnet haben, so ließen sich auch Verabredungen treffen für das Zusammenführen und 'Pflegen' von Datenbanken (für Volltexte, Kommentarwissen usf.), wie sie in zahlreichen Forschungsprojekten angelegt werden. Das setzt voraus, daß – ähnlich wie für die Publikation von Fachliteratur – auch für 'Fachdatenbanken' Standards für die Anlage und Organisation entwickelt werden, die Zugriffsmöglichkeiten vereinheitlichen und die datentechnische Verknüpfung unterschiedlicher Unternehmungen erlauben.

Vergleichbare Umstellungen auf die neuen informationstechnologischen Gegebenheiten kommen auf die bibliographischen Hilfsmittel, Lexika und Handbücher, Repertorien und Regestenverzeichnisse zu – also auf alle Bereiche der Erschließung, Ordnung und Kodifikation des disziplinären Wissens.

Da ohne Geld nichts läuft, stellt sich als erstes die Frage der Finanzierung: Wer stellt zu welchen Zwecken Mittel zur Verfügung? Sodann wäre zu klären, wer darüber entscheidet, welches Wissen in welcher Form von welcher Institution zusammengeführt und gepflegt werden soll und wie solche Vorgaben in Planung und Durchführung evaluiert werden können. Da es um Abstimmungen und Kooperationen zwischen zahlreichen Institutionen in und außerhalb der Universitäten (z.B. Literaturarchiven) geht, sind einheitliche überregionale Lösungen unabdingbar.

Bei solchen Unternehmungen in 'großkollektiver Verantwortung' steht die Zusammenarbeit mit privatwirtschaftlichen Verlagen auf dem Prüfstand. Für die Autoren ergeben sich neue urheberrechtliche Probleme, und es ist zu bedenken, wie die eingebrachten Leistungen als 'Qualifikationsausweis' einzelnen Wissenschaftlern und Wissenschaftlerinnen zugerechnet werden können.

Langfristig werden Formen der 'Kollegialforschung', d.h der Forschungskooperation gegenüber der Individualforschung dominieren – und daraus erwachsen dann wieder Fragen, die zu den Perspektiven zurückführen, die in dem Memorandum *Hilfreich und gut* und im ersten Teil unseres Beitrags angesprochen wurden. Notwendig und dringlich ist es, sich mit Entwürfen für eine künftige Wissenschaftssystematik und Wissenschaftsorganisation an der Weiterentwicklung der philologischen Disziplinen zu beteiligen. Denn sie sollte Angelegenheit differenzierter Diskussion und wohldurchdachter Planung sein.

Anhang
Verzeichnis von Veröffentlichungen der Autoren zum Thema dieses Beitrags

Georg Jäger:

Der Forschungsbericht. Begriff – Funktion – Anlage. In: Beiträge zur bibliographischen Lage in der germanistischen Literaturwissenschaft. Kolloquium der Deutschen Forschungsgemeinschaft. Hrsg. von Hans-Henrik Krummacher. DFG – Kommission für Germanistische Forschung, Mitteilungen III. Bonn 1981, S. 73-92.

Buchwissenschaftliche Studiengänge an der Universität München und die Buchforschung als Wissenschaft. In: Leipziger Jahrbuch zur Buchgeschichte 4 (1994), S. 269-282.

Georg Jäger und Jörg Schönert:

Wissenschaft und Berufspraxis. Angewandtes Wissen und praxisorientierte Studiengänge in den Sprach-, Literatur-, Kultur- und Medienwissenschaften. Hrsg. von G.J. u. J.Sch. Paderborn 1997, darin u.a.: Transdisziplinäre und interdisziplinäre Entwicklungen in den Literatur , Kultur- und Medienwissenschaften (J.Sch.), Überlegungen für die Planung transdisziplinärer und praxisorientierter Studiengänge im Bereich der Sprach-, Literatur-, Kulturund Medienwissenschaften (G.J.), Erfolgsfaktoren des Aufbaustudienganges und die Konzeption des Diplomstudienganges Buchwissenschaft an der Universität München (G.J.)

Jörg Schönert:

Konstellationen und Perspektiven kooperativer Forschung. In: Geist, Geld und Wissenschaft. Arbeits- und Darstellungsformen von Literaturwissenschaft. Hrsg. von Peter J. Brenner. Frankfurt/M. 1993 (= st 2118), S. 384-408.

Germanistik – eine Disziplin im Umbruch? In: Mitteilungen des Deutschen Germanistenverbandes 40 (1993) H. 3, S. 15-24.

Germanistik in den neunziger Jahren – eine Disziplin auf der Suche nach ihrer Identität. In: Germanistentreffen Bundesrepublik Deutschland – Türkei 25.9.-29.9.1994. Hrsg. vom DAAD. Bonn 1995, S. 17-28.

Konstellationen und Entwicklungen an den deutschen Hochschulen seit den 60er Jahren am Beispiel der Geistes- und Sozialwissenschaften. In: Von der Elite- zur Massenuniversität – Entwicklungen in Deutschland und Schweden. Deutsch-schwedische Gespräche. Bd. 2. Marburg 1995, S. 53-68.

Literaturwissenschaft – Kulturwissenschaft – Medienkulturwissenschaft: Probleme der Wissenschaftsentwicklung. In: Literaturwissenschaft – Kulturwissenschaft: Positionen, Themen, Perspektiven. Hrsg. von Renate Glaser und Matthias Luserke. Opladen 1996, S. 192-208.

Bedingungen und Perspektiven für eine 'Zweite Studienreform' in der Germanistik. In: Reformdiskussion und curriculare Entwicklung in der Germanistik. Internationale Germanistentagung des DAAD vom 24.-28.5.1995 in Kassel. Bonn 1996, S. 9-25.

Die Wirklichkeit

Das germanistische Grundstudium an den bundesdeutschen Hochschulen

Anne Bentfeld

Wer sich mit dem Germanistikstudium befaßt, ob mit dem gesamten oder nur mit einem Teilabschnitt, weiß, wovon er spricht. Haben doch diejenigen, die sich mit der Frage der germanistischen Hochschulausbildung befassen, aus der eigenen Erfahrung – sei es als Lehrende oder als Studierende – genau vor Augen, wie das Germanistikstudium aussieht. Bei näherem Hinschauen allerdings zeigt sich, daß das, was sich hinter dem Begriff 'Germanistikstudium' verbirgt, doch sehr unterschiedlich ist. Das bedeutet, daß diejenigen, die das gleiche Fach an verschiedenen Hochschulen studieren, nur auf den ersten Blick eine vergleichbare Ausbildung erhalten. Auch wenn man die große persönliche Gestaltungsfreiheit im Germanistikstudium, die das Studium weit mehr prägt als die institutionellen Rahmenbedingungen, unberücksichtigt läßt und sich nur auf die in den Studienordnungen festgelegten Studieninhalte bezieht, bleibt zu bemerken, daß die Institute in den wenigsten Fällen unter den gleichen Fächern auch das gleiche verstehen.[1] Die Unterschiede zeigen sich bereits im Fächerangebot der einzelnen Hochschulen und treten besonders deutlich in der in den Studienordnungen festgelegten Studienstruktur und in der in den Fächern zu studierenden Inhalten zutage.

1. Das Fächerangebot

Die Kreativität der Institute bei der Bezeichnung ihrer germanistischen Fächer ist bemerkenswert. Ohne Zweifel haben die Bezeichnungen ihren Sinn, denn schon an ihnen läßt sich in den meisten Fällen die inhaltliche Ausrichtung und Schwerpunktsetzung ablesen. Im Rahmen der vorliegenden Untersuchung wurden die Fächerbezeichnungen der Übersichtlichkeit wegen redu-

---

[1] Der vorliegenden Aufstellung liegen die Daten von 56 der insgesamt 66 germanistischen Institute der Bundesrepublik (pädagogische Hochschulen nicht mitgerechnet) und ihren 252 möglichen germanistischen Studienfächern mit dem Abschluß Magister/Magistra Artium zugrunde. Nicht berücksichtigt wurden die Studienordnungen des Faches Deutsch im Rahmen der Lehramtsstudiengänge, die naturgemäß alle drei Bereiche der Deutschen Philologie abdecken.

ziert und die Bezeichnungen der Freien Universität Berlin übernommen.[2] Sieht man also von den Bezeichnungen der Fächer ab und betrachtet das Angebot der germanistischen Fächer an den bundesdeutschen Hochschulen, ergibt sich folgendes Bild:

Tab. 1:

Fächer	N (HF)	N (NF)	Ä (HF)	Ä (NF)	L (HF)	L (NF)	G (HF)	G (NF)
Häufig-keit	35	40	23	26	37 (8)[3]	43 (7)	26	19

Das umfassendere Fach *Germanistik* (Spalte 7 (Hauptfach) und Spalte 8 (Nebenfach)) wird mittlerweile als Studienfach weniger häufig angeboten als die drei Teilgebiete der Deutschen Philologie in den Fächern *Neuere deutsche Literatur* (Spalte 1 (Hauptfach) und Spalte 2 (Nebenfach)), *Ältere deutsche Literatur und Sprache* (Spalte 3 + 4) und *Linguistik* (Spalte 5 + 6). Bezieht man im Bereich der Linguistik auch die nicht spezifisch germanistischen Fächer mit ein, ist das Angebot im Bereich der Linguistik am größten.

In den meisten Fällen bieten die Hochschulen mehrere der germanistischen Fächer an[4]:

---

2 Die neugermanistischen Fächer werden daher als *Neuere deutsche Literatur* bezeichnet, die altgermanistischen als *Ältere deutsche Literatur und Sprache*. Die sprachwissenschaftlichen Fächer werden vereinfachend als *Linguistik* bezeichnet. Die übergreifenden Fächer werden einheitlich als "Germanistik" bezeichnet. In den Tabellen steht "G" für das Fach *Germanistik*, "N" für *Neuere deutsche Literatur*, "Ä" für *Ältere deutsche Literatur und Sprache* und "L" für *Linguistik*. "HF" bedeutet Hauptfach, "NF" bedeutet Nebenfach.
3 Angegeben sind hier die Zahlen aller linguistischen Studienfächer. In den Klammern stehen die Zahlen der nicht germanistisch ausgerichteten linguistischen Studienfächer (*Allgemeine Sprachwissenschaft, Vergleichende Sprachwissenschaft, Theoretische Sprachwissenschaft, Phonetik*).
4 Im folgenden werden um der Lesbarkeit willen die Studienfächer *Germanistik, Neuere deutsche Literatur, Ältere deutsche Literatur und Sprache* und *Linguistik* kursiv gesetzt, die Studienbereiche Neugermanistik, Altgermanistik und Linguistik aber recte belassen.

Tab. 2:

Fächer-angebot	N + Ä + L	N + Ä	N + L	N	G	G + N + Ä + L	G + N + L	G + N + Ä	G + Ä + L	G + L
Häufigkeit	20	3	6	1	14	3	6	1	1	1

Von den 30 Hochschulen, die lediglich die Teilgebiete als Studienfächer anbieten (Spalten 1-4), haben alle Hochschulen mindestens das Fach *Neuere deutsche Literatur*. Von diesen Hochschulen bieten zwei Drittel, nämlich 20, alle drei Fächer an (Spalte 1). Das umfassende Fach *Germanistik* allein bietet nur ein Viertel der Hochschulen (Spalte 5) an. An den übrigen Hochschulen, an denen man sowohl *Germanistik* als auch die Teilgebiete studieren kann (Spalten 6-10), wird das Fach *Germanistik* meist als Hauptfach angeboten. Die Fächer *Neuere deutsche Literatur, Ältere deutsche Literatur und Sprache* und *Linguistik* hingegen können meist lediglich als Nebenfächer studiert werden.

2. Der Studienumfang

Mit der Zahl der im jeweiligen Haupt- oder Nebenfach vorgeschriebenen Semesterwochenstunden (SWS) wird bekanntlich von den Universitäten das in den einzelnen Studienfächern notwendige Minimum festgelegt. Bei der Betrachtung der Semesterwochenstunden-Zahlen ist überraschend, wie weit die angegebenen Werte auseinander klaffen. Offensichtlich gibt es keine einheitliche Vorstellung davon, wie umfangreich ein germanistisches Haupt- oder Nebenfach studiert werden muß, wenngleich durchaus einige Schwerpunkte festzustellen sind.

Im Hauptfach liegen die Zahlen zwischen 50 und 80 SWS. In über der Hälfte der Fälle aber wird das Hauptfach auf 80 SWS festgelegt, gefolgt von den Zahlen 60 und 64 SWS. Im Nebenfach liegen die Extremwerte ebenfalls weit auseinander, hier sind 48 SWS die obere Grenze und 23 der unterste Wert. In den meisten Fällen liegt der vorgeschriebene Studienumfang bei 40 SWS, gefolgt von den Werten 32, 36 und 30 SWS.

Interessant ist dabei, daß die Obergrenze für das Nebenfach gerade zwei Semesterwochenstunden unter dem niedrigsten Wert für das Hauptfach liegt.

Welche dieser Zahlen einem germanistischen Studium nun angemessen ist, sei dahingestellt.

3. Die Studieninhalte

Aussagekräftiger als die äußeren Faktoren wie Fachbezeichnung und Semesterwochenstunden sind ohne Zweifel die Strukturen der Studienfächer. Insbesondere da zeigt sich, daß die Institute durchaus unterschiedliche Vorstellungen davon haben, was im jeweiligen Studienfach studiert werden sollte, wie die Schwerpunkte gesetzt werden und wo den Studierenden Wahlmöglichkeiten gelassen werden können. Ausschlaggebend für die Auswertung der Studienordnungen war die Frage, in welchen der Studienbereiche Neugermanistik, Altgermanistik und Linguistik an den einzelnen Instituten Leistungsnachweise erworben werden müssen, welche Bereiche demnach zur Obligatorik gehören. Nicht berücksichtigt wurden solche Veranstaltungen, deren Besuch zwar vorgeschrieben ist und – beispielsweise anhand von Eintragungen in das Studienbuch – oftmals auch nachgewiesen werden muß, in denen aber keine Leistungsnachweise zu erwerben sind.

Nicht alle Studienordnungen legen die zu studierenden Bereiche verpflichtend fest. Vielfach schreiben die Studienordnungen für den einen Teil der Leistungsnachweise vor, in welchen Bereichen sie erbracht werden müssen, und überlassen den Studierenden die Entscheidung darüber, in welchen Bereichen sie den anderen Teil der Leistungsnachweise erbringen wollen.[5]

Die folgende Darstellung veranschaulicht, wie oft in den einzelnen Fächern wieviele der drei genannten Studienbereiche studiert werden müssen.

---

5 In den Fällen, in denen die Bereiche gewählt werden können, wurde für die Statistik das Minimum der zu studierenden Bereiche zugrunde gelegt. Wenn also beispielsweise in einem Fach Leistungsnachweise im Bereich Neugermanistik und Linguistik vorgeschrieben sind und die Studierenden wählen können, ob sie weitere Leistungsnachweise im Bereich Linguistik oder Altgermanistik erwerben möchten, wurde angenommen, daß sie den bereits bekannten Bereich Linguistik wählen. In der Tabelle steht ein solcher Fall dann unter der Rubrik "2 Bereiche".

Tab. 3[6]

Fach Bereiche	N (HF)	N (NF)	Ä (HF)	Ä (NF)	L (HF)	L (NF)	G (HF)	G (NF)
3 Bereiche	20	13	17	14	17	12	18	8
2 Bereiche	8	14	5	7	5	9	6	9
1 Bercich	4	12	-	5	12	21	-	-

Im Studienfach *Germanistik* (Spalten 8+7) wie auch in den Fächern *Neuere deutsche Literatur* (Spalten 1+2), *Ältere deutsche Literatur und Sprache* (Spalten 3+4) und *Linguistik* (Spalten 5+6) werden häufig alle drei Bereiche vorgeschrieben (Zeile 1), wobei das in den Hauptfächern weit öfter der Fall ist als in den Nebenfächern. In den Fächern *Ältere deutsche Literatur und Sprache* und *Neuere deutsche Literatur* ist die Zahl derjenigen Universitäten, die zwei Bereiche vorschreiben, nicht mehr signifikant größer als die Zahl der Universitäten, die nur noch einen, nämlich den gewählten Teilbereich vorsehen. Das Haupt- und Nebenfach *Germanistik* und das Hauptfach *Ältere deutsche Literatur und Sprache* können allerdings nirgendwo mit nur einem Teilbereich studiert werden. Hier sind an allen Instituten mindestens zwei Bereiche obligatorisch. In der *Linguistik* sieht es etwas anders aus, dort sind häufig entweder alle drei Bereiche oder nur der eine Bereich Linguistik vorgeschrieben. Im Nebenfach *Linguistik* ist die Zahl der Fälle, in denen nur Linguistik obligatorisch ist, deutlich am höchsten.

Sowohl wenn alle drei Bereiche vorgeschrieben sind, als auch wenn nur ein Bereich obligatorisch ist, wird das Ausbildungskonzept der jeweiligen Institute ohne weiteres deutlich. Die Institute halten es im einen Fall für sinnvoll, im Grundstudium ein umfassenderes germanistisches Basiswissen zu vermitteln, um sich dann gegebenenfalls im Hauptstudium zu spezialisieren, im anderen Fall wird es für sinnvoll erachtet, die Spezialisierung auf eines der Gebiete der Germanistik bereits im Grundstudium vorzunehmen. Weniger eindeutig ist es dann, wenn die Studierenden in ihrem germanistischen Grundstudium zwei der drei Bereiche zu studieren haben. Hieran zeigt sich,

---

6 In der Tabelle fehlen – meist wegen nicht vorliegender Studienordnungen – die Angaben zu folgenden Fächern: 3x NdL (HF), 1x NdL (NF), 1x ÄdLS (HF), 2x L (HF), 1x L (NF), 2x G (HF), 3x G (NF), 1x G (Studienschwerpunkt Sozialisation).

welche der drei Bereiche die Institute für die im Studium maßgeblichen halten, wenn es nicht alle drei sind.

Dazu Tabelle 4:

Fach Bereiche	N (HF)	N (NF)	Ä (HF)	Ä (NF)	L (HF)	L (NF)	G (HF)	G (NF)
N + Ä	4	7	-	-			-	-
N + L	2	3			2	3	3	4
Ä + L			1	3	1	3	-	-
wählbare Bereiche	2 (N + Ä o. L)	4 (N + Ä o. L)	4 (Ä + N o. L)	4 (Ä + N o. L)	2 (L + N o. Ä)	3 (L + N o. Ä)	1 (L + N o. Ä) 2 (nach Wahl)	1 (N + Ä o. L) 1 (L + N o. Ä) 3 (nach Wahl)

Sieht man sich beispielsweise das Hauptfach *Neuere deutsche Literatur* an (Spalte 1), finden sich in dieser Tabelle die acht Fälle aufgeschlüsselt, die in Tabelle 3 in der Zeile "2 Bereiche" stehen. Von diesen acht Instituten, an denen die Studierenden im Hauptfach *Neuere deutsche Literatur* zwei Bereiche obligatorisch studieren müssen, sehen vier Institute die Kombination von Altgermanistik und Neugermanistik als besonders zweckdienlich an (Zeile 1). Zwei Institute halten es für sinnvoll, daß die Studierenden im Hauptfach *Neuere deutsche Literatur* die Bereiche Neugermanistik und Linguistik studieren. Die verbleibenden zwei Institute überlassen den Studierenden selbst die Wahl, ob sie neben der Neugermanistik lieber die Altgermanistik oder die Linguistik belegen. Im Haupt- wie im Nebenfach *Ältere deutsche Literatur und Sprache* können die Studierenden bei zwei vorgeschriebenen Bereichen diese meistens selbst wählen. Wenn die Institute allerdings die Bereiche festlegen, dann wird die Kombination von Altgermanistik und Linguistik vorgeschrieben. Im Fach *Linguistik* ist die Verteilung zwischen der Kombination von Linguistik und Altgermanistik und der von Linguistik und Neugermanistik etwa gleich. Im Haupt- bzw. Nebenfach *Germanistik* sind als Kernbereiche die Neugermanistik und die Linguistik anzusehen. Der Bereich Altgermanistik kann zwar sehr wohl gewählt werden, ist aber als verpflichtender Studienanteil an keinem Institut vorgeschrieben, an dem nur zwei Bereiche studiert werden müssen.

Während die Neugermanistik also eher mit der Altgermanistik und die Altgermanistik eher mit der Linguistik verknüpft wird, sind bei der Linguistik keine Präferenzen feststellbar. Diese 'Unabhängigkeit' des Faches *Linguistik* von den anderen beiden Fächern zeigte sich bereits darin, daß das Fach *Linguistik* wesentlich häufiger als die beiden anderen Fächer – die *Germanistik* sollte hierbei außer acht gelassen werden – mit nur einem Bereich studiert werden kann (Tabelle 3) Dies gilt zwar insbesondere, aber nicht nur für die nicht germanistisch ausgerichteten linguistischen Fächer.

4. Die Leistungsnachweise

Beinahe unvermeidlich scheint in diesem Zusammenhang die Frage nach der in den einzelnen Fächern und an den einzelnen Universitäten zu erbringenden Anzahl von Leistungsnachweisen zu sein. Auch da ist die Spannbreite erheblich. Zusammenfassend läßt sich sagen, daß je mehr Studienbereiche obligatorisch sind, desto mehr Leistungsnachweise erworben werden müssen. Im Hauptfach *Neuere deutsche Literatur* werden bei drei zu studierenden Bereichen zwischen drei und zehn (im Durchschnitt etwa sechs), bei nur einem zu studierenden Bereich zwischen einem und neun (im Durchschnitt drei bis vier) Leistungsnachweise verlangt.

Betrachtet man die einzelnen Fächer unabhängig von den zu studierenden Bereichen, so liegen die Zahlen in den Hauptfächern *Neuere deutsche Literatur*, *Ältere deutsche Literatur und Sprache* und *Linguistik* zwischen drei und zehn, in den jeweiligen Nebenfächern zwischen einem und neun Leistungsnachweisen. Im Fach *Germanistik* liegen die Zahlen ein wenig niedriger, nämlich im Hauptfach zwischen zwei und acht und im Nebenfach zwischen zwei und sechs.

Vergleicht man nun noch die einzelnen Fächer, so läßt sich feststellen, daß im Fach *Ältere deutsche Literatur und Sprache* die meisten Leistungsnachweise verlangt werden.

5. Das Grundstudium der einzelnen Fächer im Vergleich

Wendet man sich nun den Anforderungen in den Fächern an den einzelnen Universitäten zu, ist zu beobachten, daß die meisten Universitäten – von den untersuchten sind es 30 – bereits im Grundstudium in allen angebotenen Fächern und innerhalb dieser auch in Haupt- und Nebenfach unterschiedliche Anforderungen stellen. Die Spezialisierung der Studierenden auf einen Bereich der Deutschen Philologie beginnt damit bereits im ersten Semester. Von einer Einheit der Deutschen Philologie kann daher auch schon für das Grundstudium immer weniger gesprochen werden. Die Teildisziplinen entwickeln sich immer weiter voneinander weg.

Die übrigen 26 Hochschulen stellen in einigen oder sogar in allen bei ihnen vertretenen Fächern aus dem Bereich der Deutschen Philologie die gleichen Anforderungen.

Tab. 5:

Fächer mit identischen Anfor-derungen	HF + NF	HF	NF	N (HF + NF)	Ä (HF + NF)	L (HF + NF)	G (HF + NF)
Anzahl der Universitäten	4	3	5	10	7	8	7

Vier der in diese Untersuchung aufgenommenen Hochschulen haben das Grundstudium der bei ihnen angebotenen Fächer der Deutschen Philologie in Haupt- und Nebenfach völlig gleich gestaltet (Spalte 1). Diese Hochschulen (Aachen, Jena, Siegen und Würzburg) verlangen – unabhängig vom gewählten Studienfach und auch davon, ob die Studierenden das Fach als Haupt- oder Nebenfach studieren – von allen Studierenden im Grundstudium die gleichen Leistungsnachweise. Ich bezeichne dies als "Sockelstudium". An allen vier Hochschulen werden im Grundstudium Leistungsnachweise aus allen drei Studienbereichen verlangt, an drei Hochschulen sogar dieselbe Anzahl. Obwohl das Grundstudium an den vier Hochschulen ähnlich strukturiert ist, bieten sie dennoch nicht zwangsläufig dieselben Fächer an. In Aachen, Siegen und Würzburg kann man die Fächer *Neuere deutsche Literatur*, *Ältere deutsche Literatur und Sprache* und *Linguistik* studieren, in Jena die Fächer *Germanistik*, *Neuere deutsche Literatur* und *Linguistik*. Dieses

"Sockelstudium" gibt den Studierenden die Möglichkeit, sich gegebenenfalls noch nach dem Grundstudium für einen anderen Studienschwerpunkt zu entscheiden, ohne daß sich durch diesen Schwerpunkt- oder auch Fachwechsel die Studienzeit verlängern muß. Ein Verfahren, das beispielsweise in Aachen ansatzweise schon institutionalisiert ist. Denn dort können die Studierenden erst nach dem Grundstudium zwischen den Fächern *Ältere deutsche Literatur und Sprache* und *Linguistik* wählen.

Von den drei Universitäten, die in ihren germanistischen Hauptfächern die gleichen Leistungsnachweise fordern (Spalte 2), verlangen zwei auch in den germanistischen Nebenfächern dieselben Leistungen (Spalte 3). An der dritten Hochschule unterscheiden sich die Nebenfächer voneinander. Dafür gibt es drei andere Hochschulen, an denen sich die Hauptfächer voneinander unterscheiden, die Nebenfächer aber das gleiche Grundstudium haben (Spalte 3).

Größer ist die Zahl der Hochschulen, die zwar zwischen den einzelnen Fächern, innerhalb dieser im Grundstudium aber nicht zwischen Haupt- und Nebenfach unterscheiden (Spalten 4-6).

Im Fach Germanistik verzichten sieben Universitäten, die das Fach als Haupt- und Nebenfach anbieten, darauf, im Grundstudium zwischen Haupt- und Nebenfach zu unterscheiden (Spalte 7).

6. Erlaubt ist, was gefällt?

Mag einem von den Zahlen auch der Kopf schwirren, so wird dennoch eines deutlich: Unter den bundesdeutschen Universitäten finden sich, wenn überhaupt, nur ganz wenige, die von ein und demselben Studienfach auch ähnliche, geschweige denn dieselben Vorstellungen haben.

Extrembeispiele sind zwar nicht repräsentativ, veranschaulichen aber so schön: Wer beispielsweise das Fach *Neuere deutsche Literatur* studieren will, kann das – neben vielen anderen Hochschulen – auch an den Unversitäten Greifswald und Bonn tun. In Greifswald hätte der/die Studierende bei einem Gesamt-Studienumfang von 80 Semesterwochenstunden im Grundstudium insgesamt zehn Leistungsnachweise aus den drei Studienbereichen Neugermanistik, Altgermanistik und Linguistik zu erwerben. In Bonn dagegen werden im selben Fach bei einem Gesamt-Studienumfang von 70 Semesterwochenstunden nur drei Leistungsnachweise verlangt, alle drei aus dem Bereich der Neugermanistik. Ein Vergleich der Studienordnungen – das mag dieses Beispiel verdeutlichen – kann Aufschluß geben über die Struktur des Germanistikstudiums an den bundesdeutschen Hochschulen, über den veranschlagten Studienumfang und über die Anzahl der zu erbringenden Leistungsnachweise. Ebenfalls entnehmen kann man einem solchen Vergleich einige in bezug auf die Wahl des Studienortes nicht unwichtige Faktoren: Die Schwerpunktsetzung der einzelnen Universitäten, das Spektrum der bei ihnen vertretenen Teilbereiche der Germanistik. Auf der Grundlage des Vergleichs ist es möglich, für sein Studium diejenige Universität zu wählen, deren Studienordnungen den eigenen Interessen im Fach – soweit diese bereits feststehen – am ehesten entgegenkommen.

Eine solche Aufstellung ist allerdings nicht dafür geeignet, auf ihrer Grundlage Rückschlüsse auf die Qualität der Ausbildung an den einzelnen Instituten zu ziehen. Denn es ist weder zwingend noch auch nur naheliegend, daß die Studierenden in Greifswald im Grundstudium eine bessere Ausbildung erhalten als in Bonn. Und umgekehrt. Auch Aufschluß über den tatsächlichen Verlauf und die durch ein germanistisches Studium erworbenen Qualifikationen gibt eine solche Aufstellung nicht. [7]

Hinzu kommt noch etwas, was in der vorliegenden Auswertung außer acht gelassen wurde: Den Studienordnungen ist zu entnehmen, daß es große Unterschiede gibt in bezug darauf, welche Leistungen verlangt werden, um einen Leistungsnachweis zu erwerben. Da reicht die Spanne von der bloßen Anwesenheit mit regelmäßiger mündlicher Beteiligung bis hin zum Referat in Verbindung mit einer schriftlichen Hausarbeit, deren Umfangsbestimmungen auch erheblich differieren. Was also an der einen Hochschule als ausreichend für einen Leistungsnachweis angesehen wird, reicht an der anderen Hochschule gerade mal für einen Teilnahmebescheinigung. Solche Teilnahmebescheinigungen werden von einigen Hochschulen für alle Lehrveranstaltungen, in denen keine Leistungsnachweise erbracht werden müssen, ausgestellt. Andere Hochschulen verzichten darauf völlig und halten es für ausreichend, wenn die Studierenden diese Lehrveranstaltungen in ihr Studienbuch eintragen.

In Anbetracht der vielfältigen Möglichkeiten, zu einem germanistischen Studienabschluß zu gelangen, liegt es auf der Hand, daß keine der Varianten

---

[7] Genauso wenig wie die Anzahl der Leistungsnachweise ist die Studiendauer ein Instrument zur Erfassung der Qualität der germanistischen Ausbildung. Denn die Dauer eines Studiums wird wesentlich durch außeruniversitäre Faktoren beeinflußt. Dazu gehören neben der Finanzierung des Studiums (immerhin arbeiten etwa drei Viertel der Studierenden während des Semesters, um ihren Lebensunterhalt ganz oder teilweise zu verdienen) beispielsweise der Faktor Stadt, also das kulturelle Umfeld, und die Betreuung an den Universitäten, die an großen Instituten nicht unbedingt besser sein muß als an kleinen.

als zwingend angesehen werden, ebenso wie keine als abwegig gelten kann. Interessant wird eine solche Schlußfolgerung – wenn man ihr folgen mag – insbesondere dann, wenn man sich mit der Situation befaßt, in der sich Studienortwechsler befinden. Wer nach der Zwischenprüfung bzw. nach dem Abschluß des Grundstudiums sein Studiums an einer anderen Hochschule fortsetzen will, was immer noch allenthalben empfohlen wird, der muß sich von der neuen Hochschule seine bisherigen Studienleistungen anerkennen lassen. Kernpunkt einer solchen Anerkennung ist die Frage, ob diejenigen, die ihr Studium hier – wo das im Einzelfall auch immer sein mag – fortsetzen möchten, im Grundstudium genauso gut ausgebildet wurden wie diejenigen, die ihr Studium hier begonnen haben. Denn wenn sie nicht ein ebensolches und damit auch ebenso gutes Grundstudium absolviert haben, dann sind sie entweder schlechter oder ab anders ausgebildet als die hiesiegen Studierenden. Besser ausgebildet sind sie nie. Denn: In den Studienordnungen legen die Institute fest, welche Inhalte – dokumentiert in den Leistungsnachweisen – ihrer Ansicht nach für ein gutes und sinnvolles Studium notwenig sind. Dementsprechend ist alles, was darüber hinausgeht, überflüssig und alles, was darunter bleibt, unzureichend.

Da es als abwegig gelten kann, daß jemand, der in seinem Grundstudium beispielsweise keine oder nur verschwindend wenig Linguistik studiert hat, nach dem Grundstudium an einer anderen Hochschule ein *Linguistik*-Studium 'fortsetzen' möchte, ist im Interesse der Studierenden dafür zu plädieren, daß die Hochschulen das an einer anderen Hochschule abgeschlossene Grundstudium bedingungslos anerkennen. Und das nicht nur dann, wenn jemand etwa sein Studium des Faches *Neuere deutsche Literatur* an einer anderen Hochschule mit dem gleichen Fächerangebot fortsetzen möchte, sondern auch in solchen Fällen, in denen mit dem Wechsel der Hochschule zwangsläufig auch ein "Fachwechsel" verbunden ist. Es ist durchaus denkbar, daß Studierende beispielsweise von einer Hochschule kommen, an der es nur das Fach *Germanistik* gibt, und sich an der neuen Hochschule für eines der Fächer *Neuere deutsche Literatur, Ältere deutsche Literatur und Sprache* und *Linguistik* entscheiden müssen. Insbesondere wenn der Studienschwerpunkt an der bisherigen Hochschule bereits eindeutig im Bereich der Neugermanistik lag, ist schwerlich einzusehen, daß bei einer Immatrikulation für das Fach *Neuere deutsche Literatur* keine Fortsetzung des Fachstudiums, sondern ein "Fachwechsel" vorliegt. Das gleiche gilt für den umgekehrten Fall. Bei einer derart engen Auslegung werden die Möglichkeiten für einen Studienortwechsel erheblich eingeschränkt. Der Aufwand wird für die Studierenden so groß, daß ein Wechsel nicht mehr unbedingt empfohlen werden kann.

Das Hochschulrahmengesetz sieht übrigens bereits vor, daß das – im selben Studienfach – an einer anderen Hochschule abgeschlossene Grundstudium ohne Gleichwertigkeitsprüfung anzukennen ist. Die Möglichkeit eines Fachwechsels innerhalb eines Studienfaches, wie es auch die Germanistik nach außen immer noch darstellt, ist dort nicht berücksichtigt. Erleichtert wird eine solche Anerkennung sicher dann, wenn im Grundstudium in allen drei Bereichen studiert worden ist.

Auch in diesem Zusammenhang kann sicher über eine etwas stärkere Vereinheitlichung und damit eine größere Vergleichbarkeit des Grundstudiums der Germanistik nachgedacht werden. Möglich müßte eine stärkere Vereinheitlichung beispielsweise in Form eines Sockelstudiums sein, denn an denselben Instituten werden neben den Magisterstudiengängen auch die verschiedenen Lehramtsstudiengänge angeboten. In den Lehramtsstudiengängen allerdings werden die Inhalte nicht allein von den Instituten festgelegt, sondern die Studienordnungen werden mit Bezug auf die jeweilig geltenden Lehramtsprüfungsordnungen festgelegt. Die Lehramtsstudierenden im Fach Deutsch haben also an denselben Fachbereichen und in denselben Veranstaltungen ein mehr oder minder einheitliches Studium zu absolvieren, das sich auf alle drei Teilbereiche der Deutschen Philologie bezieht. Eine derart individuelle Schwerpunktsetzung und Variationsbreite wie in den Magisterstudiengängen ist damit im Bereich des Lehramtsstudiums weder den Studierenden noch den Instituten möglich.

Sollte also eine etwas stärkere Vereinheitlichung des Grundstudiums in den Magisterfächern am Widerstand der Institute scheitern, so liegt dies vermutlich nicht an den institutionellen Rahmenbedingungen, sondern am *good will* der Institute und der Fachvertreter. Eine Vereinheitlichung im Hauptstudium hingegen erscheint wenig sinnvoll, da in dieser Studienphase ohnehin eigene Schwerpunkte gesetzt werden sollen, auch in Hinblick auf das anstehende Magisterexamen.

Autoren

Bernd Balzer, Prof. Dr. phil., Fachbereich Germanistik der Freien Universität Berlin. Arbeitsgebiete: Deutsche Literatur des 19. und 20. Jahrhunderts, Rezeptionsforschung, Wissenschaftsgeschichte. Zuletzt: Heinrich Böll: Die verlorene Ehre der Katharina Blum (1990); zus. mit Volker Mertens: Deutsche Literatur in Schlaglichtern (1990); als Hrsg. zus. mit Norbert Hondsza: Heinrich Böll – Dissident der Wohlstandsgesellschaft (1995).

Achim Barsch, PD Dr. phil., Wiss. Mitarbeiter an der Universität Gesamthochschule Siegen. Arbeitsschwerpunkte: Literaturtheorie, Rhythmus- und Metrikforschung, empirische und angewandte Literaturwissenschaft. Arbeiten zu Literatur und Recht, Fragen literarischer Wertung und zur systemtheoretischen Orientierung der Literaturwissenschaft. Zuletzt: Metrik, Literatur und Sprache (1991).

Anne Bentfeld, Mitarbeiterin der Studienberatung des Fachbereichs Germanistik der Freien Universität Berlin.

Hartmut Böhme, Prof. Dr., Kulturwissenschaftliches Seminar der Humboldt-Universität Berlin. Arbeitsgebiete: Kulturtheorie und Kulturgeschichte, Literaturgeschichte seit dem 18. Jahrhundert, Historische Anthropologie, Geschichte der Natur. Letzte Publikationen: als Hrsg. zusammen mit Lutz Danneberg u.a.: Vom Umgang mit Literatur und Literaturgeschichte. Positionen und Perspektiven nach der "Theoriedebatte" (1995); als Hrsg. zus. mit Lutz Danneberg u.a.: Wie international ist die Literaturwissenschaft? (1995); als Hrsg. zus. mit Nikolaus Tiling: Medium und Maske. Die Literatur Hubert Fichtes zwischen den Kulturen (1995); zus. mit Gernot Böhme: Feuer Wasser Erde Luft. Eine Kulturgeschichte der Elemente (1996), als Hrsg. zus. mit Klaus Scherpe: Literatur und Kulturwissenschaft (1996); als Hrsg. zus. mit Uwe Schweikert: Archaische Moderne. Der Dichter, Architekt und Orgelbauer Hans Henny Jahnn (1996).

Holger Dainat und Arbeitsgruppe, Dr. phil., Kontakt über: Universität Magdeburg.

Walter Delabar, Dr. phil., 1989-1995 Wiss. Mitarbeiter an der Freien Universität Berlin, Arbeiten zur Literatur und Kultur des Mittelalters und des 20. Jahrhunderts, Literaturbetrieb, Literaturtheorie, zuletzt als Hrsg. zus. mit

Werner Jung u. Ingrid Pergande: Neue Generation – Neues Erzählen. Deutsche Prosa-Literatur der 80er Jahre (1993); zus. mit Christiane Caemmerer: Dichtung im Dritten Reich? (1996); zus. mit Erhard Schütz: Serien und Solitäre. Zur deutschen Literatur der 70er und 80er Jahre (1997).

Jost Hermand, Prof. Dr. phil., William F. Vilas Research Professor of German University of Wisconsin, Madison, Wisconsin (USA). Arbeitsgebiete: Deutsche Literatur- und Kulturgeschichte seit 1750, Deutsch-jüdische Beziehungen, Methodik der Literaturwissenschaft. Letzte Publikationen: Als Pimpf in Polen. Erweiterte Kinderlandverschickung 1940-1945 (1993); Geschichte der Germanistik (1994); Judentum und deutsche Kultur. Beispiele einer schmerzhaften Symbiose (1996); Angewandte Literatur. Politische Strategien in den Massenmedien (1996).

Georg Jäger, Prof. Dr. phil., Universität München, Institut für Deutsche Philologie. Arbeitsschwerpunkte: Deutsche Literatur von der Empfindsamkeit bis zu den Avantgarden, Buchhandelsgeschichte, Semiotik, Systemtheorie. Mitherausgeber von IASL und der Reihe STSL.

Friedrich Kittler, Prof. Dr. phil., Humboldt-Universität Berlin. Arbeitsschwerpunkte: Kultur- und Informationswissenschaft. Publikationen zu Literatur und Literaturwissenschaft sowie zur Computerkultur. Zuletzt: Dichter Mutter Kind (1991); Draculas Vermächtnis. Technische Schriften (1993).

Jürgen Link, Prof. Dr. phil., Universität Dortmund, Forschungsschwerpunkte: Lyrik des 18. bis 20. Jahrhunderts, Geschichte der Symbolik, Evolution des Dramas, strukturell-funktionale Interdiskursanalyse, Literatur und Symbolik. Zuletzt: Nationale Mythen und Symbole (1991); Hölderlin-Rousseau, retour inventif (1995); Versuch über den Normalismus. Wie Normalität produziert wird (1996).

Jürgen Mittelstraß, Prof. Dr. phil., Zentrum Philosophie und Wissenschaftstheorie, Universität Konstanz. Zuletzt: Der Flug der Eule. Von der Vernunft der Wissenschaft und der Aufgabe der Philosophie (1989); (zus. mit W. Frühwald u.a.) Geisteswissenschaften heute. Eine Denkschrift (1991); (mit K. Pinkau u.a.) Umweltstandards. Grundlagen, Tatsachen und Bewertungen am Beispiel des Strahlenrisikos (1992); Leonardo-Welt. Über Wissenschaft, Forschung und Verantwortung (1992); Die unzeitgemäße Universität (1994); als Hrsg.: Enzyklopädie Philosophie und Wissenschaftstheorie (1980-1996).

Autoren 239

Norbert Oellers, Prof. Dr. phil., Germanistisches Seminar der Universität Bonn, seit 1965 Mitarbeiter, 1978-1991 Mitherausgeber, seitdem alleiniger Herausgeber der Schiller-Nationalausgabe, Mitherausgeber der hist.-krit. Nikolaus Lenau-Ausgabe und der krit. Else Lasker-Schüler-Ausgabe. Zahlreiche Arbeiten zur Literatur der deutschen Klassik, des Jungen Deutschland und des 20. Jahrhunderts. Zuletzt: Friedrich Schiller. Zur Modernität eines Klassikers (1996).

Hans-Gert Roloff, Prof. Dr. phil., Dr. h.c., Fachbereich Germanistik der Freien Universität Berlin. Arbeitsschwerpunkte: Mittlere Deutsche Literatur und Sprache, neulateinische Literatur, Lexikographie, Editionswesen. Zahlreiche Publikationen und Editionen. Unter anderem Hrsg. der Ausgaben Deutscher Literatur des 15. bis 18. Jahrhunderts (ADL), der BerlinerAusgaben, des Lexikons Die Deutsche Literatur.

Jörg Schönert, Prof. Dr. phil., Universität Hamburg, Arbeitsschwerpunkte: Sozialgeschichte der Literatur vom 18. bis zum 20. Jahrhundert, Literaturtheorie und Methodologie, Wissenschaftsgeschichte. Jüngste Veröffentlichungen: als Hrsg. zusammen mit Hartmut Böhme u.a.: Wie international ist die Literaturwissenschaft? (1995); als Hrsg. zusammen mit Georg Jäger: Wissenschaft und Berufspraxis (1997); als Hrsg. zusammen mit Hans-Peter Bayerdörfer: Theater gegen das Vergessen. Bühnenarbeit und Drama bei George Tabori (1997).

Niels Werber, Dr. phil., Wiss. Mitarbeiter am Germanistischen Institut der Ruhr Universität Bochum. Arbeitsgebiet: Systemtheoretische Literaturwissenschaft und Medienkomparatistik. Zuletzt: Literatur als System. Zur Ausdifferenzierung literarischer Kommunikation (1992); als Hrsg. zus. mit Gerhard Plumpe: Beobachtungen der Literatur. Aspekte einer polykontextuellen Literaturwissenschaft (1995); zus. mit Rudolf Maresch: Kommunikation, Medien, Macht (1997).

Bernd Witte, Prof. Dr. phil, Lehrstuhl Germanistik II der Heinrich Heine Universität Düsseldorf. Letzte Veröffentlichungen: Ein Lehrer der ganzen Nation. Leben und Werk Christian Fürchtegott Gellerts (1990); als Hrsg.: Goethe-Handbuch. 4 Bde (1996 ff.).

Aus dem Programm Literaturwissenschaft

Walter Delabar · Werner Jung
Ingrid Pergande (Hrsg.)
**NEUE GENERATION –
NEUES ERZÄHLEN**

DEUTSCHE PROSA-LITERATUR
DER ACHTZIGER JAHRE

Westdeutscher Verlag

Walter Delabar / Werner Jung /
Ingrid Pergande (Hrsg.)
**Neue Generation –
Neues Erzählen**
Deutsche Prosa-Literatur der achtziger Jahre
1993. 247 S. Kart.
ISBN 3-531-12447-1
Literatur einer „belle epoque", einer satten Generation, die nichts mehr erlebt hat und nichts mehr zu erzählen weiß? Oder Literatur, in der alles erlaubt ist, jedes Thema, jeder Stil, und für die nichts mehr Verbindliches und kein Tabu existiert? Der Band, in dem Beiträge zur Literatur der Bundesrepublik, der DDR, Österreichs und der Schweiz versammelt sind, stellt Autoren, die sich in den achtziger Jahren durchgesetzt haben, neben Trends, die sich in der neuen Literatur erkennen lassen, und Themen, die von besonderer Bedeutung gewesen sind.

Christiane Caemmerer /
Walter Delabar (Hrsg.)
Dichtung im Dritten Reich?
Zur Literatur in Deutschland 1933 - 1945
1996. 311 S. Kart.
ISBN 3-531-12738-1
Die Literatur, die in Deutschland in den Jahren 1933 bis 1945 geschrieben und publiziert worden ist, wird heute entweder als Teil der NS-Propaganda oder als Teil der Inneren Emigration verstanden. Daß die Unterschiede fließend, der Schritt von der Oppositionsliteratur zur Parteiliteratur oft sehr klein gewesen ist, ist bisher meist nicht gesehen worden, zeigt sich aber schon in der Literatur vor 1933 an. Der Band zur „Dichtung im Dritten Reich" beschäftigt sich vor allem mit diesen Details des Übergangs und in erster Linie mit den Texten selbst.

Immacolata Amodeo
'Die Heimat heißt Babylon'
Zur Literatur ausländischer Autoren in der Bundesrepublik Deutschland
1996. 223 S. Kart.
ISBN 3-531-12811-6
Die Literatur ausländischer Autoren in Deutschland wurde bisher meist auf eine „Literatur der Betroffenheit" reduziert. In dieser Studie wird zum ersten Mal versucht, der ästhetischen Dimension dieser Texte gerecht zu werden. Die Autorin beschreibt, wie diese Literatur in ihren ästhetischen Strukturen auf die diskursiven Positionen reagiert, die Produzenten und (professionelle) Rezipienten ihr gegenüber einnehmen.

WESTDEUTSCHER VERLAG
Abraham-Lincoln-Str. 46 · 65189 Wiesbaden
Fax (06 11) 78 78 - 420